应用型高等院校住房金融教材

住房储蓄原理与实务

Theory and Practice of Bauspar-System

王云 等编著

南开大学出版社

图书在版编目(CIP)数据

住房储蓄原理与实务 / 王云等编著. —天津：南
开大学出版社，2017.2
ISBN 978-7-310-05258-5

Ⅰ. ①住… Ⅱ. ①王… Ⅲ. ①住宅经济－储蓄－理论
研究－中国 Ⅳ. ①F299.233.1

中国版本图书馆 CIP 数据核字(2017)第 263090 号

南开大学出版社出版发行
出版人：刘立松
地址：天津市南开区卫津路 94 号　　邮政编码：300071
营销部电话：(022)23508339　23500755
营销部传真：(022)23508542　　邮购部电话：(022)23502200

*

河北昌黎太阳红彩色印刷有限责任公司印刷
全国各地新华书店经销

*

2017 年 2 月第 1 版　　2017 年 2 月第 1 次印刷
240×170 毫米　16 开本　14.5 印张　2 插页　258 千字
定价：30.00 元

如遇图书印装质量问题,请与本社营销部联系调换,电话：(022)23507125

序

住房储蓄是以德国为代表的欧洲国家普遍采用的成熟住房金融模式，与商业按揭制度、住房公积金制度可并称为世界通行的三大主要住房融资制度。

2004年，在中德两国政府时任总理朱镕基和施罗德的倡导和推动下，中国建设银行与德国施威比豪尔住房储蓄银行共同出资，参照德国住房储蓄体系，成立了专业从事住房储蓄业务的中德住房储蓄银行（简称中德银行），总部设在天津市。目前，中德银行已发展成为一家"专业于住房金融、专注于住房储蓄"、以"三中群体"（中低收入居民购买中小户型、中低价位住房）为服务特色的专业银行，在天津和重庆两地开办住房储蓄业务，获得高度认可，并为当地政府解决中低收入居民住房保障问题提供了新思路。

住房储蓄可有效满足中低收入居民住房融资需求，并促进住房市场供需均衡。一方面，住房储蓄具有"自愿参加、存贷结合、固定低息"的普惠金融特点，居民能够提前锁定住房贷款权利和成本，提升有效需求能力。城镇化过程中大量农业转移人口、外来务工人员、个体户等中低收入"夹心层"群体（约占全部城镇人口的40%）由于职业不稳定、信用记录不健全等原因难以获得商业按揭和住房公积金贷款，有必要而且适合通过住房储蓄填补这一空白。另一方面，住房储蓄可与供应端的保障性住房金融有效对接。住房储蓄属于面向个人的住房金融零售业务，可为中低收入家庭建立自主购房计划，促进保障房资金回收及住房供需有效平衡，推动住房保障体系资金良性运转。目前地方政府正与中德银行就利用住房储蓄产品对接住房保障体系开展研究。

2015年1月，国务院批复了经银监会会同财政部、住建部、人民银行四部委认真研究后出具的《关于将中德住房储蓄银行纳入多层次住房政策体系有关意见的报告》。国务院批复认为，推广住房储蓄服务，有利于建立多层次住房金融体系，进一步完善现有住房政策体系，对于创新金融服务手段、提升惠民服务水平、解决中低收入群体住房问题具有积极作用。国务院批复同意总体上支持将中德银行纳入我国多层次住房政策体系，原则同意该行有计划、有步骤、有条件地向全国推广住房储蓄及相关业务，使其成为"专业于住房金融、专注于住房储蓄"的全国性专业银行。

中德银行现在进入了向全国展业、加快发展的阶段，对住房储蓄专业人才的需求快速增长，尤其对能胜任住房储蓄实务工作的高素质人才的需求日益加剧。在此背景下，中德银行组织精通住房储蓄业务的专业工作人员，边研究住房储蓄专业原理、边总结住房储蓄实践经验，潜心研讨、认真编写了这部通识性专业书籍。本书具有以下几个突出特点：

（一）首创性。本书是我国住房储蓄专业的首本公开出版的教材，是我国系统概括住房储蓄实务的第一本指导手册。本书的内容较为清晰地勾勒了德国住房储蓄原理在中国的发展概貌，细化了我国现行住房储蓄业务发展的各项标准。

（二）理论完整性。本书对住房储蓄专业内容进行了理论分析，依据其内在逻辑构建出住房储蓄的理论体系，详细论述了有关住房储蓄基本概念、住房储蓄产品、住房储蓄合同、住房储蓄风险管理以及住房储蓄定价管理等方面涵盖的专业内容、理论依据、管理办法、原理原则、内在规律。

（三）实操指导性。本书编写的一个重要目的是为住房储蓄从业人员提供操作指导。每个章节在对住房储蓄专业原理进行充分论述的基础上，会用一定的篇幅介绍与理论相对应的实务内容，比如业务概述、业务流程、实务案例、实务操作等。这些较为翔实的实务内容介绍能够为从业者提供具体帮助和指导。以案例为引导是本书的一个特色。

我们由衷地希望本书的出版能够成为宣传住房储蓄原理、普及住房储蓄基本知识的重要平台，期望社会大众能够通过本书逐步理解和接受住房储蓄这种良好的住房金融制度，使住房储蓄在帮助广大购房者改善居住条件中发挥应有作用。我们也期望本书成为大中专学生、住房储蓄从业人员及金融专业人士了解、学习住房储蓄原理与实务的良师益友。

中德住房储蓄银行行长　执行董事

2016 年 8 月

前　言

住房储蓄制度在以德国为代表的欧洲国家发挥着举足轻重的作用。但对于大多数中国人而言，它是一个新词、新事物。什么是住房储蓄？它与一般的储蓄、教育储蓄有何异同？住房储蓄贷款与住房公积金贷款、按揭贷款有何差异？目前，市场上没有一本正式出版的书籍能够回答以上问题。我国没有一所高校的金融专业独立开设住房储蓄课程。我国知道住房储蓄的金融专业的毕业生寥寥无几。

成立于 2004 年的中德住房储蓄银行在推动住房储蓄业务在中国的发展方面做出了极大的贡献，起到了开拓者、启蒙者的作用。正是基于培训住房储蓄从业人员的需要，基于在大中专院校培养住房储蓄专业学生的需要，基于住房储蓄客户办理业务的需要，基于广大读者了解住房储蓄专业的需要，基于银行管理住房储蓄业务的需要，我们组织编写了这本《住房储蓄原理与实务》。

本书是一本通用教材，主体内容可分成两大部分，我们把涉及住房储蓄体系基本概念和基础理论的内容放在前三章，对其产生、发展沿革、功用、产品、合同进行了编写，让读者对住房储蓄专业概貌有一个了解，后三章则从运营管理的角度，对住房储蓄的特殊性进行了充分阐述，对比了住房储蓄与普通的商业按揭贷款、与住房公积金的联系与区别，让读者对住房储蓄业务管理有一定的了解。

本书在写作上试图突出两个特点。第一个特点是努力提高可读性和易于教学性。以让读者饶有兴致地、轻松地阅读，并方便教师教学作为出发点来设计各章节内容，在每一章的写作结构上进行了统一安排。首先是列出学习目标，试图让读者在阅读之前就对其所期望获得的知识概貌有一个基本的了解；来自于银行实际工作、各类媒体、专业期刊或图书的案例将帮助读者对于将要学习或者已经阅读的理论知识点有一个感性的认识；复习思考题的设计目的在于调动读者运用所学的知识对现实问题进行思考和分析，同时检测对知识的掌握程度；参考文献及进一步阅读建议在于开阔读者的阅读视野，提供进一步深入学习的便利。第二个特点是把德国住房储蓄的理论发展沿革与中国住房储蓄发展的实际相结合，在各章相应编写了延伸阅读内容，为读者提供尽可能全面的专业信息，以利于比较分析。

本书分为 6 章，第 1 章由郑成泰（1.1，1.2）、魏艾（1.3）编写，第 2 章由杨钊（2.1，2.2，2.5，2.6）、于彤（2.3，2.4）编写，第 3 章由王诚诚编写，第 4 章由杨锡国（4.1）、刘健（4.2）编写，第 5 章由董雪征（5.1，5.3，5.4，5.5）、刘嵩（5.2）编写，第 6 章由曹志新编写。全书的编写工作由王云、王志强组织实施，王志强、郑成泰负责全稿统筹，王冰参与了组稿工作。本书由王云、王志强、崔殿满、王峰负责主审。

本书的编辑出版推动工作由亢晓梅负责，魏艾、刘铠铭、关伟、路畅等参与了资料的搜集、整理、翻译等工作。在本书编写过程中，得到了天津大学任达教授、天津财经大学王建龙教授等专家的关心和支持，还得到了南开大学出版社王乃合编辑的支持和帮助。在编写过程中参考了大量专家、学者的论文、著作、报刊杂志信息及众多公司的网络资讯。恕未能一一列出，谨在此一并表示诚挚的谢意！

由于编者水平有限，加之时间仓促，书中错误与疏漏之处在所难免，敬请读者批评指正。

编　者
2016 年 8 月

目　录

第1章　住房储蓄概论 ·· 1

1.1　住房储蓄的概念及运作特点 ·· 3

1.2　住房储蓄的属性及经营管理 ·· 12

1.3　住房储蓄的功用及发展历程 ·· 22

第2章　住房储蓄产品 ·· 35

2.1　住房储蓄产品的概念 ·· 37

2.2　住房储蓄的存贷履约比（SKLV） ··· 37

2.3　住房储蓄合同评价值 ·· 39

2.4　住房储蓄合同的存款和贷款 ·· 44

2.5　住房储蓄的政府补贴（奖励） ··· 46

2.6　住房储蓄的忠诚奖励 ·· 52

2.7　住房储蓄产品分类 ··· 55

第3章　住房储蓄合同 ·· 59

3.1　住房储蓄合同概述 ··· 62

3.2　住房储蓄合同的主要功能和特点 ·· 68

3.3　住房储蓄合同的法定条款 ·· 70

3.4　住房储蓄合同的普通条款 ·· 76

3.5　住房储蓄合同管理实务 ··· 82

第4章　住房储蓄业务运作管理 ··· 93

4.1　住房储蓄存款阶段业务运作 ·· 95

4.2　住房储蓄配贷阶段业务运作 ·· 105

第5章　住房储蓄风险管理 ·· 135

5.1　住房储蓄风险管理基本原理 ·· 137

5.2　住房储蓄流动性风险管理 ·· 147

5.3　住房储蓄信用风险管理 ·· 168

5.4　住房储蓄操作风险 ··183

5.5　住房储蓄其他风险 ··193

第 6 章　住房储蓄定价管理 ··199

6.1　住房储蓄定价基本原理 ··201

6.2　住房储蓄定价方法 ··208

6.3　住房储蓄价格管理策略 ··219

住房储蓄概论

本章学习目标

- 了解什么是住房储蓄及住房储蓄制度
- 掌握住房储蓄运作特点
- 了解住房储蓄在国内外的发展历程
- 了解住房储蓄经营管理的特点
- 掌握住房储蓄的金融属性与社会功用价值
- 了解住房储蓄监管的特点

1.1 住房储蓄的概念及运作特点

1.1.1 住房储蓄的概念

住房储蓄的构想有着很长的历史，据说早在公元前 200 年的中国汉朝时期，一位名叫庞拱的高级法政官员就组织成立了具有互助性质的储蓄机构。在欧洲，最早以住房为目的进行集体储蓄的概念始于 1775 年英国的伯明翰地区。19 世纪中期以后，英国出现了大量建房合作社，他们所从事的住房资金合作积累和向会员提供贷款业务形成了住房储蓄的基本形式。这种住房储蓄的构想和实践也很快传播到欧洲其他国家和美国等欧洲以外的国家。目前，以德国建立的住房储蓄制度最为完善，也最具代表性。

我国住房储蓄是 2000 年前后自德国引入的，"住房储蓄"一词是从德语 Bauspar 翻译而来，其原文含有房屋建设储蓄的意思。

1. 住房储蓄

住房储蓄是购房者为了获得低利率住房消费贷款而进行的有目的、有计划的一种专项储蓄，购房者自愿与住房储蓄银行缔结合同，定期存入存款，达到规定时间和数量后，即可按事先约定的低利率和额度获得住房贷款。住房储蓄是一套封闭运行、专款专用的互助性住房融资体系，实行政府支持下的银行商业化运作模式。

2. 住房储蓄制度

当国家通过立法规定了住房储蓄各参与主体之间的法律关系、住房储蓄银行的经营管理规范、住房储蓄产品的一般业务原则等内容后，住房储蓄即与住房公积金制度、商业按揭制度一同形成目前世界上主要的三大住房金融制度。目前，我国住房储蓄制度的法律依据主要是《中华人民共和国银行业监督管理法》《中华人民共和国商业银行法》和《住房储蓄银行管理试行规定》等。

3. 住房储蓄业务

按照我国住房储蓄银行监管规定，住房储蓄业务是指住房储蓄银行通过与住房储蓄客户签订住房储蓄合同，吸收住房储蓄存款，达到约定的期限和金额等条件后，向住房储蓄客户发放住房储蓄类贷款的业务。

4. 住房储蓄参与主体

住房储蓄参与主体主要包括以下三个：

①有购房需求的存款人。一般称其为住房储蓄者。个人参与住房储蓄的目的是为了按照与住房储蓄银行的约定，在未来获得固定利率住房贷款权利，为此，住房储蓄者必须先向住房储蓄银行存入一定额度的存款。

②住房储蓄银行。银行通过与住房储蓄者签订合同获得存款，并在未来达到约定条件后向存款人提供低利率的住房贷款权利，从而形成一套完整的住房金融业务。

③政府。由于住房储蓄能够提供固定低利率住房贷款，为了帮助广大居民特别是中低收入居民解决住房困难，政府往往采取向存款者发放补贴等方式来鼓励居民参加住房储蓄。

1.1.2　住房储蓄的基本原则

住房储蓄的最大吸引力是其能够为购房者提供固定低利率贷款权。而这种低利率贷款权主要来源于住房储蓄所建立的一套将存款和贷款相结合的运作体系，这套体系能够实现购房者自助、社会互助和政府资助的有机统一。为了保障这套体系的正常有序运行，必须遵循两大基本原则。

1. 集体原则

住房储蓄的原始构想是：一个人有兴趣建造或是购买一间住房，需要 100 万元的金额。假设该储蓄者每年年末可以存下总额的十分之一，即为 10 万元。那么为了简化，在忽略存贷款利息及其他借贷方式的前提下，他自己需要 10 年的时间才能达到 100 万这个总额。

若该储蓄者找到其他 9 个人，他们有同样的购房目标和同样的存储能力，那么这 10 个储蓄者就可以组成一个储蓄集体。每位储蓄者都存款 10 万元，在第 1 年的年末就可以达到总额 100 万元，并足够向其中一位储蓄者提供数额为 100 万元的资金。获得资金的储蓄者之后继续每年存储 10 万元，来清偿获得的 90 万元"住房贷款"。这样第 2 年在储蓄集体中又会达到 100 万元的分配金额，这是由 9 份储蓄金额和 1 份清偿金额组成的，并供第二位储蓄者支配使用。到第 3 年 100 万元就是由 8 份储蓄金额和 2 份清偿金额组成的，当然第二位获得资金的储蓄者没有中断每年 10 万元的储蓄金额（这适用于之后每一位获得住房储蓄贷款的储蓄者）。

那么这个模式就可以顺利进行下去，则他们中有 9 位储蓄者可以更早地获得住房资金。平均下来的时间就成为"等待时间"：（1+2+3+…+10）：10＝55：10 ＝5.5 年，差不多比个人储蓄 10 年要节省一半的时间。

实际上，现实生活中的住房储蓄集体并不像上述模式如此简化。而是通过住房储蓄银行的中介作用，为千万个购房者建立起一个庞大的住房储蓄集体，并通过国家立法来监督住房储蓄银行安全地运作这个住房储蓄集体资金池。住房储蓄银行由于获得了这种稳定的、低成本的、低风险的资金来源而可以降低贷款利率，再加上政府部门对购房者的存款给予一定奖励（我国体现为利息补贴），从而使购房者能够获得比其他住房融资方式更大的好处。

因此，住房储蓄的集体原则包含以下内容。

第一，住房储蓄是一种集体互助行为，当以购房者个体力量无法达到购房能力时，通过集体合作和互助，共同积累资金，并加入信贷杠杆运作，就能使个人尽早获得足够的购房资金，从而形成 1+1>2 的效应。

第二，住房储蓄建立了一种集体资金池，只有参与者按照一定规则持续不断地进行资金归集，才能保持资金池的稳定，进而保障住房储蓄体系的正常运转，对住房储蓄者来说，这里的资金归集在贷款前表现为存款，在获得贷款后表现为按期归还贷款的资金。

第三，住房储蓄要保证集体公平性，住房储蓄者所能获得的贷款权利是以其为集体所做的贡献来确定的，集体之外的人不能获得贷款权，加入集体的人需要依据其对集体资金池所做的贡献按照一定的规则进行计算和排序来确定其贷款权的额度和获得贷款的时间。只有保证了公平性，才能维持住房储蓄集体的持续性。

2. 合约化原则

为了确保参与住房储蓄的人在履行了对储蓄集体的贡献后能够获得相应的贷款权利，住房储蓄制度包含有严格的合约化原则。一方面，由于住房储蓄的贷款权利是在未来若干年后才能实现的，只有通过明确的住房储蓄合同来约定，才能保障住房储蓄者未来的权利；反过来说，由于住房储蓄是一种有目的的储蓄行为，必须事先约定住房储蓄者应当履行的义务，才能保障其未来的贷款权利。

最初住房储蓄可能是由若干个住房储蓄者相互之间自行签订住房储蓄合约来明确所有参与者的权利和义务。在现代住房储蓄制度中，住房储蓄集体由住房储蓄银行运作和管理，住房储蓄者通过与住房储蓄银行签订住房储蓄合同来保障和明确自身权利，同时也约定了住房储蓄者应尽的义务。住房储蓄合同约定的事项一般包括住房储蓄合同额、存款额度和方式、贷款额度和方式、存贷款期限、存贷款利率、存款支取方式、贷款发放条件、政府奖励（补贴）方式等要素。住房储蓄合同明确了住房储蓄者和住房储蓄银行的法律关系，保障了住房储蓄集体的公平性。

1.1.3　住房储蓄的运作特点

住房储蓄作为一类重要的住房金融体系，有其自身的运作特点。

1. 先存后贷，存贷结合

按照住房储蓄集体原则，住房储蓄者获得贷款的前提是必须履行存款义务，贷款行为与存款行为挂钩，这是住房储蓄贷款区别于住房按揭贷款方式的一个重要特征。"先存后贷"指明了住房储蓄者获得贷款权利和履行存款义务的先后次序关系。住房储蓄者不仅要先存款，而且存款必须达到一定期限，才能获得相应贷款权利。"存贷结合"明确了贷款权利与存款义务在数量上的逻辑因果关系，住房储蓄者获得的贷款额度、贷款期限和贷款利率与其存款额度、存款时间和存款利率紧密相关，而且可以通过一系列计算方法直接计算得出。

第一，确定住房储蓄合同额。为了保障住房储蓄体系的持续稳健运行，住房储蓄银行运用特定的计算模型来管理住房储蓄存、贷款额度。为了简化理解，住房储蓄银行引入"住房储蓄合同额"来明确存、贷款额度的计算方法，基础计算公式是：

住房储蓄合同额＝存款本金＋存款利息＋政府奖励（补贴）＋贷款额

从住房储蓄制度的严格意义上看，在这个公式里，住房储蓄存款所占的最低比例应为住房储蓄合同额的 50%。也就是说，住房储蓄存款额和贷款额之间的比例最低应为 1∶1。如果购房者需要 100 万元的购房资金，则至少需要先存够 50 万元存款，并在一定期限后获得 50 万元贷款，来满足购房需要。

住房储蓄合同额本质上所要计算的是客户从集体资金池所取得的总资金额度，因此，在住房储蓄银行的现实运作中，为了让客户更直接地理解住房储蓄，将住房储蓄合同额的计算公式简化为：

住房储蓄合同额＝住房储蓄存款＋住房储蓄贷款

住房储蓄合同实行最低 50% 存款额的要求是由住房储蓄集体原则决定的。住房储蓄必须保证每个人从集体获得的资金不能高于本人向集体投入的资金，否则，一方面将引起住房储蓄集体资金池的入不敷出，另一方面也会引起住房储蓄者之间的不公平。但在具体实践中，住房储蓄银行也会提供最低存款额低于 50% 的产品，这是由其集体资金池平衡能力决定的。

第二，计算合同评价值。为了公平地安排住房储蓄集体中每个住房储蓄者的权利，住房储蓄银行建立了基于住房储蓄合同的评价体系，通过特定的计算模型对每一份合同计算出一个评价值，并根据评价值来确定住房储蓄者支取存款和得到贷款的时间。住房储蓄者有多种存款方式可以选择，既可以一次性存够合同额的50%，也可以分期陆续存够合同额的50%。银行在与客户签订合同时，会按照不同存款方式和客户选择的贷款期限长短来明确客户的存款期限要求。

当然，客户存够合同额的50%是最低存款。为了尽快获得住房消费融资（存款+贷款），在存款阶段，有能力的客户随时可以多存款。由于多存款的客户为集体做出了超出最低存款要求的贡献，储蓄者集体会回报其以"超额奖励"，在计算合同评价值时予以考虑。如此，与其他未做超额存款的客户比，该客户就可以较早地自集体内获得资金。由于在多存款的过程中客户的合同额没有变化，在客户的存款额增加时，客户获得的贷款额要相应减少，这是公平性的又一体现，即客户以"降低贷款额度"换取了"等待获取资金时间的缩短"。

中德住房储蓄银行的一款产品是，如果客户未来需要100万元购房资金，选择按月平均存款方式，银行推荐每月存入12 200元，则3年8个月后，银行会为客户提供50万元期限为9年的住房储蓄贷款；如果客户选择一次性存款达到合同额的50%，则需要一次性存入50万元存款，银行规定存款期限为24个月，当存款期满后，银行会为客户提供50万元期限为9年的住房储蓄贷款。储户这时如果存入了70万元存款，在合同额仍然为100万元时，其只能获得30万元的贷款，但其等待的时间只需要14个月。

2. 低存低贷，利率固定

住房储蓄体系采用固定利率制度，储蓄者的存贷款利率不受资本市场利率波动影响。从利率水平来看，住房储蓄存款利率一般低于同期市场利率，而贷款利率也相对更低于同期个人住房按揭贷款市场利率。

住房储蓄贷款的相对低利率特点是其最大的吸引力，这种低利率主要来自于两方面因素：一方面，住房储蓄存款利率相对较低。住房储蓄是存贷结合的产品，为了获得较低贷款利率，住房储蓄者应当承受较低的存款利率。因此，在设计产品时，为了保证贷款利率处于较低水平，住房储蓄银行会根据目标客户群体特征，测算设计出一个较低的存款利率水平。而住房储蓄者一般因为可以获得一定的政府奖励（补贴），能增强其加入住房储蓄的意愿。另一方面，住房储蓄银行作为集体资金池的运作和管理者，区别于其他商业银行和投资银行所追求的高风险、高收益产品结构，虽然在单位产品上获利较低，但能够通过稳定的资金来源和低风险的个人贷款业务，实现规模效应，客观上具有向客户让利的空间，因此，在设计住房储蓄产品时，银行会尽可能将贷款利率压低，以增强产品吸引力。

以中德住房储蓄银行的一款产品为例，客户存款利率为 0.5%，贷款利率为 3.3%，2016 年 3 月的市场利率水平是：活期存款为 0.35%，零存整取储蓄利率为 1.35%，定期一年为 1.5%，定期二年为 2.1%，5 年期以上住房按揭贷款利率为 4.9%。住房储蓄产品存款利率略高于活期存款利率，低于一年期以上定期存款利率，但是由于当地政府向客户提供相当于 1.5% 存款利率的政府奖励，客户实际存款收益率为 2%，就比市场定期一年利率高，接近市场定期二年的利率水平。但是，客户同时获得了远低于市场利率的住房储蓄贷款，因此，总体来看，低存低贷的利率特征对住房储蓄者有很高的实际价值。

固定利率和浮动利率是比较通用的两种住房贷款利率方式。所谓固定利率就是银行在发放贷款时，与借款人签订的贷款利率在整个贷款期间保持不变，不会随着市场利率变化而变化。在我国金融市场，表现为贷款利率不会随着人民银行调整存贷款基准利率而上下浮动。浮动利率是指贷款利率会随着市场利率变化而上下浮动，在我国金融市场，表现为贷款利率会随着人民银行调整存贷款基准利率而进行调整，当人民银行上调基准利率时，该笔贷款的利率也会上调，当人民银行下调基准利率时，该笔贷款的利率也会下调，当然，浮动利率的具体调整时间会按照合同约定或按照国家规定执行。

固定利率和浮动利率各有其优势和不足，对住房储蓄者来说，当市场利率处于下行期时，固定利率的存款会保持稳定收益；固定利率的贷款由于无法随市场利率而下降，相对当期市场贷款利率就会体现为一种损失。当市场利率处于上行期，固定利率的贷款由于锁定了利率水平而不会产生更多利息支出，成为一种优势；固定利率的存款由于无法随市场变化上调利率，相对会造成一种损失。

由于住房储蓄产品的存款和贷款均采用固定利率制，恰好熨平了市场利率带来的波动影响。当市场利率处于下行期，贷款利率的损失可以通过存款利率的稳定来得到补偿；当市场利率处于上行期，存款利率的损失可以通过贷款利率的稳定而进行补偿。当然，由于市场利率的变动对存款和贷款来说往往并不是同比例的，所以这种补偿可能不是完全等额的，但在总体趋势上形成了一种稳定的平衡机制。因此，住房储蓄存款和贷款同时采用固定利率制，能帮助住房储蓄者规避资本市场利率风险。

从另一个角度看，住房储蓄贷款作为一种 10 年左右的长期贷款，采用固定利率制，有利于借款人锁定家庭贷款成本支出，使借款人可以更好地规划家庭财务安排。

3. 封闭运行，专款专用

无论从监管角度，还是从住房储蓄银行自身来看，住房储蓄资金的封闭化运营管理都是住房储蓄体系稳健运行的一项重要特征。

所谓住房储蓄的封闭运行是指住房储蓄采用封闭化的资金池运营管理模式。按照集体原则，住房储蓄资金将形成一个资金池，这个资金池的资金来源只能是住房储蓄者的住房储蓄存款，而资金池的资金运用必须专项用于住房储蓄者的住房类贷款。专款专用是封闭运行的核心目的，封闭运行是专款专用的根本保障。

一般的商业银行对资金的运营是开放式的，一方面，商业银行通过各种方式吸收社会公众存款，表现为资金来源的开放性，另一方面，商业银行的贷款对象并不特定，可以向所有符合条件的申请人发放贷款，表现为资金运用的开放性。因此，住房储蓄银行和一般商业银行在资金管理方式上有重要区别。

按照住房储蓄合约化原则，储蓄者只要履行了存款义务就能获得贷款的权利，贷款针对性、服务性更强。对住房储蓄银行来说，不仅要关注一般商业银行资产负债在总额和期限上的匹配问题，更要关注每一个客户的贷款权利保障问题，住房储蓄银行的资金池需要坚持封闭管理，才能保障客户利益不受侵害。另外，住房储蓄的资金实行"资金池"管理，与资本市场相对独立，因而能够确保其独立性、长效性和稳定性。

住房储蓄资金的封闭运作特点与我国一般商业银行居民储蓄形成鲜明对比。我国居民储蓄实行"存款自愿、取款自由、存款有息、为储户保密"制度，储蓄者的存取款行为只与其所获得利息收益高低有关，而没有期限和其他义务方面的限制。住房储蓄存款是住房储蓄合同的一个重要构成部分，也是住房储蓄集体利益的重要组成要素，住房储蓄者的存款行为不仅要保证自己所签订的住房储蓄合同得到有效履行，而且要维持住房储蓄集体的稳健运行。因此，住房储蓄者的存款行为不是完全自由的，而必须按照合同约定来实施。这一点与金融市场上保险产品投保行为和银行债券、理财产品的购买行为更加接近。

为了保证住房储蓄资金池的封闭运行，监管法规对住房储蓄资金的来源和运用都做出了明确规定。

4. 自愿加入，政府奖励（补贴）

住房储蓄是一种互助合作、自愿参加的储蓄形式，储蓄者可以根据自身的收入状况和购房计划参加住房储蓄并可随自身住房融资需求的变化申请调整。住房储蓄实行政府奖励（补贴）制度，鼓励储蓄者有计划地积累购房资金。

住房储蓄的自愿加入特点是针对其他带有强制性的政策性住房金融制度而言

的，例如住房公积金制度。从这个角度看，住房储蓄体系又是一个开放的体系，不带有强制性，住房储蓄者选择加入住房储蓄完全依据自身的理性判断。住房储蓄的这种开放性特点使其可以由住房储蓄银行采用市场化原则来进行管理和运作，只要在法律法规许可的范围内，住房储蓄者和住房储蓄银行之间完全依据合同约定来保障权利和义务。

住房储蓄在其一百多年的发展过程中，逐渐得到了政府认可，在实行住房储蓄制度的一些国家，都将其作为一种特定的住房保障措施，由政府对住房储蓄者给予一定补贴。住房储蓄政府奖励（补贴）的方式不尽相同，从补贴来源上看，有中央财政统一安排的补贴，也有地方财政安排的补贴，还有住房储蓄者的雇主提供的补贴；从补贴对象上看，有对所有存款者给予补贴的，也有仅对中低收入群体给予补贴的；补贴标准的制定也会根据各个国家住房市场发展阶段不同以及政府住房保障的任务大小而有所不同。

1.1.4 住房储蓄的基本流程

基于封闭式住房储蓄原理设计的住房储蓄产品，因其独特的资金运作方式区别于目前我国市场中的住房融资模式，住房储蓄者想要获得住房储蓄贷款需满足一定的条件。住房储蓄的基本流程主要包括缔结合同、履约存款、配贷选择、贷款支用、贷款归还等几个大的环节。

1. 缔结住房储蓄合同

客户在充分了解住房储蓄原理并接受各项约定条件的基础上，根据自身购房资金的需求和购房计划，分析个人存款能力，确定贷款额度大小，明确选择适合自己的住房储蓄产品，与住房储蓄银行签订住房储蓄合同。住房储蓄合同的签订方式一般是，客户到住房储蓄银行或其委托代理的其他商业银行营业网点，按照住房储蓄银行事先制定的格式合同文本签约，并在银行柜台开立住房储蓄账户。

2. 履约存款

客户与银行签订住房储蓄合同后，即需要按照约定履行存款义务。在存款阶段，住房储蓄银行会为客户开立一个银行账户，以进行住房储蓄资金核算和管理。

客户存款方式有两种，第一种是一次性存款，只要按照合同规定的额度一次性存入存款即可。第二种是分期存款，客户可以签订一个定期扣款委托协议，由住房储蓄银行从客户指定账户上定期扣款，这个委托扣款账户可以是客户在住房储蓄银行开立的储蓄卡和存折，也可以是与住房储蓄银行有代理关系的其他商业银行的个人储蓄卡和存折。客户还可以选择不定期的分次存款。

客户可以通过银行柜台也可以通过代扣完成存款。现金存款的，客户需要到指定的银行柜台缴存存款。目前，中德住房储蓄银行已经开通网上银行业务，客户可以通过网银完成存款行为。

3. 配贷选择

配贷是指住房储蓄银行根据住房储蓄合同的约定，向满足条件的住房储蓄客户支付存款、发放贷款的过程，它是住房储蓄合同执行中的重要环节。在住房储蓄存款支付和贷款发放前，住房储蓄银行需要进行一系列配贷准备工作，客户则需要进行配贷选择。

银行的配贷准备又可以细分为几个具体步骤：

①计算住房储蓄合同评价值。

②向进入配贷序列的客户发出配贷问询。

③计算可用于配贷的资金总量。

④进行配贷支付。

配贷准备是住房储蓄银行业务管理的核心内容之一，在本书第 2、3 章将进行详细描述。

客户的配贷选择是指在合同达到配贷条件后，客户对银行发出的配贷问询所做出的选择和回应。客户的选择方式有四种，第一种是接受配贷、马上支取存款和申请贷款；第二种是接受配贷、马上支取存款但以后申请贷款；第三种是接受配贷、马上支取存款但声明放弃贷款；第四种是不做出回应，也就是暂不接受配贷（既不支取存款，也不申请贷款）。上述第一种情况下，客户可以先支取存款，并着手准备支用贷款所需要的资料。第二种情况下，客户可以先支取存款并保留贷款权利，住房储蓄银行一般会规定一个支用贷款的最迟时间，如中德住房储蓄银行规定为其保留贷款权利的时间最长为两年零两个月（自存款支取月开始计）。第三种情况下，客户可以支取存款，并可获得住房储蓄银行的忠诚奖励或退还服务费等补偿。第四种情况下，如果客户暂时不接受配贷，其可以对合同进行变更（如提高合同额）后继续存款，也可以不再存款，仅等待合适的配贷时间到来。

4. 贷款支用

住房储蓄贷款支用时，客户需要提供监管法规和住房储蓄银行所规定的个人收入证明材料、房屋交易合同、个人信用记录等资料。住房储蓄银行按照内部审批流程完成贷款审批，并在完成房产和其他担保措施的抵押登记手续后向客户发放贷款。

5. 贷款归还

贷款支用后，借款人每月按照固定利率，采用等额还款方式偿还本金和利息，借款人可以随时提前偿还全部或部分贷款（本息），住房储蓄银行对此不收取违约金。

1.2　住房储蓄的属性及经营管理

1.2.1　住房储蓄的金融属性

1. 以自愿参加、集体互助为特征的合作金融属性

合作经济经历了比较长期的发展历程，1895 年成立的国际合作社联盟标志着合作经济成为一种重要的经济组织形式。合作经济在发展中形成了罗虚代尔原则、国际合作社联盟的合作社原则以及现代合作制原则等基本原则，其精髓包括自愿参加、门户开放、集股纳费、照章开业、民主管理、自我服务、自我约束、盈利分配、自负盈亏等，其核心是自愿、民主、互利。

合作金融是合作经济的重要组成部分，一般认为，合作金融是指按照国际通行的合作原则，以股金为资本、以入股者为服务对象、以既定的金融业务为经营内容而形成的金融活动以及随之发展起来的金融组织。19 世纪末，在德国等一些西欧国家出现了以农村信用合作社为主的合作金融组织形态，第二次世界大战结束以后，在全球经济一体化和分工协作日益加强的国际背景下，合作金融组织规模不断扩大，专业化特征日趋明显，其宗旨也顺应经济发展和竞争的趋势做出了进一步的改动，呈现出或以合作银行体系为主，或以合作信用社体系为主的不同的发展模式。例如，在德国，合作银行体系很完备，在金融市场上发挥着重要作用；在美国，信用合作社为会员共同所有，会员将各自的储蓄集中于信用社，并通过信用社将集中后的资金贷放给其他需要资金的会员；在我国，除了传统意义上的农村信用合作社之外，在城市也出现了城市信用合作社、城市合作银行、合作基金、互助合作保险等新型的合作金融组织形式。

住房储蓄体系运作特点与合作金融的基本原则高度吻合，首先，住房储蓄体现集体互助的精神，参加住房储蓄的个人类似于合作社的会员，其目的是互助＋自助，形成有别于商业化的住房贷款模式；其次，住房储蓄专款专用，只能向参加住房储蓄集体的个人发放贷款，不得向集体之外的人发放贷款，体现出合作金

融的自我服务、自我约束精神；最后，住房储蓄者自愿参加，并完全接受住房储蓄合同预定的义务和规则，与合作金融的自愿加入并按章程出资缴费原则基本一致。因此，住房储蓄具有合作金融属性，住房储蓄银行虽然是专业银行，但具有合作制金融组织属性。住房储蓄银行的合作制金融属性决定了其经营管理的各个方面与投资银行体系和商业银行体系具有重要区别。

2. 以合同约定、低息贷款为特征的期权化理财属性

一般的商业银行住房按揭贷款都是即期需求，客户根据需要直接向银行提出申请，银行经过审查，并落实了一定的担保抵押手续后，向借款人直接发放贷款用于购房消费，借款人只要具备相应的信用资质和还款能力即可。这是由于商业银行充分发挥信用中介作用，用自行筹集的资金向客户提供贷款。同时，存款人到商业银行存款的目的主要是保障资金安全，并获得一定的存款利息收益。

但是，住房储蓄者加入住房储蓄计划带有非常明确的目的，那就是获得相应的贷款权利。住房储蓄者签订住房储蓄合同的时候，已经约定未来某个时点可以行使贷款权利，而且这种权利在贷款额度、贷款利率和期限上都是确定的。因此，从住房储蓄合约化原则和先存后贷特点出发，住房储蓄者的存款行为带有一定的期权属性。

在实际运作中，一方面，由于住房储蓄贷款具有低利率特征，对住房储蓄者来讲，其存款行为锁定了一个贷款成本，实际上是达到了节约贷款成本的目的，使自己的存款获得了一种特定收益。另一方面，住房储蓄银行在设计产品时，除了规定住房储蓄者达到条件后可以获得贷款权利外，如果住房储蓄者不需要使用贷款权利，则银行会给予其一定的忠诚奖励，这样一种产品结构设计，也会保障住房储蓄者的存款收益。在我国金融市场上，商业银行所发售的理财产品重点着眼于使客户获得更高的存款收益。但从另一角度看，让家庭降低贷款成本支出实际上也是一种理财。住房储蓄产品恰恰满足了这样的家庭需求，而且对住房储蓄者未来的贷款和存款收益权利都做了合同约定。因此，住房储蓄能够帮助住房储蓄者合理规划家庭存款的安排方式，具有一定理财产品属性。

3. 以先存后贷、封闭管理为特征的低风险属性

首先，住房储蓄资金池封闭运行是其重要运作特点，由此决定了住房储蓄产品和住房储蓄银行都具有低流动性风险属性。

一般商业银行的流动性风险来自于其资金来源和资金运用的期限结构不匹配。当银行存款期限较短而贷款期限较长时，一旦市场出现资金紧缺状况，或者遇到重大社会风险事件，可能会引起储户的挤兑现象。这种挤兑风险在世界金融市场发展历史上已经多次出现，造成了一些重要银行的倒闭事件，也给存款人带来巨大损失。

依据目前各国监管法规，住房储蓄资金池封闭管理除了对资金来源和资金运用的方式进行规定外，对住房储蓄银行日常流动性管理技术也有很高要求。监管法规规定了住房储蓄银行在流动性管理方面的一系列指标，住房储蓄银行自身也建立了完善的流动监测指标体系，而且会建立专门的机构来管理流动性。可以说，住房储蓄银行流动性风险管理能力是其经营管理的核心技术之一。

其次，由于住房储蓄采用先存后贷的运作方式，对住房储蓄贷款的信用风险控制起到了重要管控作用。

一般商业银行的信用风险主要来自于信息不对称。商业银行面对庞大的客户群体，虽然建立了一整套信用风险测评方法，但是，其信息采集的真实性、客户行为的不确定性、社会环境的突变性都给商业银行信用风险管理带来很多困难。

住房储蓄产品从合同签订之日起，首先是客户履行存款义务的过程，在这个过程中，银行有充足的时间来考察客户的行为特征、信用状况和收入水平，从而能够在一定程度上缓解银行和客户信息的不对称问题，进而能够降低住房储蓄银行的信用风险。

最后，个人住房贷款在整个商业银行信用风险管理体系中都是作为低风险业务来管理的。无论从巴塞尔协议的规定，还是各国监管法规，对住房贷款的信用风险权重都设置了较低值。住房储蓄贷款作为一类重要的住房贷款，天然具有低风险属性。

由此可见，住房储蓄银行和住房储蓄产品整体上具有低风险属性，这种低风险属性能够降低住房储蓄银行的资本消耗，从而提高了其资本回报能力。

4. 以政府奖励（补贴）为特征的政策性住房金融属性

在各个国家的实践中，住房储蓄都被给予了政府奖励（补贴），这是由于其能满足政府住房保障政策的需要。

所谓政策性住房金融包含两大方面的内容，一方面，政府为了保障中低收入群体的住房需求，需要直接出面开发建设保障性住房，这类房屋在开发过程中，政府需要运用各种土地、税收和金融政策工具来降低开发成本，因此，在金融方面，政府需要设计专门的住房开发融资体系。另一方面，政府需要鼓励中低收入群体通过自身努力来改善居住条件，政府在此过程中给予一定补贴政策，这种补贴政策可以是多种方式的，例如可以直接给予实物分配，可以直接发放货币补贴，也可以给予住房租金补贴等，其中有一种重要方式就是给予住房贷款的利息补贴。

住房储蓄银行和住房储蓄产品正好能够满足上述政策性住房金融需求。从居民个人需求端来讲，住房储蓄存款的政府奖励（补贴）政策就是对应满足了居民住房贷款的贴息政策。住房储蓄政府奖励（补贴）政策的作用主要是鼓励和吸引居民通过自身资金积累来实现购房愿望。在我国城镇化过程中，有大量的城市中等偏低收入人口、城市外来人口、农村转移人口需要在城市购买住房，实现安居梦想，这部分居民不属于需要政府直接提供住房支持的低收入人群，但是他们在自身购房资金上有一定压力和困难，在申请住房公积金贷款和商业按揭贷款方面也有一定障碍，属于城市的"夹心层"，需要政府给予一定的补贴支持。住房储蓄能够通过政府奖励政策帮助这部分人口提高获得购房贷款的能力，具有明显的政策性住房金融属性。

1.2.2 住房储蓄的经营原则

与商业银行一样，住房储蓄银行的经营也应当遵循"三性原则"，也就是住房储蓄银行的"安全性、流动性、效益性"三大原则。安全性是指住房储蓄银行要加强对经营风险的管理，即要避免各种不确定因素对其资产、负债、利润、信誉等方面的影响，保证银行的稳健经营与发展；流动性是清偿力问题，即银行具有满足符合条件的客户提取存款和支用贷款的支付能力。效益性是住房储蓄银行的经营目标要求，住房储蓄银行一方面要获取必要的经营利润，另一方面也要尽最大努力发挥好社会效益。

1. 安全性原则

安全性原则包括负债安全性和资产安全性两个方面，重要的是资产安全性。为实现安全性目标，住房储蓄银行要做到以下几点：

①筹措足够的自有资本，保证自有资本率符合监管要求。

②合理安排资产规模和结构，提高资产质量。虽然住房储蓄贷款具有低风险属性，但住房储蓄银行往往是存差银行，住房储蓄资金池积累的存款在保障贷款需求的同时，需要投向其他安全的资金市场以提高收益，因此，合理的资产结构是保障安全性的重要条件。

③遵纪守法，合法经营。住房储蓄银行作为专业化银行应当严格遵守法律规定的经营范围，控制好来自市场的高收益诱惑，履行好法律规定的反洗钱等义务，保障消费者合法权益。

④采取多种措施，防范经营风险。住房储蓄银行要建立涵盖信用风险、操作风险、流动性风险、市场风险、声誉风险以及法律风险等各类风险在内的全面风

险管理体系，特别是要在流动性风险、市场风险和声誉风险等重点方面提高管理能力，防范各类风险事件对银行及住房储蓄者的利益造成侵害和损失。

2. 流动性原则

确保住房储蓄流动性是住房储蓄银行经营管理的首要任务。较高的流动性风险从何而来？

①合同约定、存贷挂钩。客户依照住房储蓄合同履行住房储蓄存款义务后，随之产生的是住房储蓄银行需要向其提供贷款的义务。这种基于合同约定、流入和流出挂钩的现金流结构决定了住房储蓄业务具有天然的、较高的流动性风险。

②资金池的封闭性。在开放性的资金管理模式下，商业银行拥有更多的融资渠道和融资手段，其流动性管理侧重于通过对现金流的准确匹配以降低利率波动风险，实质是基于资金价格基础上的合理选择。住房储蓄业务资金池的封闭性限制了该类业务的融资途径，因此，有计划、有规律、平稳持续地开展住房储蓄展业活动是住房储蓄流动性的重要保证。

住房储蓄银行流动性管理的主要内容包括：

①业务量要平稳，忌大起大落。住房储蓄体系的持续运作需要银行在配贷支付中保持均衡的业务量，否则将会引起资金支付困难，从而影响住房储蓄者获得配贷的时间。因此，住房储蓄银行的合同签订量要尽量保持叙时平稳，使配贷申请进度能够保持平稳。

②客户要分散。住房储蓄合同的客户群体越分散，其配贷申请需求的时间、额度、贷款期限等要素概率分布越均匀，对住房储蓄银行流动性管理的稳定性越有益。

③资金流要分散，控制大额和一次性存够最低存款额要求的合同占比。住房储蓄体系不仅要保证住房储蓄者的贷款权利，而且要确保住房储蓄者能够安全、顺利支取到期存款，因此，大额存款资金的支取对住房储蓄银行流动性将产生压力。住房储蓄一次性存款会缩短存款期限，从而加快了资金流动速度，给银行流动性管理带来挑战，加之一次性存款不能有效观察客户的收入持续能力，降低了住房储蓄合同的增强信用风险管理功能，住房储蓄银行一般不鼓励一次性大额存款。

3. 效益性原则

住房储蓄银行的效益性体现在两个方面：第一，住房储蓄兼具互助合作和政策性住房金融的属性，需要发挥良好的社会效益，才能增强持续发展能力；第二，在保证住房储蓄集体利益的同时，住房储蓄银行需要具有并保持一定的收入能力，一方面维持住房储蓄集体日常运转和经营管理的正常开支，另一方面保证住房储蓄银行所有者获得应有的风险利润。

住房储蓄银行效益性管理的内容主要包括：

①增加住房储蓄业务直接收入。住房储蓄银行来自于住房储蓄业务的收益主要有两个方面，一是利差收入，是指住房储蓄存款利息支出和贷款利息收入之间的差；二是住房储蓄合同服务费收入，是指住房储蓄银行为了履行好住房储蓄集体管理者的职责、保障住房储蓄合同能够按照约定完成整个存款和贷款流程而预先向客户收取的一项费用，一般相当于合同额的 1%，但这笔费用在合同达到配贷条件但客户放弃贷款权利时，一般会以忠诚奖励的形式退还给客户。

②增加非住房储蓄业务的收入。住房储蓄银行在运作住房储蓄体系过程中会形成资金池的资金沉淀，按照监管规定，这部分资金只能用于低风险存款和投资业务，住房储蓄银行通过有效参与高信用等级债券买卖和银行同业间资金存入存出，能够获得比较稳定的资金收益。

③降低成本支出。主要是减少现金资产，把现金准备压缩到最低限度，提高盈利性资产的比重；降低资金成本，扩大资金来源；加强经济核算，节约管理费用开支等。

④加强住房储蓄产品定价管理。住房储蓄产品的利率水平一方面要体现银行的经营成本和风险管理能力，另一方面也要体现对住房储蓄者的吸引力和回报率。因此，确定产品价格时必须综合考虑多种要素，实现各利益攸关方的平衡。

4."三性"原则的相互关系

为了寻求最佳的管理原则，我们必须先了解三者的相互关系。

①从总体上来看，效益性与流动性、安全性存在此长彼消的对立关系，而流动性和安全性却存在较为一致的关系。

三性原则不是抽象的概念，而是一些具体的要求，这些要求反映在资产负债经营的每一个环节上。如安排资产结构时，效益性要求尽量提高资金运用率，增加贷款和债券资产，而流动性和安全性要求降低资金运用率，增加现金资产；在资金利用率一致的情况下，效益性要求降低债券资产的比重，提高贷款资产的比重，而流动性的要求却恰好相反。

在银行存款结构上，效益性要求倾向增加大额和一次性存款，但从流动性看，大额和一次性存款合同终止时提存和配贷时产生支取资金的流动性压力较大，比规律性存款合同需要更多的流动性资金准备，不利于流动性的管理。

一般说来，流动性与安全性是较一致的，流动性强的资产，安全性也较高，流动性作为实现安全性的必要手段是显而易见的,通过保持适当流动性高的资产,安排好资产与负债的规模、期限结构的搭配,以便保持银行的清偿能力和满足客户合理的资金需要,这是避免风险、安全经营的必要措施。

②在一定条件下,效益性与流动性、安全性是一致的。

从效益性与流动性的关系看,流动性是效益性的前提,如失去流动性不能保证存款提取和必要的贷款发放,银行便会失去客户,收益便失去来源,在一定程度上效益性提高并不会降低流动性,银行存款并不需要 100%的现金准备,只要银行保持适当的准备,多运用存款就多收益,并不会影响银行的流动性,一些增加流动性的措施并不一定减少收益性,在一定条件下还会增加盈利。

从效益性与安全性的关系看,安全性是效益性的前提,没有资金的安全,也就没有资金收益,只要切实加强资金风险管理,收益性高的资产也可以是安全性高的资产。

③三者的矛盾性增加了住房储蓄银行经营管理的难度,一致性又为银行协调这些矛盾提高经营管理水平创造了条件和可能。住房储蓄银行经营管理是一个权衡利害、趋利避害的过程,在决策时应该坚持效益性和安全性权衡的原则,保证住房储蓄资金流动性、安全性和效益性的有效统一。从短期看,安全性、流动性与效益性有冲突;但从长远看三者是一致的。我们只能从现实出发,统一协调寻求最佳的均衡点。

1.2.3　住房储蓄的监管特点

住房储蓄制度作为一类重要的住房金融制度,在各个国家都有相应的监管法规,其中以德国住房储蓄监管法规最为完善和严格,其主要有以下特点:

1. 专项法规和专业准入条件

德国对住房储蓄银行的监管除一般的监管法规外,还制定了专门的《住房储蓄银行法》,规定所有住房储蓄银行应在国家层面上接受联邦金融监管局(BAFin,之前为联邦信贷监督局)的监督和管理。该局负责根据《住房储蓄银行法》及《信贷法》的条款对住房储蓄银行进行监督,在其监督职能的范围内,其有权做出一切必要的指示以使住房储蓄银行的业务经营与一般业务原则及住房储蓄合同基本条件相一致。

住房储蓄银行是专业性信贷机构,其运作方式为吸收住房储蓄者的存款(住房存款)并将积累的资金作为住房经济手段为储蓄者提供贷款资金(住房储蓄贷款)。只有经授权从事住房储蓄业务的企业可以在其企业名称中使用"住房储蓄银行"一词或将含有"住房储蓄银行"或"住房储蓄"这一词干的字样用作企业名称的一部分，以便明确其经营宗旨或宣传其提供的服务类型的目的。

德国监管法规规定，住房储蓄银行管理层成员必须具备相应的任职资格，即需同时具有信贷业务、住房储蓄业务相关经验，但其不得同时兼任母公司管理层成员的职位。如果德国联邦金融监管局对管理层成员的资质表示怀疑，可取消其任职资格。通常，选定的候选人会在成为管理层的正式成员前以"全权授权代表"的身份通过一段考察期。其间，其列席董事会，但没有投票表决权。这一点对于之前曾在商业银行担任过管理层成员职务的候选人也适用。

2. 设定专业经营范围

德国《住房储蓄银行法》对住房储蓄银行的业务范围进行了严格限定，对其资金来源和资金运用的项目做了穷举式描述，为住房储蓄银行的经营划定了清晰的边界。住房储蓄银行业务范围的核心是要按照合同约定和专款专用原则将资金来源和运用紧紧限定在有目的的存、贷款范围内。

延伸阅读：德国《住房储蓄银行法》的部分规定

本法中的"住房融资行为"是指：

1. 建造、购置、维护和改善主要用于居住目的的建筑物和公寓（尤其是自有住宅和公寓）以及获得对住房的永久使用权之行为；

2. 建造、购置、维护和改善用于居住目的的其他建筑物之行为；

3. 获得用于建设主要用于居住目的的建筑物的建设用地和地上权（99 年）之行为；

4. 获取建造具有其他功能的建筑物所需的地块和地上权（99 年）之行为，并且这些建筑物与用于居住目的的建筑物整体有适当的联系；

5. 开发和改造住宅区之行为；

6. 偿还在履行上述 1 至 5 项行为过程中发生的债务之行为；

7. 偿还因获取主要用于居住目的的地块所发生的债务之行为。

住房融资行为包括偿还为支付住房储蓄存款所发生债务的行为；还包括与住宅建设有关的或在用于居住的地区进行的、以及旨在向该地区提供基础设施的商业性建设项目。

延伸阅读：

住房储蓄银行可用多余资金进行下列投资：

1. 作为存款存于适当的金融机构和投资于该类金融机构发行的记名债券；

2. 投资于联邦政府的无息国债和国库券；联邦政府及各州的特别基金；欧共体及其成员国或欧洲经济区条约其他缔约国的类似证券；适当的金融机构的存单，但是该等存单的剩余期限不超过十二个月；

3. 投资于联邦政府、联邦各州、欧共体及其成员国或欧洲经济区条约其他缔约国的债券和记账式证券；

4. 投资于本息皆由上文第3项所列的任何机构担保的债券；

5. 投资于可在国内的证券市场或其他证券交易所、或欧共体成员国或欧洲经济区条约其他缔约国类似的证券交易所正式交易的其他债券；

6. 用于作为第三方提供的贷款的一部分、以债券担保的贷款所产生的债权，但前提是在住房储蓄银行获得这些债权后可以至少转让二次，并且这些贷款是发放给下列各方的：

a）上文第3项所提及的机构之一，或任何其他国内的区域性机构，或欧共体任何成员国或欧洲经济区条约其他缔约国的任何区域性政府或地方机构，而这些机构依据1989年12月18日的理事会令第7条都获得了偿债风险系数为零的信用评级；

b）其他适当的国内、欧共体任何成员国或欧洲经济区条约的任何缔约国的公法上的团体或机构；

c）已发行证券且所发行证券在国内证券交易所或在欧共体成员国或欧洲经济区条约任何缔约国的任何证券市场上上市交易的企业；

d）用于本息皆由上文第3项所提及的机构担保的投资。住房储蓄银行的此类债权的总额不得超过其权益资本；

7. 投资于由机构投资者或外国投资公司设立并出于保护份额持有者利益的考虑受政府监督的基金（美国：共同基金；英国：单位信托），条件是该机构投资者或投资公司的合同或章程条款规定该投资仅可用于投向上文第1至6项所述的证券和用于在信贷机构进行存款。

只有在为了防止债权损失和为获得业务经营场所以及为其雇员获得住房

设施所必需的情况下，住房储蓄银行才可以获得土地所有权、地上权（99 年）、房屋所有权或其部分、房屋的地上权（99 年）或其部分。

住房储蓄银行不得在配贷住房储蓄合同之前承诺在某一特定时刻支付住房储蓄合同额。

3. 突出流动性风险监管

作为一种专业的住房金融业务，德国监管法规对其流动性监管给予重点关注，这是由住房储蓄合同约定和资金池封闭运作的特点决定的。流动性监管的目的是要保障住房储蓄合同得到有效履行、住房储蓄银行的资金池安全运营。法律条文对流动性风险管理参数、整体流动性评估、预先贷款比例等有明确规定，但住房储蓄银行不需缴纳存款准备金。对流动性的监管不仅针对整个住房储蓄银行的流动性风险，而且也关注到单项产品的流动性风险。

4. 详尽的业务规则监管

德国《住房储蓄银行法》特别详细地规定了住房储蓄业务的一般业务原则和住房储蓄合同的基本条款，而且在实践中对各家住房储蓄银行的所有产品都要报经监管部门审批。除此以外，《住房储蓄银行管理条例》还详细规定了模拟演算的细节、合同的基本条款、产品类型（最小 SKLV 值的数值）、短期接替贷款、预先贷款等。对于大额合同及公司信用贷款明确规定，大额合同额需小于未进行配贷的住房储蓄资金池余额的 15％。

延伸阅读：

除了《信贷法》第 33 条第 1 款列明的原因外，如果根据一般业务原则或住房储蓄合同基本条款有如下情况，亦可拒绝向住房储蓄银行颁发经营许可证：

1. 由于单个住房储蓄合同类型，就其整个合同期限而言，住房储蓄客户履约额和住房储蓄银行履约额之间的比例不合适，从而导致所订立的住房储蓄合同从长远看可能无法履行；

2. 存款和分期还贷或其他义务方面的规定使得住房储蓄合同项下的配贷时间不合理地延后或未充分尊重住房储蓄客户的利益。

除了《信贷法》第 35 条第 2 款列明的原因外，若联邦金融监管局获知的事实可证明依据《信贷法》拒绝给予许可证的合理性，而且无法根据本法或《信贷法》通过其他措施对住房储蓄客户的利益加以适当保护，则联邦金融监管局也可吊销经营许可证。

1.3 住房储蓄的功用及发展历程

1.3.1 住房储蓄的功能和作用

1. 住房储蓄的社会功能

住房储蓄的特性决定了其具有集经济效益和社会效益为一体、促进经济和社会朝着良性循环方向发展的重要价值。

1）减轻国家负担，提高政府社会保障能力

"居者有其屋"是政府为之努力的目标之一，各国政府在居民住房保障体系建设上都建立了相应的金融支持政策，例如住房公积金政策。政府通过奖励住房储蓄者来刺激个人为房屋进行投资，从而能够减轻国家建设住房的繁重任务和负担。住房储蓄也是政府引导下市场化的住房融资体系，提供固定利率，覆盖了更广泛的人群，对中低收入阶层的住房融资起到较好的补充作用。

政府奖励（补贴）是一种引导性间接投入，其投入显然比政府直接参与大规模的住房建设的投入要小，而且百姓直接受益，如果有多家住房储蓄专业银行市场化竞争运营，便于监管，公开透明，有利于创建和谐的环境。例如在德国，截至 2009 年年末，人均居住面积达到了 45 平方米（套内面积），而政府每年用来颁发政府奖励（补贴）的资金只有 5 亿欧元，占财政支出的比重非常微小。

2）稳定金融市场，抑制通货膨胀

第一，住房储蓄银行是住房金融市场的重要参与者，住房储蓄帮助参与者建立信用记录和获得初始资金，并可通过鼓励使用贷款组合的住房金融模式，在不同的金融机构之间分散风险，降低成本。

第二，由于住房储蓄的运营模式要求借款者在获得住房储蓄贷款时要有前期的储蓄过程，这样可以全面了解借款人的支付能力、收入、家庭情况和就业的稳定性，从而可以在合同履行期降低其信用风险。目前在德国由住房储蓄银行所提供的贷款中仅有 0.1% 的贷款收不回来。

第三，在资金积累过程中（住房储蓄的存款阶段），那些本来用于短期存款形式的资金或用于当前消费目的的资金被集中到长期的住房储蓄资金中，由此减少了短期货币市场对通货膨胀的影响。随后，在贷款阶段，由于整个住房储蓄资金（存款加贷款）只能用在房屋建设上，而不能用于其他短期的消费行为，由此，这些资金又从短期资金转为长期投资。此外，由于住房储蓄系统所具有的封闭性，决定了用于贷款的资金仅来源于那些事先为建房而积累起来的资金，不会造成国家增发货币量。可以说"先存后贷、存贷结合、专款专用、封闭运作"这些典型特性决定了住房储蓄有抑制通货膨胀的作用。例如，过去 15 年来，德国的通胀率只有两年超过了 2%（最高为 2.6%），其中不乏住房储蓄的贡献。

3）平抑房屋供需矛盾，促进社会稳定

由于住房储蓄的封闭特性使其能通过持续对存量住房储蓄合同实施配贷形成一条不间断的资金流，从而使全社会对住房的需求能有一个稳定的预期，再通过价格发现功能把这种需求传导给住房供给，可以避免房地产市场的大起大落。住房储蓄强调的是根据自身的收入进行住房消费规划，带有明显的计划导向性。政府推行住房储蓄体系，能够有效培育居民的理性消费观念，盲目跟风消费现象很难寻到踪迹，从而能够平抑房地产市场供需矛盾，使住房消费需求平稳释放，房价维持稳定。例如，过去 10 年，德国的房价走势可用一条略微下倾的水平直线表示。可以说，这一结果的取得离不开住房储蓄体系的贡献。

2. 住房储蓄对居民的作用

1）倡导良好储蓄消费习惯，改善居民的居住条件

先存后贷是住房储蓄的一个特点，住房储蓄的参加者为获得贷款都要求有 5 年左右的存款过程，这有助于引导人们培养有计划、有规律的储蓄和消费习惯。引导居民提前为改善住房进行计划性储蓄，可以提高自筹能力，降低融资量，帮助中低收入者为拥有住房进行投资，从而能够改善居民的居住条件。

2）降低居民购房成本，提高居民购房能力

住房储蓄能够为储蓄者提供低利率贷款，并且能够获得政府对存款阶段的补贴，客观上降低了购房成本。

3）锁定未来利率风险，方式灵活

固定存贷款利率有效地控制了由于利率变动带来的资产损失。住房储蓄贷款利率低于市场利率且固定不变，在降低居民住房消费负担的同时，还可规避未来利率上升而产生的成本上升风险。此外，住房储蓄贷款用途广泛，不仅可以用于购买住房，还可用于住房装修。

4）优化居民信用记录，增强获取贷款的能力

住房储蓄银行还有一套严格的借款人资格评定体系，在授信前对借款人进行充分的评估。住房储蓄不仅仅是简单的储蓄过程，同时还是建立和培养信用的过程，这也使得住房储蓄者能在其他金融机构（如抵押贷款银行、商业银行、保险

公司及投资基金公司等）那里享受到较高的贷款信任度。

3. 住房储蓄对中国的现实价值

1）有利于多层次住房保障体系建设

一直以来，虽然从中央政府到地方政府通过税费减免、廉租房和经济适用房，危改和安居工程建设等方式加大居民住房福利投入力度，极大地缓解了普通百姓的基本购房需求，但也进一步加大了政府财政负担，同时由于政府直接参与住房建设，缺乏市场化透明机制，并没有完全达到社会公平和百姓普惠。

而住房储蓄体系是直接从消费需求入手，可直接针对政府关注的阶层通过政府奖励（补贴）进行引导，对购买中低价位、中低面积住房的居民通过政府补助和个人自助相结合、政策扶持和市场运作相结合的方式，使合理需求和合理供给对接，提高居民的购房能力，从而达到公平普惠的目的。

2）引导理性住房消费，抑制需求盲目增长

市场问题归根结底是供求问题。目前，中国房地产市场房价居高不下的过热现象背后，除了土地、投资、建筑成本、房地产政策等供给因素外，需求的盲目扩大也是不可回避的重要因素。远超过现实购买力的超前消费、透支消费成为时尚，很多人购房已不仅仅是满足最基本的居住需求，而是一味求大，甚至很多工作不久的年轻人也加入了抢房的行列。因此引导理性适度、循序渐进的消费需求应是政府解决城镇居民住房问题的重要内容。

住房储蓄体系"先存后贷""以存定贷"的运作模式，恰恰强调的是通过一定时间自我积累之后再根据存款能力适度贷款进行住房消费。由于住房储蓄的存款期往往也是居民在工作中进行自我积累的过程，这样可以有效延缓居民的实际购房年龄，从而减缓市场的压力；而以存款为前提去获得贷款也抑制了未来住房消费的盲目性，鼓励量入为出，循序渐进地改善住房。

3）增加了其他社会保障资金

住房储蓄体系通过激励居民自我积累，可大大缓解国家住房保障体系对公积金制度的依赖。通过减少企业对住房福利的支出，可以将更多的资金投入到职工的医疗和养老保障中去，从而使国家社会保障体系的保障能力更强。

1.3.2　住房储蓄与其他住房金融制度的比较

个人住房按揭贷款、住房公积金以及住房储蓄三种体系目前是世界通行的三种个人住房融资体系，其基本用途都是满足居民的住房融资需求。但是三种体系在功能定位上又各有不同。

个人住房按揭贷款制度是一种商业性住房融资方式，是促进房地产市场发展的手段之一，它所覆盖的人群相对于住房公积金来说要广泛得多。从贷款额来看，除了受所购房屋总价限制（按揭成数）外，在贷款绝对数额上并没有限制；从购房时间上看，是以满足居民即期住房融资为目的，即随需随贷；从适用人群上来说，由于贷款利率较高且实施的是市场化的浮动利率，需要申请者具备相应收入及年龄条件。

住房公积金制度是一种政策性（强制性）的住房保障制度，主要定位于满足城镇居民中有稳定收入人群的购房融资需求。从贷款额度上来看，能够满足居民的部分住房融资需求，同时也能在一定程度上降低居民的融资成本；从适用人群来说，只有公积金缴存人才有资格申请公积金贷款。

住房储蓄制度是一种政府支持（引导）下的市场化运作的互助性住房融资体系，它主要定位于满足居民未来的、中长期住房融资需求，即通过政府奖励（补贴）政策引导居民有计划地筹措购房融资。由于住房储蓄体系运作是市场化的，且所有客户都需要经过较长的存款过程，因此适用人群相对于住房公积金与按揭贷款要更为广泛。同时，由于体系中资金池的封闭运作，客户可以享受到固定且较低的贷款利率，不仅可以降低贷款成本，同时可以有效地屏蔽利率市场波动所带来的贷款成本增加的风险。

我国个人住房按揭贷款、公积金贷款、住房储蓄贷款比较如表 1-1 所示。

表 1-1　个人住房按揭贷款、公积金贷款、住房储蓄类贷款对比表

事项	个人住房按揭贷款	个人公积金贷款	住房储蓄贷款
经营机构性质	企业	事业	企业
监管机构	银监会、人民银行	住建部、财政部、银监会、人民银行	银监会、人民银行
决策机构	商业银行	各级政府	住房储蓄银行
盈利要求	高	无	中
财政支持	无	存款、抵税	地方政府奖励（补贴）
金融政策	严格	宽松	较严格
风险控制要求	高	低	中
运作模式	商业运作	政策性运作	商业运作、政策支持
覆盖人群	具有还款能力的公民	正常缴存公积金的人员	签订《住房储蓄合同》的人员
存款来源	个人和企业自愿的一般性存款	政府强制性的公积金专项存款，个人存 50%，单位存 50%	个人自愿的住房储蓄专项存款，按合同约定存款

事项	个人住房按揭贷款	个人公积金贷款	住房储蓄贷款
存款利率	市场利率	参照居民储蓄确定较低利率	执行合同约定利率，通常低于市场利率
存款支取	存款灵活，支取自由	执行当地公积金管理中心政策，支取较灵活	执行合同约定，支取条件较严格
贷款对存款要求	无	正常缴存公积金 1 年以上	存款达到合同额的一半，评价值≥8
贷款种类	个人住房消费贷款	个人住房消费贷款	个人住房消费贷款
是否收取服务费	否	否	是
贷款用途	购房、新建、大修、装修	购房、新建、大修、装修	购房、新建、大修、装修、偿还购房债务
客户准入条件	高，对职业和收入要求较高	高，对职业和收入要求较高，主要是收入稳定的工薪阶层	低，对职业和收入要求较低
贷款期限	灵活，最长 30 年	灵活，最长 30 年	按合同约定，最长 16 年
贷款额度	没有贷款额度限制；有首付款比例要求	有贷款额度限制；有首付款比例要求	按合同约定；受首付款政策约束
存贷比率要求	无	1:10 左右	1:1
利率是否浮动	浮动为主，固定为辅	浮动	固定
贷款利率总体水平	高	中	低

1.3.3 住房储蓄的发展历程

1. 以德国为代表的封闭式住房储蓄银行制度[①]

封闭式住房储蓄制度以德国为代表，多数欧洲、亚洲国家都采取此种模式。

德国最早的住房储蓄经营活动是成立合作社制，吸收民间资金，但不放款，其所兴建的住宅只供出租而不出售给私人持有，1868 年，德国的布列斯牢地区成立了英国式的住房储蓄合作社，1885 年，教会牧师波得辛又成立了住房储蓄总户。20 世纪 20 年代，德国建立了封闭式的住房储蓄制度，出现了专门经营住房储蓄业务的银行类机构，最初用来为小规模的居民住房建设提供贷款，帮助克服恶性通货膨胀带来的住房金融资金短缺的问题。由于第一次世界大战所造成的破坏，当时的德国出现了极度的房荒，利率也达到了 60%。在这种情况下，同友会、德国住房信合社和公务员住房储蓄银行三家住房储蓄经营机构相继成立。它们以客户自存部分加上利息之和的两倍向客户提供低息甚至是无息贷款。此时，德国的

---

① 洪艳蓉等. 房地产金融（第二版）[M]. 北京：北京大学出版社，2011.

公营银行还未接受住房储蓄的观念，住房储蓄的资金提供者仍局限于民间集体互助的储蓄行为。但到了 1928 年，德国斯图加特都市储蓄银行创设了专业部门从事集体性质的住房储蓄部。自此，德国相继有 18 家公营银行开始办理住房储蓄业务。

当时在德国，住房储蓄银行的组织形态多种多样，包括协会、合作社、有限公司、股份有限公司等。人们对于住房储蓄银行的定位也很模糊，有人认为其属于合作社性质，也有人认为其与保险业的营运方式接近。1931 年，住房储蓄银行被列入各州的"帝国私人保险业者管理局"管理，而不是纳入银行业管理。1934年，住房储蓄银行改属全国性信贷监察局监督，1938 年正式被纳入银行管理范围，但仍与对一般银行的监管分开。

第二次世界大战后，住房储蓄制度进一步完善并发挥作用，1952 年，德国颁布《住宅建设奖励法》，统一建立了对住房储蓄业务的政府奖励制度。1972 年，德国为住房储蓄银行专门立法，1974 年 1 月 1 日，《住房储蓄银行法》正式生效实施，至此，监管部门才对住房储蓄银行与一般银行一视同仁。因此，住房储蓄银行除了要遵守《住房储蓄银行法》《存款人保护条例》等专门立法之外，同时也要遵守《信贷法》和《消费者信贷保护法》。

住房储蓄体系为德国战后房屋重建发挥了巨大的作用。自第二次世界大战结束至今，住房储蓄已为德国提供了超过万亿欧元的住房融资，支持了 1 300 万套住房的购建，截至 2009 年末，德国房屋保有量为 4 018.3 万套，其中 900 万套为新房。此外，还支持了大量的房屋翻新、装修、扩建以及购买建筑用地等。[①]20 世纪 90 年代初期，两德统一后，原民主德国地区住房问题突出，在促进该地区住房私有化和改善居民居住条件的过程中，住房储蓄又一次发挥了重要作用。如今，与联邦德国地区一样，住房储蓄已成为居民乐于使用的住房融资工具。住房储蓄银行是德国住房金融体系的重要组成部分，在住房金融市场上占据了四分之一的份额，2009 年全德共发放住房贷款 1 295 亿欧元，住房储蓄银行发放了其中的 332 亿欧元。

目前，德国现有住房储蓄银行 21 家，其中私营性质的 12 家，州政府公立的 9 家，以德国施豪住房储蓄银行规模最大，其在全德国拥有 750 万客户，850 万份、共 2 860 亿欧元合同额的住房储蓄合同。

---

① 数据来源：德国统计局。

延伸阅读：关于德国施豪银行

一、德国银行体系

德国的银行体系十分发达，以全能银行为主，专业性银行和特殊信贷机构加以补充为特点。主要分为三类：

1. 综合性银行（Universal Bank）。德国的综合性银行包括大银行、地区性银行和其他商业银行、外国银行分行及私人银行等。如德意志银行（Deutsche Bank）、巴伐利亚抵押银行（Bayerische HypoVereinsbank）、德国商业银行（Commerzbank）等。

2. 储蓄银行（Sparkasse）。德国的储蓄银行是区域性的全能银行。

3. 合作银行（Co-operative Bank）。德国最大的合作银行名为德国中央合作银行（DZ Bank），其作为控股集团公司，在为下属的地方合作银行提供服务的同时，自身也开展银行业务。

各银行经营性质及重点各不相同，但已趋于一体化。

二、德国施豪银行

德国施豪银行（Bausparkasse Schwäbisch Hall AG），全译名施威比豪尔住房储蓄银行股份公司，成立于1931年5月16日，当时名为"德国住房储蓄股份公司"，由德国科隆手工业者协会组织建立，主要经营住房建造、储蓄和债务置换业务。施豪银行是德国最大的住房储蓄银行，截至2015年年底，该银行拥有员工3 000多人，全职销售代理人员约4 000人。拥有存量客户近750万名，存量合同850万份，存量合同额达2 860亿欧元，市场占有率为30%。

需要强调的是，"住房储蓄银行"不同于"储蓄银行"，后者为全能银行而前者为专业的住房信贷机构。住房储蓄银行（Bausparkasse），其中"Bau"是"建房"的意思，"spar"是"储蓄"的意思，"kasse"是"储蓄机构"的意思，施豪银行是合作性质的银行，属于合作银行体系。

在其他欧洲国家，如奥地利，有66%的人口为住房储蓄客户；在捷克，有45%的捷克人拥有住房储蓄合同；匈牙利住房储蓄合同持有者人数已经超过了总人口的10%；在斯洛伐克，每4个人中就有一人通过住房储蓄改善了居住条件。

另外，在亚洲国家，如哈萨克斯坦，住房储蓄体系已经累计发放了超过10亿美元的住房融资贷款。已有住房储蓄银行的国家还有克罗地亚、罗马尼亚；可以使用住房储蓄的欧盟国家还有卢森堡、意大利；正在商讨建立住房储蓄银行的国家有俄罗斯、印度。

2. 以法国为代表的住房储蓄账户模式[①]

法国住房储蓄制度（建成 E-L 制度）是在德国住房储蓄制度的基础上发展起来的。购房是法国人一生的奋斗目标之一，20 世纪 60 年代之前，法国人很少贷款购房，法国政府于 20 世纪 60 年代通过房地产信贷机构开办住房储蓄品种。由于法国居民在一般银行的储蓄账户是不计利息的，但对住房储蓄却是个例外，可以获得银行 4% 的利息以及国家奖励 1%，由于有国家奖励政策，因此很多人愿意进行住房储蓄，国家奖励的资金全部来自中央财政。住房储蓄者一般按月或定期到银行存入合同约定的储蓄额，只有住房储蓄存期达到最低期限 4 年的，才可以获得国家奖励，如果不到期支取，则只能获得银行支付的利息部分。签订住房储蓄合同的储户通常与银行约定存满 4 年后，可以享有申请获得固定利率为 6% 的住房贷款的权利，这种住房储蓄贷款的合同安排，犹如一种贷款利率期权合约，如果存期届满，市场利率比储贷合同利率高，则储户就按约贷款。反之，就会放弃合同赋予的贷款权利。银行的住房贷款利率一般根据市场水平确定，但可以根据借款者收入水平和还款能力上下浮动。

对于法国普通居民来说，100 万法郎是足以在乡村购买一套独立式住宅的（但在巴黎是远远不够的）。住房储蓄贷款的贷款期限最长为 15 年，而一般银行的住房贷款期限则可长达 20 年乃至 30 年，但实际上法国人很少愿意贷款超过 15 年。

法国从 20 世纪 60 年代开始的住房储蓄贷款鼓励制度受到普通法国居民的欢迎。截至 2009 年，全法国住房储蓄资金总额达到 15 000 亿法郎，分散在全国各家房地产信贷银行，而法国新发放的住房贷款总额在 4 000 亿～4 100 亿法郎的规模，其中住房储蓄贷款规模约为 300 亿法郎。由于法国中央储蓄银行禁止住房储蓄资金进行高风险投资和投机炒作，因此，有政府奖励（补贴）政策支持的住房储蓄贷款业务在法国从未遇到任何问题。

延伸阅读：英国的建房合作社

在英国，为买房提供贷款的主要渠道有建房合作社（Building Society）、商业银行、地方政府、保险公司。在这些途径中，建房合作社最为重要，它为居民提供了大约 80% 的购房贷款（见表 1-2）。建房合作社在 19 世纪中期

[①] 住房和城乡建设部住房保障司，住房和城乡建设住房公积金监管司. 国外住房金融研究汇编[G]. 北京：中国城市出版社，2009.

就已成为经常性的组织，它可以在资金市场上通过竞争手段吸取存款，因而成为住房抵押贷款的主要资金来源。人们把钱投向建房合作社，可以相应得到合作社的住房抵押贷款，这样也方便人们买房。

表 1-2　英国住房抵押贷款结构（1971—1984 年）　　单位：百万英镑

年份	建房合作社	地方政府	保险公司和津贴基金	银行	其他来源	总计	建房合作社额度占比
1971	1 600	107	17	90	12	1 826	87.6%
1976	3 618	67	45	80	60	3 870	93.5%
1980	5 722	454	264	593	300	7 333	78.0%
1981	6 331	271	88	2 447	353	9 490	66.7%
1982	8 147	555	6	5 078	353	14 139	57.6%
1983	10 928	-344	124	3 369	22	14 099	77.5%
1984	14 572	-209	212	2 314	-85	16 804	86.7%
总计	50 918	901	756	13 971	1 015	67 561	75.4%

延伸阅读：美国的住房互助储蓄模式

美国是涵盖互助储蓄银行、储蓄协会、储蓄贷款机构和信用合作社的开放式住房储蓄模式的代表。

1. 互助储蓄银行

互助储蓄银行产生于美国 19 世纪中叶的工业扩张时期，他们的初衷是为新崛起的节俭的工人群体提供储蓄服务。互助储蓄银行主要集中在美国东部。这些银行的组织结构很像互助公司。作为股东的存款人以利息或红利的形式获得利润，当地主要的商业人士组成董事会。董事会拥有任命新董事的权力，以此来维持机构的稳定和持续性。他们对于投资一般持非常谨慎的态度，这也反映了储户对资金安全的要求。

互助储蓄银行提供长期抵押贷款，在地方房地产融资活动中发挥了积极重要的作用。这是由它们的组织特点决定的，因为这些银行其实都是节俭储蓄协会，其 70% 以上的资本来源于储蓄存款，这种存款有期限长的特点。

2. 储蓄协会／节俭储蓄协会

节俭储蓄协会的组织性质都为股份公司或者互助公司。为吸引更多资本，许多互助公司转为股份公司。这些节俭储蓄协会直到 1932 年联邦住宅贷款银行系统（FHLB）创建后才受到规范管理。联邦住宅贷款银行系统与商业银行的联邦储备系统的作用一样，规范成员组织的活动，确定它们的准备金要求和贴现率，并为它们的储户提供保险。

3. 信用合作社

信用合作社是美国消费贷款和储蓄机构资金的重要来源。一些特定的行业和社团加入信用合作社，通过经常账户或储蓄账户来获取存款。信用合作社及其会员获得的收益要比其他储蓄机构的高。尽管有些信用合作社会在二级抵押市场上出售抵押贷款，但大部分会作为资产自己持有抵押贷款。

3. 住房储蓄在中国的起源与发展

1）烟台和蚌埠住房储蓄银行发展

1987 年，在明确了新一批住房制度改革的试点城市之后，国家批复山东烟台和安徽蚌埠两家住房储蓄银行的成立，住房储蓄银行制度设立之初，这两家金融机构的主要业务是专业的房地产金融机构，主要承担区域性的住房金融业务。这与当时实行的专业银行制度有关，当时我国几家专业银行都有各自的经营领域，彼此之间存在较为明确的界限，除中国建设银行之外，其他专业银行都不能从事房地产开发贷款。因此，为了帮助居民有正常的渠道获得住房金融的支持，政府设立了这两家住房储蓄银行进行试点。

这两家住房储蓄银行的特点是：第一，住房储蓄银行都是以股份制为基础建立起来的银行机构，储蓄资金全部来源于地方，并且也只用于地方，不靠国家资金支持；第二，住房储蓄银行的宗旨是为当地的住房制度改革服务，业务范围主要围绕房地产开发、住房结算以及存贷业务；第三，住房储蓄银行要实现信贷资金的自求平衡，自主经营并自负盈亏；第四，在经营方式上，住房储蓄银行实行代理制，由其他专业银行代理相关业务，银行本身不铺设网点。

经过几年的运转，两家住房储蓄银行对当地住房制度改革提供了资金支持，但这种做法的效果较为缓慢，由于储蓄者要先积累才能获得住房贷款，因此其能够获得住房贷款的时间期限较长，在住房制度改革相关工作的迅速开展过程中，这种资金积累速度很难满足随之而来的大量住房贷款的需求。另外，同期我国实行了专业银行向商业银行过渡的改革措施，并且允许较多的商业银行开展房地产金融的相关业务，专业性住房储蓄银行在住房贷款领域的优势迅速缩小，由于机制设计的问题，两家住房储蓄银行的资金来源和运用并不匹配，经营管理面临困难，最终，两家住房储蓄银行分别在 2000 年、2003 年进行了股份制商业银行的改制，脱离了住房储蓄的范畴，成为全面开展业务的商业银行。

2）中德住房储蓄银行发展

中德住房储蓄银行于 2004 年从德国引入住房储蓄制度，是迄今为止国内唯一一家开办住房储蓄的专业银行。十多年来，中德住房储蓄银行克服在局部区域"试点经营"、房价持续攀升等诸多困难，坚持推进住房储蓄本土化改造，逐步建立了比较完善的业务经营模式。根据国家政策指引，中德住房储蓄银行不断完善和推广住房储蓄体系，提升与我国住房金融市场的匹配度和适应性，完善面向中低收入居民的住房金融服务模式。

中德住房储蓄银行是在中德两国政府时任总理朱镕基和施罗德的倡导和推动下，由中国建设银行与德国施豪银行共同出资成立的，银行总部设在天津市，现有注册资本金 20 亿元人民币，其中，中国建设银行持股 75.1%，德国施豪银行持股 24.9%。成立中德住房储蓄银行的目的是：引进德国住房储蓄业务的成功经验和先进技术，利用建设银行的网点优势，提供住房储蓄与住房贷款相结合的金融服务，成为中国住房金融市场积极和有益的补充，丰富住房金融产品，促进中国的住房制度改革和住房消费。由于当时的金融政策环境限制，中国银监会批准中德住房储蓄银行在天津试点经营住房储蓄业务。

为了适应国家住房保障体系建设的需要，同时也出于为住房储蓄业务培育市场赢得更多时间的考虑，中德住房储蓄银行于 2008 年年底前添加了商业性个人按揭业务和以支持保障性住房为主的开发贷款业务，初步转型为一家提供全方位住房金融服务的专业银行。2011 年 12 月，中德住房储蓄银行获准设立的第一家异地试点机构——重庆分行正式开业，迈出了"走出天津"的第一步。

数年来，中德住房储蓄银行融合来自不同国家的先进住房金融理念和产品，始终不渝地围绕一个宗旨开展创新——为中低收入居民购买中小户型、中低价位住房提供金融服务，服务三中群体。中德住房储蓄银行始终以客户的住房融资需求为中心，凭借个性化的住房金融服务方案，为客户带来不同于综合性商业银行的全新体验。在服务社会的同时，中德住房储蓄银行业务增长迅速，截至 2014 年年底，其住房储蓄产品已惠及近 13 万个家庭，累计销售合同额突破 470 亿元，并于 2015 年获得国务院批准，被纳入国家多层次住房政策体系，进而获准在全国更多地区开展业务。

目前，中德住房储蓄银行在天津设有两家支行以及分布于市区及郊县的 12 家客户服务中心，在重庆设有分行，同时中国建设银行遍布天津和重庆的网点均可办理中德住房储蓄银行相关业务。中德住房储蓄银行的特色业务与产品主要包括：住房储蓄业务、个人普通商品住房贷款、个人保障类住房贷款、保障性住房开发贷款、普通商品住房开发贷款、个人住房公积金贷款（代理）。

复习思考题

1. 什么是住房储蓄？住房储蓄运作有哪些特点？
2. 住房储蓄的基本原则是什么？
3. 住房储蓄体系的金融属性有哪些？
4. 住房储蓄对中国的房地产市场都有哪些社会功用？
5. 住房储蓄贷款与个人住房按揭贷款、公积金贷款相比有哪些异同？
6. 什么是住房储蓄银行"三性"原则？
7. 住房储蓄制度有哪些监管特点？

参考文献及扩展阅读建议

[1]李稻葵，[德]罗兰·贝格. 中国经济的未来之路：德国模式的中国借鉴[M]. 北京：中国友谊出版公司，2015.

[2]孟艳. 我国住房金融的体系重构与政策优化[M]. 北京：经济科学出版社，2013.

[3]洪艳蓉等. 房地产金融（第二版）[M]. 北京：北京大学出版社，2011.

[4]住房和城乡建设部住房保障司，住房和城乡建设部住房公积金监管司. 国外住房金融研究汇编[G]. 北京：中国城市出版社，2009.

[5]陈正兰. 英国住房福利政策研究[J]. 社会期刊，2003.

[6][美]戴维·西罗塔. 房地产金融纲要[M]. 上海：上海人民出版社，2005.

[7][美]查尔斯·F. 弗洛伊德，马库斯·T. 艾伦. 房地产原理[M]. 上海：上海人民出版社，2005.

[8][美]克劳瑞特，[美]西蒙斯. 房地产金融（第五版）[M]. 北京：中国人民大学出版社，2012.

[9]张鑫，黄群. 德国住房储蓄制度研究[J]. 中国人民银行研究局《货币政策与资产价格研究（专刊）》，2013（1）.

住房储蓄产品

本章学习目标

- 了解住房储蓄产品构成要素
- 了解住房储蓄产品政府补贴和忠诚奖励
- 掌握住房储蓄产品评价值的计算方法

2.1 住房储蓄产品的概念

住房储蓄产品是指基于住房储蓄互助理念及住房储蓄评价体系，由住房储蓄银行结合市场需求设计的，供住房储蓄者购买、参与，从而满足人们住房融资及相关需求的金融工具，其具体体现为各类型住房储蓄合同。

住房储蓄产品与一般储蓄产品不同，进行一般储蓄的客户通常是为了保证资金安全并获取利息而在商业银行进行储蓄，国家通过发展储蓄业务保持资金的流动性，一方面满足资金需求者的资金需要，另一方面为资金充裕的闲置资金提供短期盈利机会。客户购买住房储蓄产品即签署住房储蓄合同的目的是为了进行有规律、有计划的储蓄，并于日后获得额度等同于合同总金额减去储蓄额的低息贷款，用于住房消费。

2.2 住房储蓄的存贷履约比（SKLV）

住房储蓄者通过参加住房储蓄集体，在互助的同时进行自助，而住房储蓄银行如何保证住房储蓄资金运作的公平性、科学性并以此盈利呢？在实际业务中，住房储蓄银行主要通过住房储蓄者与银行之间的贡献关系"存贷履约比"（德文Sparer-Kassen-Leistungsverhältnis 的首字母缩写 SKLV）来衡量住房储蓄资金的运作，这也是住房储蓄产品的核心。在住房储蓄银行实际经营管理过程中，一般关注两种 SKLV 值：一是单一产品 SKLV 值，二是集体 SKLV 值。

2.2.1 单一产品 SKLV 值

单一产品SKLV=（存款平均余额×存款存续期限）/（贷款平均余额×贷款存续期限）−（存款利息÷存款利率）/（贷款利息÷贷款利率）

单一产品 SKLV 值是基于一款产品的存、贷款生命周期，对单一客户存款贡献和贷款索取之间比例的衡量。客户自集体获得的回报与 SKLV 值成反比，即购买较高 SKLV 值产品的客户较之购买较低 SKLV 值产品的客户得到的回报少。换句话说，即 SKLV 值低的产品种类较之 SKLV 值高的产品种类更受客户欢迎。然而，互助体系决定了住房储蓄银行在设计产品时以产品平衡性为原则，既不能将

SKLV 值设计得太高，也不能设计得太低，太高则产品没有吸引力，太低则流动性无法支撑。一般情况下住房储蓄产品 SKLV 值取值范围为 $0.6 \leqslant SKLV \leqslant 1$。单一产品 SKLV 值示意图如图 2-1 所示。

图 2-1 展示了一般情况下，在住房储蓄合同生命周期中（存款阶段，配贷阶段，贷款阶段），住房储蓄者对集体的存款贡献与贷款回报之间的关系。

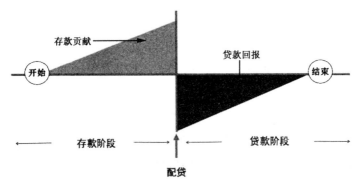

单一合同类型 SKLV 值=灰色面积/黑色面积

图 2-1　单一产品 SKLV 值示意图

图 2-2 为单一合同类型 SKLV 值等于 1 时资金贡献与回报之间的关系。此时灰色面积与黑色面积相等，即客户对集体的贡献与其自集体得到的回报相等，无超额回报。

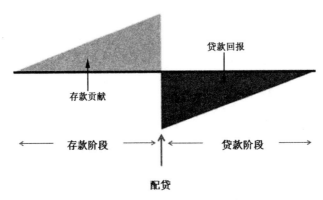

图 2-2　SKLV 值等于 1 时资金贡献与回报之间的关系

图 2-3 为单一合同类型 SKLV 值等于 0.6 时资金贡献与回报之间的关系。此时灰色面积是黑色面积的 60%，即客户自集体得到的回报是其对集体所做贡献的 1.6 倍左右，客户享有超额回报。这种情况需要有很高的放弃率以及业务增长率

方能支撑。

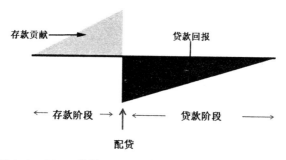

图 2-3　SKLV 值等于 0.6 时资金贡献与回报之间的关系

2.2.2　集体 SKLV 值

集体 SKLV（所有客户）是指在一个评价日之前一段时间内，所有接受配贷或终止产品合同的住房储蓄者做出的贡献与获得贷款的客户自住房储蓄集体获得的利益之间的关系，用来衡量住房储蓄银行运营健康度。

$$集体SKLV=\frac{（存款利息支出/平均存款利率）}{（贷款利息收入/平均贷款利率）}$$

2.3　住房储蓄合同评价值

2.3.1　住房储蓄合同评价值的含义

住房储蓄银行如何衡量每位住房储蓄者对于住房储蓄集体（银行）所做贡献的大小，进而根据每位住房储蓄者贡献度大小为其提供相应的融资需求呢？业务实践中，住房储蓄银行通过"住房储蓄评价体系"来完成对于住房储蓄者贡献度衡量，统筹衡量选用的是单位合同额贡献度。住房储蓄银行会为住房储蓄合同设置"评价值"（一般为自然数），并定期计算所有合同的评价值，而后对其进行排序，住房储蓄者所购买产品的评价值等于或高于"评价值"的时候，住房储蓄银行会对这部分客户按照排名先后满足其融资需求。由此可见，住房储蓄合同评价值是指为保证住房储蓄客户无论其合同额度的大小，均能得到公正、平等的配贷机会，由住房储蓄银行对住房储蓄客户的存款贡献进行相应评价的量化结果。评价值系数是计算合同评价值的重要参数，不同的合同款型的评价值系数不同。评价值的具体测算方式在后面会进行详述。

20 世纪 30 年代末，德国的住房储蓄系统完成了重大改革，"评价值"概念开始被德国住房储蓄银行广泛使用。我国的住房储蓄银行借鉴德国住房储蓄产品研发模式，同样设置了"评价值"概念。

2.3.2 住房储蓄合同最小评价值与目标评价值

合同评价值包括最小评价值和目标评价值。

最小评价值是指配贷必须达到最低评价值，达到该评价值方可入围配贷序列。

目标评价值是指在某个具体配贷日合同若想得到配贷必须达到的最低评价值。目标评价值依据可支配的资金池资金量确定，其最小值就是最小评价值。月度目标评价值根据当月的可支配配贷资金量予以确定。

2.3.3 住房储蓄合同评价值的计算

1. 评价值的计算公式

在欧洲有多种评价值计算方式，本书我们这里只对我国市场中的住房储蓄合同评价值的计算方式进行介绍。简单来讲，我国市场中用来计算住房储蓄评价值的核心要素是客户的住房储蓄存款所产生的利息，因为存款利息是存款期限和存款金额的间接反映，公式如下：

$$评价值 = \frac{存款利息总额 \times 评价值系数 \times 超额存款奖励系数}{住房储蓄合同额（以千元为单位）}$$

2. 评价值公式分析

1）评价日

目前，我国的住房储蓄银行（中德住房储蓄银行）约定每月月末为评价日，在评价日对全量住房储蓄合同进行评价值计算，并判断其是否达到最小评价值和最低存款额等配贷条件，然后生成配贷序列（关于"配贷"将于后文详述）。

2）住房储蓄存款利息概述

（1）住房储蓄存款利率

住房储蓄存款利率是指客户的住房储蓄合同账户内的存款可获得的利息率，用以计结存款利息。目前中德住房储蓄银行约定的结息周期是年，相应合同上定义的存款利率为年利率。不同住房储蓄合同类型对应着不同的存款利率（见表2-1）。

表 2-1　合同类型对应存款利率

合同类型	存款利率
标准 AA 型、标准 CA 型	0.5%
标准 AB 型、标准 CB 型	0.5%
标准 AC 型	1%
标准 CC 型	1.2%
标准 HA 型、标准 HB 型、标准 HC 型	2.5%

（2）住房储蓄存款利息的计算

住房储蓄存款按年计息。利息额依据各类合同及其相应的利率而定。在实际业务中，住房储蓄银行会将每一年的住房储蓄存款所产生的利息加入本金一并计算下一期的利息，即实施年度复利计息。复利计算公式为：

$$S = P(1+r)^n$$
$$I = S - P = P[(1+r)^n - 1]$$

式中，S 为本息和，I 表示利息额，P 表示本金，r 表示利率，n 表示时间。

假设存入银行 100 元，以 1% 的年利率每一年支付一次利息，两年后的本息和为：

$$FV_2 = 100 \times (1+0.01)^2 = 102.01$$

两年后存款利息为 2.01 元，如果客户存入更多的存款或存款较长时间，得到的利息将更多，例如存入 50 万元，两年后的存款利息为 10 050 元，3 年后的存款利息为 15 150.5 元。

3）评价值系数

不同的住房储蓄合同类型的评价值系数不同，其数值的高低与存款进度成正比。表 2-2 是目前市场上的几种住房储蓄合同的评价值情况。

表 2-2　合同类型对应评价值系数

合同类型	评价值系数	合同类型	评价值系数	合同类型	评价值系数
AA	1.6	CA	1.91	HA	0.37
AB	1.2	CB	1.27	HB	0.26
AC	0.4	CC	0.41	HC	0.21

4）超额存款奖励系数

由于存款余额是评估住房储蓄者对集体贡献度的基础，当客户的存款超出最低存款额要求时，其将获得超额存款奖励，在评价值计算公式中将以超额存款奖励系数的方式体现，超额存款奖励系数大于等于 1 小于等于 2，公式为：

$$超额存款奖励系数=\frac{储蓄存款余额}{最低存款项}$$

（1）储蓄存款余额

储蓄存款余额是指缔结住房储蓄合同后，住房储蓄者有义务按照住房储蓄合同约定进行住房储蓄存款，住房储蓄账户中积累的存款额度是银行为其计结存款利息、计算评价值及政府补贴的基础。

（2）最低存款额和最低存款比例（%）

最低存款额指住房储蓄合同账户上最终的存款总额应达到的最低额。最低存款额＝合同额度×最低存款比例（%），其中最低存款比例会在住房储蓄产品参数中设定。目前市场中的住房储蓄合同一般要求的最低存款比例为合同额的50%，即要求客户的存款须达到合同额的一半。

如果客户签订了一份额度为100万的合同，按照最低存款比例50%的要求，客户需缴存的最低存款额为：

最低存款额＝100万×50%＝50万

即客户需存满50万元。

（3）超额存款奖励系数的计算

举例，住房储蓄合同信息如下：合同金额180 000元，类型为标准CC型，存款余额95 000元，请计算该合同的超额存款奖励系数。

首先计算住房储蓄合同最低存款额（最低存款比例按照50%计算）：

最低存款额＝18万×50%＝9万

则超额存款奖励系数：

95 000÷90 000≈1.056

此案例中的超额存款奖励系数超过1，根据规则（1≤超额存款奖励系数≤2），按照1.056计入评价值计算公式。

从住房储蓄超额存款奖励系数的设置来看，在合同额度不变的情况下，超额存款奖励系数与评价值成正比关系，体现着住房储蓄银行对于多做存款贡献客户的认同和回报。

5）评价值计算举例

评价值在银行系统中一般不采取四舍五入的算法，以此保证对每位住房储蓄者的公平。

根据评价值计算公式，举例讲解：

$$评价值=\frac{存款利息总额×评价值系数×超额存款奖励系数}{住房储蓄合同额（以千元为单位）}$$

举例 1：住房储蓄合同信息如下：合同金额 180 000 元，类型为标准 AA 型，存款余额 70 000 元，存款利息总额 753 元，计算该合同的评价值。

超额存款奖励系数＝70 000÷90 000≈0.778（按 1 计算）

评价值系数参考表 2-2 数据为 1.6，

评价值＝（753×1.6×1）÷180＝6.693

如果按照目前国内住房储蓄银行设定的最小评价值为"8"的标准，则此份合同评价值为 6.693，还未达到配贷条件，即客户还不能申请支取存款和发放贷款。

举例 2：住房储蓄合同信息如下：合同金额 180 000 元，类型为 CA 型，存款余额 90 000 元，存款利息总额 1 000 元，请计算该合同的评价值。

超额存款奖励系数＝90 000÷90 000＝1

评价值系数参考表 2-2 数据为 1.91，

评价值＝（1 000×1.91×1）÷180＝10.611

此份合同评价值为 10.611，已超过最小评价值"8"的标准，客户在满足其他配贷条件后可向住房储蓄银行申请贷款。

3. 合同变更与评价值的调整

在实际业务操作过程中，由于住房储蓄者自身收入情况、家庭情况，或因社会情况、楼市情况的变化，导致其购房融资计划发生改变，进而向住房储蓄银行提出变更住房储蓄合同。例如，对合同类型进行变更，由于不同合同类型的存款利率不同，住房储蓄合同自存款利率低的类型向存款利率高的类型转换时，较高利率自转换当年的年初开始采用（银行向客户让利），在这种情况下必然会对客户的住房储蓄评价值计算产生影响，其评价值须于下一个评价日重新计算。

举例：客户拥有住房储蓄合同金额 200 000 元，类型为标准 CA 型，当年年初一次性存款余额 100 000 元，11 月底提出变更合同类型为标准 CC 型（见表 2-3），此时存款利息总额为 458.3 元，评价值为 4.376。变更后的评价值计算方式如下：

表 2-3　合同类型举例

合同类型	CA	CC
存款利率	0.5%	1.2%
评价值系数	1.91	0.41

变更后利息额度＝100 000×0.012/12×11＝1 100

变更后的合同评价值为＝（1 100×0.41×1）/180＝2.505

即变更后标准 CC 型合同评价值为 2.505。

2.4　住房储蓄合同的存款和贷款

2.4.1　最低存款额

最低存款额是指客户存款达到住房储蓄合同约定的最低存款目标的额度（最低存款额），通常表现为合同额的一定比例，满足该条件是客户支取合同存款、申请贷款的前提之一。我国市场中的住房储蓄产品一般要求客户最低存款额应达到合同额度的 50%，根据市场需求住房储蓄银行也推出了灵活性产品策略，后面我们会进行介绍。

2.4.2　存贷款期限

住房储蓄合同的存款期限和贷款期限是由住房储蓄银行根据市场需求，依据集体原则和封闭性运营原理确定的。简单来讲，住房储蓄合同的存款期限较长，贷款期限较短，对于银行的流动性越有利，但对于客户来讲，实现购房融资的预期将会延长，并且会承担较高的还款压力，产品的吸引力下降；反之，存款期较短，贷款期较长，又会影响银行的流动性及盈利性，虽然客户偏爱这种产品，但从长远看又会妨害住房储蓄银行的持续健康运营；所以住房储蓄银行会综合考虑上述因素，设计推出不同期限结构组合的合同类型，以达到需求与流动性、盈利性之间的平衡。

2.4.3　存贷款利率

住房储蓄银行推出合同类型时，会考虑当地存贷款利率水平，每个住房储蓄银行都会有自己的参考利率范围，在此范围之内综合考虑银行盈利与市场需求。住房储蓄产品最大的特点就是贷款利率普遍低于市场同类产品的利率。

2.4.4　住房储蓄预先贷款

住房储蓄预先贷款是指客户与住房储蓄银行签订的住房储蓄合同在既未满足最低存款要求又未满足其他配贷条件的情况下，因个人住房消费需要提前融资，在满足住房储蓄银行相关贷款条件的前提下，由银行利用住房储蓄资金提前向其发放的贷款。该贷款的额度与合同额度相等，其利率高于住房储蓄贷款。贷款期间，客户只需还息，而无须还本。本该用于还本的资金需用来向住房储蓄合同中进行存款。待住房储蓄合同得到配贷后，该贷款将由配贷资金一次性归还，之后，客户则要按期归还住房储蓄贷款，如图 2-4 所示。

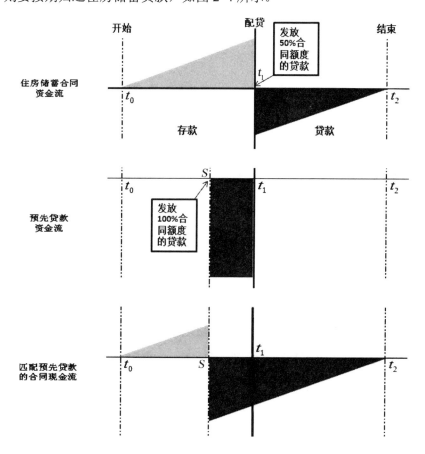

图 2-4　住房储蓄预先贷款图示

图 2-4 中客户还未满足住房储蓄存款条件，但达到了一定的评价值要求，此时客户欲申请住房储蓄贷款，住房储蓄银行根据资金状况并审查客户相关贷款标准，在符合条件的前提下，为客户提前发放贷款。在 S 这个时点，住房储蓄银行会向客户发放与合同额相等的贷款额。S 至 t_1，客户只还息不还本，同时向住房储蓄合同中进行存款。当合同达到配贷，贷款将由配贷资金一次性归还，客户应按照合同约定按期归还住房储蓄贷款。

预先贷款与一般的住房储蓄贷款有所不同：

①贷款额度不同。预先贷款的贷款额度等于合同额。

②还款方式不同。预先贷款只还息不还本，本金将于合同配贷后，由配贷资金一次性结清。正常的住房储蓄贷款按照合同约定的还款方式还本付息。

③贷款利率不同。银行会制定相应的预先贷款利率，一般情况下高于住房储蓄贷款利率。

④提前还款要求不同。在预先贷款阶段，客户可申请提前清偿全部贷款本息，但不得提前清偿部分贷款本息；住房储蓄合同得到配贷，该贷款由配贷资金一次性归还后，客户可申请提前清偿全部或部分住房储蓄贷款本息。

2.4.5　短期接替贷款

短期接替贷款系预先贷款的一种特殊情况，是指那些已满足最低存款要求但尚未满足其他配贷条件的客户申请预先贷款的情况。由住房储蓄银行利用住房储蓄资金向其发放短期接替性的按期还息，待其对应的住房储蓄合同得到配贷后，以住房储蓄合同资金一次性替换贷款本金的固定利率住房储蓄类贷款。

2.5　住房储蓄的政府补贴（奖励）

2.5.1　住房储蓄政府补贴（奖励）的基本概念

住房储蓄政府补贴（奖励）是当地政府为促进当地住房金融市场的发展，鼓励居民参与住房消费而设立的，通过住房储蓄银行向住房储蓄者发放的补贴。

政府支持是住房储蓄制度运行过程中的重要一环，即住房储蓄业务的健康发展与住房储蓄积极作用的发挥都需要政府补贴（奖励）政策的支撑。换句话说，住房储蓄制度的政策性主要是依靠政府补贴（奖励）来得以表现的。政府补贴（奖励）体现的是国家意志，它必须符合公共财政支出的一般原则。

2.5.2　政府补贴（奖励）的性质

1. 政府补贴（奖励）是住房储蓄制度的基本特征和必要条件

"住房储蓄"是一套政策性与商业性相结合的住房融资体系，其中政策性是指政府颁行补贴政策并将补贴资金纳入财政预算；商业性是指住房储蓄银行的运营是市场化的，住房储蓄银行自担风险、自负盈亏。在该体系中政府的职能和住房储蓄银行的职能两者的作用缺一不可。

2. 政府补贴（奖励）的对象是住房储蓄者

政府补贴（奖励）的对象是住房储蓄者，即参与住房储蓄的居民，而非住房储蓄银行。住房储蓄银行的角色是受托人，为政府把关审核，替政府向符合条件的居民发放该项补贴资金。

3. 政府补贴（奖励）是一项长期的持续性政策

住房储蓄作为一项长期稳定的惠民制度，政府补贴（奖励）政策应该是长期可持续性的政策。在确定补贴（奖励）比例、补贴（奖励）范围和补贴（奖励）方式后，作为政府的惠民政策将予以公布，居民将会借此参与住房储蓄体系。由此，住房储蓄体系才能更好地发挥其功效和作用。

2.5.3　政府补贴（奖励）的额度

政府向住房储蓄者发放补贴（奖励）的额度是依据住房储蓄者在住房储蓄账户中存款的额度、存款的时间，按照一定比例计算而来的。简而言之，就是政府给住房储蓄者的存款贴息，而贴息幅度是由政府确定的。例如：在我国，天津市政府将符合既定条件的保障群体加入住房储蓄，按照年利率 1.5% 进行政府补贴（奖励）；对于非保障群体参加住房储蓄，按照年利率 1% 进行政府补贴（奖励）；重庆市执行的政府补贴（奖励）比例为年息 1%。

政府补贴（奖励）随同住房储蓄存款利息每年计算一次，结息日为每年的 12 月 31 日。计息方式为单利计息，住房储蓄者不能从其政府补贴（奖励）中获取利息，即补贴额不作为年度计算利息的基础。

政府补贴（奖励）额度的计算公式：

住房储蓄账户存款余额×政府补贴（奖励）比例×存期

其中，住房储蓄账户存款余额＝住房储蓄存款本金＋上一年度住房储蓄存款利息。

计算规定与普通银行存款利息计算规定等同。

举例 1：天津市的一位住房储蓄者（属于政府保障对象）于 2015 年 1 月 1 日在其住房储蓄账户中存入 10 万元，问该住房储蓄者在 2016 年 1 月 1 日其住房储蓄账户中积累的政府补贴（奖励）额度是多少？

依据计算公式得出：

政府补贴（奖励）额度＝住房储蓄账户存款余额×政府补贴（奖励）比例×

存期

　　＝100 000 元×1.5%×1 年

　　＝1 500 元

　　举例 2：重庆市的一位住房储蓄者于 2015 年 1 月 1 日在其住房储蓄账户中存入 10 万元，问该住房储蓄者在 2017 年 1 月 1 日其住房储蓄账户中积累的政府补贴（奖励）额度是多少？

　　依据计算公式得出：

　　政府补贴（奖励）额度＝住房储蓄账户存款余额×政府补贴（奖励）比例×存期

　　＝100 000×1%×1 年＋（100 000×0.5%+100 000）×1%×1 年

　　＝2 005 元

2.5.4　住房储蓄政府补贴（奖励）的申领

1. 政府补贴（奖励）的申领对象

政府补贴（奖励）的申领对象为参与住房储蓄的居民，即住房储蓄的客户。

2. 政府补贴（奖励）申领的前提条件

政府补贴（奖励）申领的前提条件为住房储蓄客户所持有的住房储蓄合同达到配贷条件且将住房储蓄存款用于当地的住房消费。

3. 政府补贴（奖励）申领的时间

住房储蓄客户可以在以下时间申领政府补贴（奖励）：

①在提交配贷声明的同时申领政府补贴（奖励）。

②在配贷存款支付完成后的五年内任意时点申领政府补贴（奖励）。

③在贷款发放后的五年内任意时点申领政府补贴（奖励）。

④在申请预先贷款、短期接替贷款的同时申领政府补贴（奖励）。

4. 政府补贴（奖励）申领的方式

1）全额申领政府补贴（奖励）

住房储蓄客户提供的政府补贴（奖励）申领资料中用于住房消费的金额大于等于其在住房储蓄合同中的存款余额时，住房储蓄客户可以足额申领其在住房储蓄账户中积累的政府补贴（奖励）。

2）部分申领政府补贴（奖励）

住房储蓄客户提供的政府补贴（奖励）申领资料中用于住房消费的金额小于其在住房储蓄合同中的存款余额时，住房储蓄客户应依据实际住房消费金额按比例申领其在住房储蓄账户中积累的政府补贴（奖励）。

部分申领可获得的政府补贴（奖励）金额按照等比例的方式计算：

可获得的政府补贴（奖励）金额＝政府补贴（奖励）申领证明资料的证明金额/住房储蓄合同存款余额×全额政府补贴（奖励）金额

部分申领政府补贴（奖励）后的可得政府补贴（奖励）余额可在客户提供相应申领资料后继续支付，直至全部政府补贴（奖励）发放完毕。

5. 政府补贴（奖励）发放的时间

①在提交配贷声明的同时申领政府补贴（奖励）的，将最早于配贷日与配贷存款支付一并发放政府补贴（奖励）。

②在配贷存款支付完成后申领政府补贴（奖励）的，或在贷款发放后申领政府补贴（奖励）的，均于住房储蓄客户申领政府补贴（奖励）后的首个配贷日发放政府补贴（奖励）。

延伸阅读：德国的政府补贴（奖励）实施情况

在德国，住房储蓄是唯一能得到国家奖励的一种储蓄形式。

在 20 世纪 90 年代中期，当时德国政府的住房储蓄奖励政策主要有三大项。

1. 住房储蓄奖金

（1）对年满 16 岁以上的单身者，年收入不超过 5 万马克的，对其第一年住房储蓄存款（最高 1 000 马克）奖励 10%，即 100 马克。

（2）对夫妻两人年收入不超过 10 万马克的家庭，对其每年住房储蓄存款（最高 2 000 马克）奖励 10%，即 200 马克。

（3）储户在存款期满七年以上者，不购买住房也可以得到政府的住房储蓄奖励。

2. 雇员资金积累款

每个职工都可以让他的雇主把雇员资金积累款（每年最多 936 马克，每月交存 78 马克）直接存入职工的住房储蓄账户中去。这是职工工资以外的住房补助，但七年之后才能使用。

3. 对雇主储蓄奖励

国家对企业主每月自愿付给雇员的住房储蓄补助同样给予 10% 的奖励，即 93.6 马克。但能得到这项政府补贴（奖励）的职工年收入不得超过 54 000

马克。

若中低收入家庭每年存入住房储蓄2 000马克,可得到雇主补助936马克,政府补贴(奖励)200马克及93.6马克,那么政府的奖励和企业的补助是其住房储蓄的61.48%,这是十分可观的比例,具有很大的吸引力。

2004年,德国政府调整住房储蓄政府补贴(奖励)标准和对象。一是调整补贴标准,补贴金额比例由原来住房储蓄存款金额的10%降低至8.8%;二是依然仅补贴中低收入居民,但调整了中低收入的界定标准:仅补贴16周岁以上、年收入2.56万欧元以下的单身人士(同时设定住房储蓄存款金额的上限为512欧元/年),或年收入5.12万欧元以下的家庭(同时设定住房储蓄存款金额的上限为每年1 024欧元/年)。

德国住房储蓄政府补贴(奖励)政策的特点如下:

一是通过普惠式、高比例的补贴进行长期引导和鼓励。为解决"居者有其屋"问题,德国政府在长达45年的时间内,对所有参加住房储蓄体系的住房储蓄者进行普惠式、高比例补贴,实行长期性、全社会引导,一方面通过鼓励储蓄者的长期储蓄行为,从而提升银行信用,提升未来获得住房贷款的能力;另一方面大大增加了住房建设资金的来源,保证了政府住房建设计划的实现。期间,尽管视社会经济的发展状况、住房问题解决程度进行了三次调整,但是政府始终秉承全面引导和大力扶持的政府补贴(奖励)政策,直至全面实现"居者有其屋"的宏伟目标。

二是在社会高度发达后充分体现社会保障和公平。在"居者有其屋"的宏伟目标全面实现后,德国政府转变补贴方向,由普惠式补贴调整为仅支持中低收入阶层,突出社会保障和公平。1952—2014年,德国社会平均工资由约143欧元/月上涨到2 905欧元/月,上涨20.3倍,但德国房价上涨只有约50%;德国社会民众高度富裕,贫富差距相对较小,住房储蓄政府补贴(奖励)额也由最初达德国社会平均月收入的1.43倍,下降到现在仅占德国社会平均月收入的1.5%;住房储蓄政府补贴(奖励)政策重点支持中低收入群体,对中等收入者的边际贡献递减,对高收入群体则没有支持。

延伸阅读:欧洲其他国家的政府补贴(奖励)实施情况

目前实行住房储蓄制度的国家均不同程度地给予住房储蓄者个人税收优惠和政府补贴(奖励)。欧洲其他实行住房储蓄的国家也建立了相应的政府补贴（奖励）政策，虽奖励额度多寡不一，但秉承的向中低收入群体政策倾斜的核心却一脉相承（见表 2-4）。举例如下。

斯洛伐克：1992 年引进住房储蓄制度，政府补贴（奖励）标准为住房储蓄存款额的 40%，随着住房政策的改变，2014 年该比例调整为 8.5% 并延续至今。

捷克：1993 年引进住房储蓄制度，政府补贴（奖励）标准为住房储蓄存款额的 25%，随着住房政策的改变，2011 年该比例调整为 10% 并延续至今。

匈牙利：1997 年引进住房储蓄制度，政府补贴（奖励）标准为住房储蓄存款额的 40%，随着住房政策的改变，1998 年该比例调整为 8.5% 并延续至今。

罗马尼亚：2004 年引进住房储蓄制度，政府补贴（奖励）标准为住房储蓄存款额的 30%，随着住房政策的改变，2009 年该比例调整为 25% 并延续至今。

哈萨克斯坦：自引进住房储蓄制度后，政府补贴（奖励）标准为住房储蓄存款额的 20% 并延续至今。

表 2-4　实行住房储蓄制度的欧洲国家对住房储蓄客户出台的政府补贴（奖励）政策一览表

国家	德国	奥地利	斯洛伐克	捷克	匈牙利	克罗地亚	罗马尼亚（自 2005 年 7 月起）	哈萨克斯坦
可获得补贴的年最高存款额	已婚：1 024 欧元未婚：512 欧元	1 200 欧元	1 207 欧元	20 000 捷克克朗（约合 780 欧元）	240 000 福林（约合 760 欧元）	5 000 库纳（约合 653 欧元）	1 000 欧元	396 400 坚戈（约合 1 786 欧元）
可获得补贴的年收入限额	已婚：51 200 欧元未婚：25 600 欧元	无	无	无	无	无	无	无
补贴系数	8.8%	1.5%	5.5%	10%	30%	4.9%	25%	20%
年度补贴额	已婚：90 欧元未婚：45 欧元	18 欧元	6 639 欧元	2 000 捷克克朗（约合 78 欧元）	72 000 福林（约合 230 欧元）	245 库纳（约合 32 欧元）	250 欧元	79 280 坚戈（约合 357 欧元）
限制存款用途的期限	2009 年 1 月 1 日以后新合同完全限制用途（以前 7 年）	6 年	6 年	6 年	2009 年 1 月 1 日以后新合同完全限制用途（以前 8 年）	5 年	5 年	5 年

续表

国家	德国	奥地利	斯洛伐克	捷克	匈牙利	克罗地亚	罗马尼亚（自 2005 年 7 月起）	哈萨克斯坦
雇员月均收入（税前）	约 2 905 欧元	约 2 573 欧元	约 860 欧元	25 178 捷克克朗（约合 915 欧元）	227 800 福林（约合 750 欧元）	7 976 库纳（约合 1 042 欧元）	2 232 列依（约合 500 欧元）	154 577 坚戈（约合 696 欧元）
补贴额与月收入之比	约 1.5%	约 0.7%	约 7.7%	约 7.9%	约 32%	约 3.1%	约 50%	约 51%
2014 年 12 月 31 日对欧元的汇率	—	—	—	27.5 捷克克朗	315.3 福林	7.658 库纳	4.407 列依	221.97 坚戈

2.6　住房储蓄的忠诚奖励

2.6.1　忠诚奖励的基本概念

忠诚奖励是住房储蓄业务的基本元素之一，是住房储蓄银行对于"忠诚"于住房储蓄体系进行住房储蓄存款但不使用住房储蓄类贷款的住房储蓄者，在符合一定约定条件的基础之上，给予的除存款利息以外的利息收益。住房储蓄作为一个封闭的资金体系，天然需要一定比例的住房储蓄者自愿放弃贷款权利，以保障流动性安全（据德国施威比豪尔住房储蓄银行统计，该行平均约有 25% 的客户是"友情存款人"）。所以我们说，只有建立了忠诚奖励机制，住房储蓄体系才是完整的。

在确保社会公平的前提下，设置忠诚奖励机制的基本原则主要体现在公允定价的水平上。忠诚奖励定价水平的高低应主要在满足盈利性要求的前提下，结合市场利率来确定，同时，住房储蓄银行需要建立完善的业务管控机制。如在市场利率出现大幅波动时，住房储蓄银行有必要调整忠诚奖励的定价水平。在高利率市场的国家和地区，尤其需要建立忠诚奖励机制。

2.6.2　设置忠诚奖励机制的意义与作用

不同于 2004 年住房储蓄制度刚刚来到中国时利率定价的环境，目前我国正处于大力推进利率市场化的背景下，引入"忠诚奖励"机制对于完善我国的住房储蓄体系具有深远意义，同时在多方面也起到了积极作用。

1. 忠诚奖励制度是对住房储蓄产品存款收益的有益补充，有利于提升住房储蓄业务的吸引力

忠诚奖励是对住房储蓄产品存款收益的补充，在一定程度上加强了住房储蓄业务的竞争力，进而提升了住房储蓄业务的吸引力。

2. 忠诚奖励制度是对可能流失的住房储蓄存款有效的挽留机制，形成对资金池的有益补充

忠诚奖励对于存款时间的限定条件可以起到挽留或延后存款流出的时间的作用，主要包括以下两个方面。

①可以促成满足配贷条件放弃贷款权利的住房储蓄者更晚地支取存款。

②可以挽留评价值较高且有解除意愿的住房储蓄者放弃解除住房储蓄合同而继续保留。

3. 忠诚奖励制度可以提升存量住房储蓄者的黏性

引导住房储蓄者稳定地持有住房储蓄合同，对"忠诚"的奖励也有利于提升存量住房储蓄者的黏性，从而留有后续产生业务的可能。

4. 忠诚奖励制度是对住房储蓄产品定价问题的有益探索

住房储蓄体制在中国的发展刚刚起步，住房储蓄产品的定价在中国仍然处于入门阶段，而从忠诚奖励出发的定价研究可以为后续全面的产品定价策略奠定基础，积累经验，继而形成包括服务费费率、存款利率、贷款利率、忠诚奖励等要素在内的一揽子定价方法。

2.6.3　忠诚奖励的主要内容

1. 忠诚奖励的奖励对象

签订住房储蓄合同、进行住房储蓄存款但放弃使用住房储蓄类贷款，并符合约定的奖励条件的住房储蓄者。

2. 忠诚奖励的奖励条件

签订配有忠诚奖励政策的住房储蓄合同，并进行住房储蓄存款且存款余额满足一定条件，依据住房储蓄者实际存款状况，在其退出住房储蓄集体时可以获得忠诚奖励。自签订住房储蓄合同之日起 12 个月（含）内若住房储蓄者存款余额仍未能满足指定条件，则该合同不再享受忠诚奖励。

3. 忠诚奖励政策的确定与调整

如前文所述，忠诚奖励是需要根据当地的金融环境和市场利率来不断调节的一种机制，忠诚奖励政策的浮动是它必不可少的一大特征。所谓浮动，即为变动或者调整，是指匹配忠诚奖励的住房储蓄产品类型是变动的；获得忠诚奖励的住房储蓄者的住房储蓄存款的时间是变动的；忠诚奖励的比例是变动的。住房储蓄银行将根据自身业务经营管理的需要，不定期地对忠诚奖励做出调整。

当然，不定期的忠诚奖励政策调整，可能会给住房储蓄者带来一定的收益风险，所以出于对住房储蓄者权益的保护，住房储蓄银行一般有着这样的规定：住房储蓄者签订的住房储蓄合同所匹配的忠诚奖励政策，以签订住房储蓄合同的合同类型、签订日期为基础做出确认，在住房储蓄合同完整的存续期间不做任何调整。

4. 忠诚奖励额度的计算

①忠诚奖励额度的计算依据：住房储蓄账户下所有存款均作为今年忠诚奖励计算的基数，不含超过合同额的部分；年终计结的存款本金及存款利息作为次年忠诚奖励的计算基数；当年应计存款利息不作为当年忠诚奖励计算的基数。

②忠诚奖励额度的计算方法：依据住房储蓄合同类型及存款存续时间确定忠诚奖励比例后，以忠诚奖励比例计算忠诚奖励额度，不计复利，合同存续期间不结计忠诚奖励。

5. 忠诚奖励的兑现

①解除住房储蓄合同时，解除支付时点的忠诚奖励结算计入住房储蓄账户，随账户存款本金、存款利息一并支付给住房储蓄者。

②接受住房储蓄合同配贷、放弃住房储蓄贷款时，配贷支付时点的忠诚奖励结算计入住房储蓄账户，随账户存款本金、存款利息一并支付给住房储蓄者。

③接受住房储蓄合同配贷、申请住房储蓄贷款、但贷款审批未通过时，忠诚奖励应单独支付给住房储蓄者。忠诚奖励计算的终止日为配贷支付日（存款本金、存款利息支付的日期）。

6. 住房储蓄合同变更时对于忠诚奖励的业务管理

①住房储蓄合同额提高或降低时，变更后的合同直接继承原合同信息，包括存款存续时间、奖励比例。

②住房储蓄合同分立时，存款存续时间、忠诚奖励比例直接继承原合同信息，忠诚奖励积数的拆分遵循存款余额拆分的规则。

③住房储蓄合同类型变更时，对于由匹配忠诚奖励政策的合同类型向未匹配忠诚奖励政策的合同类型变更，变更后的合同不再匹配忠诚奖励政策；对于由未匹配忠诚奖励政策的合同类型向匹配忠诚奖励政策的合同类型变更，变更后的合同享受忠诚奖励政策，存款存续时间自合同类型变更时点开始计算。

④满足配贷条件的住房储蓄合同如因合同变更不再满足配贷条件的，忠诚奖励比例依据存款存续时间重新确定。

⑤匹配忠诚奖励政策的住房储蓄合同不允许合并。

⑥住房储蓄合同在转让、让与时，忠诚奖励直接继承原合同信息，包括存款存续时间、奖励比例以及计算积数。

⑦匹配忠诚奖励政策的住房储蓄合同满足配贷条件三年后，若住房储蓄者未提交接受配贷声明，住房储蓄银行有权要求客户限期提交接受配贷声明并支取存款；若住房储蓄者在限期期限内仍未提交接受配贷声明并支取存款，住房储蓄银行有权决定住房储蓄者获得配贷、支取存款的时间。

2.7　住房储蓄产品分类

我国引进住房储蓄产品至今十几年，产品线逐渐丰富，从住房储蓄银行自身资金流动性管理角度和市场需求角度不断发展出丰富的住房储蓄产品类型，住房储蓄产品分类依据和标准正在逐步完善。其中，住房储蓄产品的基本属性是对产品进行分类的主要依据。此外，产品用途也是住房储蓄产品的分类依据之一。

2.7.1　依据住房储蓄产品属性差异分类

住房储蓄产品按照产品属性可分为基础类和定制类两类。

1. 基础类住房储蓄产品

基础类住房储蓄产品是指具有独特存款目标、存贷期限、存贷利率、评价标准（包括评价值系数、最小评价值）的住房储蓄产品。

例如：中德住房储蓄银行标准 A 类产品（见表 2-5）。

表 2-5　中德住房储蓄银行标准 A 类产品参数表

	合同款型	标准 AA	标准 AB	标准 AC
①	**常规存款月度存款比率**（月度存款占合同额的千分比）	10	8	6
	达到配贷条件需要的时间（月）（前提是严格依照月度存款比率进行存款）	4 年 1 个月	6 年 3 个月	7 年 4 个月
	最早得到配贷的时间（月）	4 年 4 个月	6 年 6 个月	7 年 7 个月

	合同款型	标准 AA	标准 AB	标准 AC
②	一次性存款占合同额的百分比	50		
	达到配贷条件需要的时间（月） （前提是一次性存款）	2 年	2 年 6 个月	3 年 10 个月
	最早得到配贷的时间（月）	2 年 3 个月	2 年 9 个月	4 年 1 个月
③	存款利率（年利率：百分比）	0.5	0.5	1
④	评价值系数	1.6	1.2	0.4
⑤	最小评价值	8		
⑥	最低存款额（占合同额的百分比）	50		
⑦	配贷条件	合同达到最小评价值和最低存款额		
⑧	贷款总额（人民币）	最高贷款额等于合同额减去存款本金额的差额 （最高贷款额小于等于合同额的 50%）		
⑨	贷款利率（年利率：百分比）	3.3	3.3	3.9
⑩	月度还款比率（等额本息）（月度 还款占合同额的千分比）	7.8	6	4.4
⑪	最长还款期限（月）	5 年 11 个月	7 年 11 个月	11 年 11 个月

从上例中我们看到的这款产品对其存贷期限、存贷利率、最低存款额、评价值系数与最小评价值均进行了规定。标准 AA 类产品又根据市场需求划分为三款，这三款产品（标准 AA、标准 AB、标准 AC）的存款速度为标准 AA 最快、标准 AB 适中、标准 AC 最慢，最快的标准 AA 类住房储蓄产品 2 年 3 个月就可以得到配贷，最慢的标准 AC 类住房储蓄产品按照规律性存款方式需要 7 年 7 个月得到配贷。

2. 定制类住房储蓄产品

此类产品是面向特定客户或群体，依据客户的资金使用要求、住房储蓄贷款需求，按照住房储蓄产品的设计原理定制的住房储蓄产品或住房储蓄服务方案。定制类住房储蓄产品与基础类住房储蓄产品的根本区别在于客户在存款行为上的大额、集中，以及产品在服务对象上的特定、唯一。

在实际业务中，住房储蓄银行在服务个体（自然人）客户外，也与企业进行合作。企业以法人名义与住房储蓄银行签订住房储蓄合同，再把这份合同分配给企业员工使用。企业通过与住房储蓄银行签订住房储蓄合同，可以得到市场中较低的住房贷款利率，并通过企业集团资金的力量获得较高的授信额度，并用以鼓励优秀员工或为企业服务较长时间的员工，为员工增加福利。而企业的存款本金也可以收回，实际上企业付出的只是大额存款的机会成本，而得到的是可以给员工使用的低息贷款额度。

2.7.2 依据住房储蓄产品用途差异分类

住房储蓄产品发展至今已经突破了以满足购房置业为主的融资目的，围绕购房置业的相关需求发展出了更加广泛的融资用途。

1. 以购房融资为主要需求的产品

此类产品主要以满足客户住房或建房融资需求而设计，是住房储蓄产品的主要类型。

2. 装修类住房储蓄产品

此类产品主要以满足客户住房装修资金需求而设计。客户在购置房产后，为补充住房装修资金，可预先进行储蓄，由住房储蓄银行弥补其装修资金缺口，同样可享受恒定低息。

3. 少儿类住房储蓄产品

为未成年人未来购房置业进行专项储蓄，在子女少儿时期为其设立住房储蓄账户，通过长期缴存，积累住房储蓄资金，在其成年后可申请使用。

4. 储蓄类住房储蓄产品

在欧洲，住房储蓄产品受到国家政策的普遍支持，主要面对中低收入群体进行服务，在住房储蓄者进行储蓄的同时，政府将给予其一定的奖励。因此，有部分客户进行住房储蓄的目的是为了获得利息收益，而并不是为了获得贷款。住房储蓄银行也研发出储蓄型产品，专门满足此类客户的需求。

5. 环保节能类住房储蓄产品

在欧洲，特别是在德国，国家通过制定法律积极倡导可再生能源的利用，例如鼓励私人太阳能发电，而住房储蓄产品也可用于私人太阳能安装的融资及相关家庭光伏发电设备安装的融资。

复习题及思考

1. 住房储蓄产品构成要素有哪些？
2. 请解释住房储蓄评价值计算公式的含义。
3. 住房储蓄产品政府补贴练习

练习 1：一位王姓阿姨在重庆市的住房储蓄银行参加住房储蓄，王阿姨在 2015 年 2 月 7 日在其住房储蓄账户中存入 8 万元，后又分别于 2015 年 5 月 20 日和 2016

年 1 月 12 日存入 3 万元和 14 万元。请问王阿姨在 2016 年 11 月 21 日这一天，其住房储蓄账户中积累的政府补贴额度是多少？

　　练习 2：天津的外企职员张先生刚刚喜得贵子，为了考虑给孩子准备学区房的问题，在 2015 年 8 月 12 日参加了住房储蓄，并于 2015 年 9 月 2 日给自己的住房储蓄账户存入了首笔存款 3.5 万元。年底单位发放年终奖时，他又于 2015 年 12 月 29 日在住房储蓄账户中存入了 7.8 万元，请问张先生在参加住房储蓄一周年的时候，其住房储蓄账户中积累的政府补贴额度是多少？

参考文献及扩展阅读建议

[1]张鑫，黄群. 德国住房储蓄制度研究.

住房储蓄合同

本章学习目标

- 掌握住房储蓄合同不同于其他合同的特征
- 了解住房储蓄合同的功能及特点
- 掌握住房储蓄合同的要素
- 掌握住房储蓄合同的法定条款及其含义
- 了解住房储蓄合同普通条款的内容
- 熟悉住房储蓄合同的实务操作

延伸阅读：

在学习住房储蓄合同之前，我们有必要了解一下与住房储蓄合同相关的三种类型的合同：储蓄合同、期权合约以及借款合同。住房储蓄可以看作是由存款、期权与贷款组成的金融工具，所以住房储蓄合同和储蓄合同、期权合约以及借款合同都有不同程度的相似性，具备了这些合同的某些特征。

储蓄合同是指存款人将人民币或外币存入储蓄机构，储蓄机构根据存款人的请求支付本金和利息的合同。储蓄机构开具的存单、存折或其他储蓄凭证均为储蓄合同的表现形式，证明存款人与储蓄机构之间存在着储蓄合同关系。储蓄合同的特征体现在三方面：一是储蓄合同的主体具有特定性，储户应为十六岁以上已办理居民身份证的自然人，同时，在我国只有具备特许经营资格的储蓄机构可以从事吸收储蓄存款业务的活动；二是储蓄合同为格式合同，合同条款由储蓄机构先行拟定，但存款利率范围由中国人民银行统一确定；三是储蓄合同的本金利息支付请求需由存款者发起，储蓄机构无需自动清偿债务。

期权合同是期权买方及期权卖方订立的以金融衍生产品作为行权品种的交易合约。期权买方向期权卖方支付权利金，从而有权利在特定时间以约定的价格买入或卖出一定数量的交易品种。在期权买方希望行权时，卖方必须履行义务。但买方也可以根据自身需要放弃行使这一权利。期权合同风险收益的不对称性是其主要特征，若期权买方选择行使权利，则卖方必须配合履行义务，无论履行义务会对卖方产生怎样的不利影响。因此在卖出期权时，卖方就需要承担后期产生损失或放弃利润的风险，但同时卖方也会收到买方支付的权利金作为回报。也就是说，期权卖方的损失具有不确定性，其最大收益就是期权费；而对于期权买方来说，在行权前，买方唯一承担的风险就是其支付的权利金的损失，但收益存在着不确定性。

借款合同是指借款人向贷款人借款，到期返还借款并支付利息的合同（《合同法》第 196 条）。借款合同主要分为银行借款合同和民间借贷合同两种。银行借款合同是指经中国人民银行批准设立的银行和其他金融机构作为贷款人，依法与借款人签订的货币借贷合同。民间借贷合同是指借贷双方尤其是贷款人作为自然人的借款合同。我国《合同法》及相关法律、法规对于银行借款合同有明确的规范与制度约束。银行借款合同有以下法律特征：一是合同的标的物是货币，借款合同是转移货币所有权的合同；二是合同的贷款人是特定的，为依法经营贷款业务的银行和非银行金融机构；三是借款合同是诺成、双务、有偿、要式合同。

3.1 住房储蓄合同概述

3.1.1 住房储蓄合同的定义

《中华人民共和国民法通则》第 85 条规定：合同是当事人之间设立、变更、终止民事关系的协议。依法成立的合同，受法律保护。《中华人民共和国合同法》第 2 条规定：合同是平等主体的自然人、法人、其他组织之间设立、变更、终止民事权利义务关系意思表示一致的协议。

住房储蓄合同是规范住房储蓄者和住房储蓄银行之间关系的法律文件（协议）。客户通过签订住房储蓄合同并有计划地进行住房储蓄存款，可以获得住房储蓄贷款的权利。住房储蓄合同是住房储蓄业务的载体。

住房储蓄银行的各类型住房储蓄合同应向中国银行业监督管理委员会及其派出机构备案。

3.1.2 住房储蓄合同文档的构成

通常情况下，住房储蓄合同文档主要包含下列文件。

1. 缔结住房储蓄合同申请表

缔结住房储蓄合同申请表简称申请表，是客户申请订立住房储蓄合同的书面要约。其主要内容包括客户和住房储蓄银行的有关事项和合同要约事项，以及声明、签字等。缔结住房储蓄合同申请表并非正式合同文本，但一经住房储蓄银行接受并确认后，即成为住房储蓄合同的重要组成部分，也是发生纠纷时有效的法律凭证。

2. 合同缔结确认函

合同缔结确认函用以证明住房储蓄银行与住房储蓄客户之间的关系与重要约定，具有重要的法律效力。合同缔结确认函内容包括客户姓名及身份、合同号码、合同类型、合同额、服务费信息、对应申请表编号、合同签约时间以及银行声明等。合同缔结确认函加盖住房储蓄银行合同专用章后方可生效。

3. 签约须知

签约须知是针对客户进行住房储蓄签约相关提示的重要文件。在正式签订住房储蓄合同之前，住房储蓄银行应确保客户详细阅读签约须知。签约须知内容包括住房储蓄合同服务费收取及存款提示、合同使用规则及限制因素、政府补贴支付条件、住房储蓄配贷流程、住房储蓄贷款条件说明、忠诚奖励业务规则和提示，以及大额合同签约提示，等等。

4. 住房储蓄合同基本条款

住房储蓄合同基本条款是合同成立的必备要件。住房储蓄合同基本条款是对合同双方权利与义务的明确约定，是约束双方全面履行合同并据此追究违约责任的主要依据。住房储蓄合同基本条款属于格式条款，由住房储蓄银行制定并在监管部门备案。

5. 住房储蓄合同变更单

合并变更单是合同内容变更的凭证。住房储蓄履行过程中，客户可根据自身需求的变化向住房储蓄银行提出申请对事前约定的相关内容进行更改，为了证明相关约定的变更，通过填写住房储蓄合同变更单，住房储蓄客户签字，住房储蓄银行审核后加盖印章与签字，作为法律凭证，以示约定的更改。

6. 客户的有效身份证件复印件及客户身份联网核查单

这些是客户身份核实的重要凭证。在签订住房储蓄合同前，住房储蓄银行应履行客户身份识别义务，核对相关自然人居民身份证，验证客户出示的居民身份证件的真实性，确保住房储蓄账户的实名制。

7. 住房储蓄存款凭条

住房储蓄存款凭条是记录住房储蓄合同履行过程的重要凭证，存款凭条上显示的金额和存款时间是判定住房储蓄合同达到配贷条件时间的主要因素。此外，住房储蓄合同服务费会从客户的住房储蓄存款账户中优先收取，而对于住房储蓄合同来说，缴纳服务费是住房储蓄合同生效的条件，因此，住房储蓄存款凭条也是作为判断合同效力的重要凭证。

课堂实训：学会正确填写缔结住房储蓄合同申请表（详见下图 3-1）

1. **课前准备**：教师准备印制好的未填写的缔结住房储蓄合同申请表、住房储蓄产品签约须知和住房储蓄产品条款若干份，要求学生熟悉缔结住房储蓄合同申请表的填写规范及注意事项。

2. 每位学生填写一份缔结住房储蓄合同申请表,假设其为住房储蓄客户,选择一种产品类型。

3. 每位同学按座次顺序向后一位同学递交自己填写好的缔结住房储蓄合同申请表,由后一位同学依次审核前一位同学所填申请表并指出是否规范,最后一位同学填写的申请表由第一位同学审核。

4. 最后教师选出同学代表总结填写过程中的常见错误,并进行总结点评。

延伸阅读:填写缔结住房储蓄合同申请表的注意事项

1. 对住房储蓄客户的姓名、性别、年龄、职业、地址、电话等内容按照签订合同时的实际情况填写,姓名和身份证号码要与身份证和户口簿上所登记的内容相符。

2. 填写地址时,要详细写明客户真实有效的通讯地址,以便住房储蓄银行联络客户并寄送相关信函。

3. 根据客户的需求、意愿,谨慎填写住房储蓄合同基本信息,包括产品名称、合同金额、服务费、推荐月存款额以及存款计划等。

4. 准确填写客户银行账户信息,确保客户提供的银行账户为符合住房储蓄银行要求的账户,提醒客户此账户为客户解除取款或配贷时支付存款的唯一账户。

5. 住房储蓄合同填写完毕后,应对合同内容进行复核,确认内容真实完整,并由客户本人进行签字确认,严禁非本人代签。

3.1.3 住房储蓄合同当事人的义务与权利

1. 住房储蓄客户的义务与权利

1)住房储蓄客户的义务

①住房储蓄客户有按照合同约定进行住房储蓄存款的义务。在住房储蓄合同双方当事人的权利义务关系中,住房储蓄客户的义务具有一定的特殊性,即住房储蓄合同进入履行阶段,首先必须依赖于住房储蓄客户先行履行"存款"义务。只有住房储蓄客户先行履行了"存款"义务,住房储蓄合同才真正进入履行阶段,住房储蓄银行才由此需要履行发放住房储蓄贷款的义务,并引发住房储蓄银行的一系列义务。

缔结住房储蓄合同申请表 (适用于天津地区)

中德住房储蓄银行
Sino-German Bausparkasse

银行信息

名称：中德住房储蓄银行有限责任公司
地址：天津市和平区贵州路19号　　邮政编码：300051
服务电话：400-611-5588　　　　　网址：www.sgb.cn

申请表编号

客户信息

客户姓名		汉语拼音		证件类型	□ 身份证 □ 其它证件

证件号码

国籍 □ 中国(含港澳台) □ 外国　　民族

出生日期　　　　　　　　　□ 男　　□ 女

职业

- □ 企事业单位、国家机关、党群组织、社会团体管理人员；
- □ 各类专业技术人员；　　□ 办事人员和有关人员；
- □ 私营企业主和个体工商户；□ 公务员、教师、新闻从业人员；
- □ 医务人员、律师、金融从业人员；
- □ 生产、运输设备操作人员及有关人员；
- □ 商业、服务业人员；　　□ 军人；
- □ 农、林、牧、渔、水利业生产人员；
- □ 其它工作人员；　　　□ 退休人员

婚姻状况　□ 已婚　□ 未婚　□ 其它

学历　□ 专科及以下　□ 大专　□ 大学本科　□ 研究生以上

电子邮箱　　　　　　@　　　　是否邮寄账单 □ 是 □ 否

工作单位

通讯地址
省/直辖市　　　市、县/区、县　　　街道门牌　　　　　　　邮政编码

其他地址　□ 公司地址　□ 居住地址
省/直辖市　　　市、县/区、县　　　街道门牌　　　　　　　邮政编码

移动电话　　　　　办公室电话　　　　　其他电话 □ 移动 □ 住宅 □ 办公

客户法定代理人信息
(如客户未满18周岁，须填写法定代理人信息)

姓名　　　　　汉语拼音　　　　　　　　□ 男　　□ 女

证件号码

证件类型　□ 身份证　□ 其它证件
出生日期　　　　　　　　　职业

国籍 □ 中国(含港澳台) □ 外国

通讯地址
省/直辖市　　　市、县/区、县　　　街道门牌　　　　　　　邮政编码

合同基本信息

产品代码　　　　　产品名称　　　　　推荐月存款额 ¥　　　　元

合同金额　　　0 0 0 元 人民币大写　　　　　服务费　　　　元

存款计划：一次性存入 ¥　　　元/每　　月存 ¥　　　元

是否选择委托扣款 □ 否 □ 是 (需填写《委托扣款协议书》)

请您以本人的姓名，在中德住房储蓄银行或指定银行开立活期存款账户，作为支取存款的指定账户，请您妥善保管账户密码。

开户行：　　　　　　　　　　账户号码：

客户声明：

1、本人已仔细阅读并同意本申请表、《住房储蓄合同基本条款》、《签约须知》等住房储蓄合同文件内容。
2、本人在《缔结住房储蓄合同申请表》内填写的内容真实、有效，如果发生变更（例如：地址、电话），本人会立即通知责行，因本人未能及时通知而导致的后果由本人自行承担。

中德住房储蓄银行声明：

1、组成住房储蓄合同的文件包括：《缔结住房储蓄合同申请表》、《住房储蓄合同基本条款》、《签约须知》以及其他双方就有关事宜达成的书面协议或文件。
2、银行在客户签字确认的《缔结住房储蓄合同申请表》上盖章后，即表示接受客户缔结合同的申请。客户全额缴纳住房储蓄合同服务费后，合同生效。
3、我行的住房储蓄客户在存款阶段享受政府相关部门给予的政府奖励。客户可获得的政府奖励金额系以客户存款额为基数，按年利率1.5%计算。

客户签字/法定代理人签字：　　　　　　　中德住房储蓄银行有限责任公司
　　　　　　　　　　　　　　　　　　　　　　　　　　　　（盖章）

　　　　　　　　　年　月　日　　　　　　　　　　　年　月　日

营销渠道信息

营销人员业务代码　　　营销人员姓名　　　营销员身份证号码

营销人员联系电话　　　营销渠道号　　　销售网点代码

第一联 银行留存

图 3-1　中德住房储蓄银行缔结住房储蓄合同申请表

②住房储蓄客户必须按照约定的用途使用住房储蓄贷款,不得挪作他用。住房储蓄客户在获得贷款前,必须接受住房储蓄银行的审查。住房储蓄银行除了对住房储蓄客户的财务活动、偿债能力、还款方式进行审查之外,重要的是还需要对其贷款用途进行审查。

③住房储蓄客户必须按照合同约定的期限及时还本付息。借款人未按照约定的期限还本付息的,应当按照约定或国家有关规定支付逾期利息。《商业银行法》第42条规定:"借款人应当按期归还贷款的本金和利息。借款人到期不归还担保贷款的,商业银行依法享有要求保证人归还贷款本金和利息或者就该担保物优先受偿的权利。商业银行因行使抵押权、质权而取得的不动产或者股权,应当自取得之日起二年内予以处分。"

④住房储蓄客户应当如实提供住房储蓄银行要求的资料,应当向住房储蓄银行如实提供真实有效的联系方式、所有开户行、账号及存贷款余额情况,配合住房储蓄银行进行调查、审查和检查,法律规定不能提供者除外。

⑤如果有危及住房储蓄银行债权安全的情况发生,住房储蓄客户应当及时通知住房储蓄银行,同意采取保全措施。

2)住房储蓄客户的权利

①住房储蓄客户可以自主向住房储蓄银行申请签订住房储蓄合同。

②住房储蓄客户可以随时解除处于存款阶段的住房储蓄合同,但因合同解除而产生的住房储蓄存款支付需要按照住房储蓄银行的相关规定执行。

③住房储蓄客户有按照合同中事先约定的利率向住房储蓄银行申请贷款的权利。但是否可以获得贷款,则必须视住房储蓄银行的审查结果而定。

④住房储蓄客户获得贷款后,有权按照合同约定使用贷款。当然,贷款的使用仅限于合同约定的借款用途范围内。

⑤在符合住房储蓄银行相关规定的前提下,住房储蓄客户可以提前还款,不需缴纳任何罚金。

⑥在住房储蓄银行允许的条件下,住房储蓄客户可以用所拥有的债权抵销其在住房储蓄银行的债务,但用以抵销债务的债权必须是无可争辩或经司法部门判决确系客户所有的。

⑦住房储蓄客户有权拒绝住房储蓄合同以外的附件条件。

2. 住房储蓄银行的义务与权利

1)住房储蓄银行的义务

①在住房储蓄合同中,住房储蓄银行最核心的业务是合同管理的义务。住房

储蓄银行要对住房储蓄合同中的存款以及住房储蓄资金池进行管理，保证客户能够按照合同约定进行资金的支取。

②在住房储蓄合同中，最具实质性的义务就是"放贷"义务，即按照合同约定利率和数额发放住房储蓄贷款。住房储蓄银行履行了这一义务后，才开始享有一系列其他权利：包括收贷、收息、检查监督以及实施经济惩罚等权利。

③住房储蓄银行应当公布住房储蓄产品的种类、产品利率以及存款期限，并向住房储蓄客户提供咨询。

④住房储蓄银行应当公开住房储蓄合同签约条件以及住房储蓄贷款审查的内容以及发放贷款的条件。

⑤住房储蓄银行应当公布住房储蓄合同的配贷条件以及配贷时间。

⑥住房储蓄银行应当审议住房储蓄客户的签约申请以及进入贷款阶段的借款申请，并及时做出相关答复。

⑦住房储蓄银行应当对住房储蓄客户的个人信息、财务信息、债务情况等保密，但对依法查询者除外。

2）住房储蓄银行的权利

根据权利义务相对应原则，住房储蓄客户的义务恰恰就是住房储蓄银行的权利。那么住房储蓄银行的权利主要有：

①住房储蓄银行有对住房储蓄客户签约申请及借款申请的审查权。住房储蓄银行有权审查客户的签约申请以及借款申请是否符合相关法律、法规和信贷政策要求，这也是住房储蓄银行应当履行的职责。《商业银行法》第35条规定："商业银行贷款，应当对借款人的借款用途、偿还能力、还款方式等情况进行严格审查。商业银行贷款，应当实行审贷分离、分级审批的制度。"住房储蓄银行有权要求住房储蓄客户提供相关资料作为其审查的依据。

②当住房储蓄客户因解除合同而要求提取存款的总额占住房储蓄银行可支配的所有配贷资金量的比例超过住房储蓄银行的规定，住房储蓄银行有权推迟存款的支付时间。

③住房储蓄客户应当按照约定的期限返还借款和支付利息。与之相对应，住房储蓄银行有权按照约定的期限收回贷款和收取利息，并按照与客户的约定从住房储蓄客户的银行账户上直接划收本金和利息。

④住房储蓄银行有权在债权受到损失或将要受到损失的情况下，采取相应措施对住房储蓄客户施行经济惩罚，包括按照中国人民银行有关规定对欠款额计收逾期利息以及解除住房储蓄贷款合同并要求客户立即还款等。

⑤住房储蓄银行有权对其客户已到期的索偿权（该等索偿权源自业务关系）抵销客户对住房储蓄银行的索偿权（该等索偿权源自住房储蓄合同），当住房储蓄银行实施其源自业务关系的追索权时，可终止提供其应向客户提供的服务。纵然是这些追索权所依据的法律基础不相同，亦如此。

3.2 住房储蓄合同的主要功能和特点

下面从住房储蓄合同的管理属性、业务属性以及法律属性三方面对住房储蓄合同的特点进行描述。

3.2.1 住房储蓄合同的管理功能

1. 住房储蓄合同是住房储蓄体系的基本载体

住房储蓄体系实际上是一种基于集体原则建立的互助合作储金组织，住房储蓄银行是住房储蓄体系的管理者，这种管理职能的实现方式就是住房储蓄合同。住房储蓄者通过与住房储蓄银行签订住房储蓄合同，约定了住房储蓄合同额、存款额度和方式、贷款额度和方式、存贷款期限、存贷款利率、存款支取方式、贷款发放条件、政府补贴方式等要素，双方通过合同来履行义务并获取权益。

2. 住房储蓄合同是住房储蓄客户进行账户管理的工具

住房储蓄客户签订了住房储蓄合同，就相当于在住房储蓄银行开立了一个账户。住房储蓄客户签订住房储蓄合同之后，就会获得一个唯一的合同号。而这个合同号实际上就成为了住房储蓄客户的合同账户，客户有了合同账户号就可以进行住房储蓄存款，可以随时通过合同账户对自己合同的履行情况进行查询和管理，保障自己未来获得低息贷款的权利。

3.2.2 住房储蓄合同的业务功能

住房储蓄合同是银行进行业务管理的工具。由于住房储蓄业务周期较长，从合同的缔结到还款完结通常要经历十年以上的时间，住房储蓄银行需要以合同的形式对这一较长周期内客户的各阶段行为进行管理和约束，通过对合同的管理维护住房储蓄者集体的利益。

住房储蓄合同规范了住房储蓄银行与客户的业务行为，是实现住房储蓄业务全流程操作的基础和平台。在整个业务执行过程中，各项业务操作和业务处理都要依托住房储蓄合同来完成。

3.2.3　住房储蓄合同的法律功能

住房储蓄合同是对住房储蓄银行以及住房储蓄客户双方利益的保障，为整个业务流程中各类争议和纠纷的解决提供法律依据。

3.2.4　住房储蓄合同的特点

1. 住房储蓄合同当事人资格具有特定性

在我国，只有经中国银行业监督管理委员会批准的住房储蓄银行方可经营住房储蓄业务。未经中国银行业监督管理委员会批准，任何单位和个人不得从事住房储蓄业务、不得设立从事住房储蓄的金融机构，任何单位不得在名称中使用"住房储蓄"或与"住房储蓄"同义的字样。因此，住房储蓄合同中的银行方，系指在中国境内依法设立的经营住房储蓄业务的专业银行。目前，中德住房储蓄银行是国内唯一一家可从事住房储蓄业务的专业银行。

此外，从客户方面，住房储蓄客户应当是具有完全民事行为能力的自然人以及具有中国居留权的外国公民及港澳台公民。住房储蓄银行也可以与符合条件的企业或其他组织签订住房储蓄合同，吸收企业或其他组织的存款，但住房储蓄类贷款只能发放给企业员工或其他组织的员工，以及政府确定的保障群体个人，用于其住房消费。

2. 住房储蓄合同交易的是贷款的权利，而不是贷款本身

住房储蓄合同达到配贷条件之后，住房储蓄客户有权利按照合同约定的利率申请住房储蓄贷款，但没有义务申请贷款。住房储蓄银行需做好客户申请贷款的准备。但同时，客户申请住房储蓄贷款时，住房储蓄银行有权利依据现行法律法规和监管政策要求，对申请客户的贷款资质进行审核，若申请客户未能通过资质审核，住房储蓄银行有权利拒绝向该客户发放贷款。

3. 住房储蓄合同的存、贷款利率是由住房储蓄银行自行确定的

客户选择的住房储蓄产品类型不同，存、贷款利率会有所差异，但在签订住房储蓄合同之后，均是固定不变的，不受市场利率变化影响。这与普通居民储蓄存款以及个人贷款有较大不同。我国《商业银行法》规定，商业银行应当按照中国人民银行规定的存、贷款利率的上下限，确定存、贷款利率，并予以公告。因此，普通居民储蓄存款以及个人贷款的利率是由国家统一管理和规定的，各商业银行必须在中国人民银行规定的利率浮动范围内，以法定利率为基准，自行确定各类存、贷款利率，虽有一定的灵活性，但是是有限制的灵活，限定在中国人民银行规定的利率浮动范围内，不能突破。

4. 住房储蓄合同是有偿合同

有偿合同体现在三个方面，一是住房储蓄银行需要向住房储蓄客户支付存款利息，同时若客户的住房储蓄存款满足相应条件，住房储蓄银行还会支付忠诚奖励；二是住房储蓄客户需要支付给住房储蓄银行贷款利息；三是住房储蓄客户要向住房储蓄银行支付一定的费用，称作服务费，既是作为贷款权利买方获得权利的代价（成本），也是作为卖方承贷义务的报酬。

5. 住房储蓄合同为双务合同、要式合同

住房储蓄合同成立后，住房储蓄客户需按照合同约定进行住房储蓄存款，住房储蓄银行在住房储蓄合同达到配贷条件后，当客户申请贷款且具备贷款资格时，需向客户发放住房储蓄贷款。因此，住房储蓄合同为双务合同。住房储蓄合同采用书面的形式，住房储蓄银行和住房储蓄客户采用书面形式订立合同，因此，住房储蓄合同为要式合同。

3.3　住房储蓄合同的法定条款

住房储蓄合同的法定条款是依据监管法规要求必须具备的条款，是合同成立的基本要件，欠缺法定条款，合同不能成立。

3.3.1　住房储蓄贷款用途

住房储蓄贷款的用途，用以明确住房储蓄客户使用住房储蓄贷款的范围，也是住房储蓄银行明确其住房储蓄贷款投向的标志。住房储蓄合同的用途条款，反映了住房储蓄产品专款专用的特征。根据监管部门监管法规要求，住房储蓄银行通过与住房储蓄客户签订住房储蓄合同所发放的贷款仅可用于住房消费，包括建造、购买、维护及装修用于居住目的的住房及建筑物，以及用于清偿上述行为产生的债务。按规定用途使用贷款，是住房储蓄客户的重要义务。如果没有明确合同用途，就无法据以判断客户是否依约使用贷款。因此，贷款用途条款是住房储蓄合同的必备条款。

3.3.2　住房储蓄存贷款计划

住房储蓄合同类型不同，推荐月度存款比例不同，同时合同达到配贷所需时间也不同。住房储蓄合同中需对客户可选择的存款方式（一次性存款、规律性存款、不规律性存款）、月度存款比率、不同存款方式下合同达到配贷所需时间进行明确。由于住房储蓄合同多为长期合同，是住房储蓄客户规划性的体现，与客户未来购房时间相关联，所以住房储蓄合同中应向客户明确其存款行为对于合同达到配贷时间产生的影响，避免客户产生实际购房需求时，住房储蓄合同无法获得配贷支付而产生争议。

住房储蓄的贷款计划也与合同类型选择相关，产品类型不同，还款要求也不同。住房储蓄合同中需对贷款的还款方式、月度还款比例、还款期限以及逾期处理方式进行明确。目前贷款阶段可能出现的住房储蓄客户逾期或无法偿还贷款本金并支付利息的情况仍是住房储蓄合同面临的最主要风险。

3.3.3　住房储蓄合同的配贷条件、配贷流程和配贷顺序

配贷是指住房储蓄银行根据住房储蓄合同约定，向满足约定条件的住房储蓄客户支付存款、发放贷款的过程。住房储蓄合同满足配贷条件后方有资格获得配贷。可以说配贷是连接住房储蓄存款和住房储蓄合同使用的关键环节，合同中应该对配贷相关问题进行明确。

一是对配贷的前提条件进行详细说明，一般情况下住房储蓄合同达到以下两方面要求才有资格获得配贷：①住房储蓄存款与住房储蓄合同额的比例要求；②住房储蓄合同的评价值要求。评价值与住房储蓄客户的存款金额和存款时间紧密相关，住房储蓄银行应在合同中约定住房储蓄合同评价值的计算公式。

二是对配贷流程进行明确。配贷流程包含下述三个关键日期。

①评价日：住房储蓄银行会定期对所有的住房储蓄合同进行评价，衡量合同是否达到配贷条件，考察合同的存款是否已达到最低存款要求（合同额的 50%）、合同的评价值是否已达到最小评价值。对合同进行评价的日子称作评价日。每月最后一天为评价日，与之相对应的配贷月份是在此后的第三个月。

②计算日：住房储蓄银行每月都会在月末的最后几天计算次月可用于配贷的资金总量，并据此设置次月的目标评价值。

③配贷日：向符合条件的客户进行配贷资金支付的日期称为配贷日。配贷于每个月的月底进行。配贷资金支付包含两层含义：支付存款以及拨付贷款（两者

可以分开进行）。

住房储蓄银行在评价日对住房储蓄合同进行评价，并于评价日后一定时间内，向已满足上述存款和评价值条件的客户发放配贷问询，并依据客户的回复做相应安排。客户若接受配贷，必须在银行规定的时间内书面提交接受配贷声明，那么住房储蓄银行就会在配贷日将配贷资金准备好。评价日和相应的配贷日之间间隔的这段时间，称为配贷等待期，在此期间住房储蓄银行要进行资金的准备。

三是对于配贷顺序进行明确。对于已经达到配贷条件并接受配贷的合同，住房储蓄银行在配贷日依据评价值数额的大小，按照自大到小的顺序排列。评价值最高的合同最先得到配贷。

对配贷相关事项的明确规定可以使客户提前对合同款项的使用做好准备，客户可据此进行安排，以免实际需求与款项拨付之间产生时间差，引起不必要的矛盾。

3.3.4　支付住房储蓄存款及住房储蓄类贷款的条件

住房储蓄合同获得配贷之后，住房储蓄银行需要在确定的配贷日将客户的存款和贷款资金准备好。存贷款资金的支付条款是保障住房储蓄客户利益，同时规避银行与客户间资金使用矛盾的重要条款。对于获得配贷的客户，有权在配贷日之后任意时间支取存款。对于有贷款需求的客户，若满足住房储蓄银行相关贷款条件，可签订贷款合同，并按照合同约定获得贷款资金。

3.3.5　住房储蓄贷款所生债权的担保

住房储蓄银行应当根据自身风险承受能力、客户信用状况等要素确定发放住房储蓄类贷款的风险缓释方式。因此，住房储蓄银行有权要求住房储蓄客户为其贷款提供足够的担保。那么担保条款也就成为了住房储蓄合同中的必备条款。根据我国《担保法》规定，担保的形式有五种：保证、抵押、质押、留置和定金，前三种适用于借贷合同的担保。无论采用哪种担保方式，均应在合同进行明确规定。担保方式不仅需要在条款中进行规定，还需要经贷款人贷前审查。进行抵押或质押担保的，应对抵押物、质物的权属和价值以及实现抵押权、质权的可行性进行审查；若实行保证担保，那么要对保证人的偿还能力进行审查。

3.3.6　住房储蓄合同解除的条件以及存款偿还程序

住房储蓄合同的解除是指依法成立的住房储蓄合同在尚未达到配贷条件之前

双方经协商提前终止合同关系。由于解除住房储蓄合同是非正常的合同权利与义务的终止，住房储蓄银行会对合同的解除提出一定的条件限制，例如客户解除住房储蓄合同需提前一定时间通知银行等，那么银行应在合同中予以明确，同时要对合同解除后涉及的合同中住房储蓄存款的偿还程序予以说明。一般情况下，住房储蓄合同的解除原因大多是因为客户的需求发生变化，特别是对住房储蓄合同中的储蓄资金有较为迫切的使用需求，明确合同的解除条件以及存款偿还程序是银行应尽的合同提示义务，可以降低客户解除合同支取存款时可能与银行间产生矛盾的风险。

3.3.7　住房储蓄合同分立、合并及提高、降低合同额的条件

"灵活性"是住房储蓄产品的特点之一，体现在住房储蓄客户可根据自身需求的变化对住房储蓄合同进行变更，包括合同的分立、合并、提高住房储蓄合同额或降低住房储蓄合同额。银行应在合同中规定客户进行以上这些变更的条件，如有相关的限制条件应予以明确。合同每变更一次，其评价值都会重新计算，就会影响到变更后住房储蓄合同达到配贷条件的时间，此问题应引起住房储蓄客户足够的注意，因合同变更导致配贷时间变化从而引发的投诉也比较常见。

3.3.8　住房储蓄合同的转让条件

住房储蓄合同的转让，实质上也是住房储蓄合同变更的一种，只是这种变更不涉及合同内容，只是改变了合同的主体。住房储蓄合同的转让主要涉及两种情况。

一种是基于法律的直接规定而发生，称为法律上的转让，主要是指合同的继承，根据继承法规定，被继承人死亡，包括合同的权利、义务在内的遗产转移至继承人。若住房储蓄客户死亡，住房储蓄合同及合同内的存款可以作为客户的遗产处理，按照继承法规定进行转让。

另一种就是住房储蓄合同常规的转让行为，即法律行为上的转让，转让人与受让人订立转让合同将合同权利义务转让。住房储蓄银行应当建立住房储蓄合同的转让机制。住房储蓄合同的转让只能在住房储蓄客户之间、以及住房储蓄客户直系三代亲属之间进行。住房储蓄银行应根据产品情况以及银行风险控制情况，在相关法律规定的范围内对住房储蓄合同的转让条件进行明确。

以中德住房储蓄银行住房储蓄产品为例，中德住房储蓄银行的住房储蓄合同仅允许在亲属间转让，即将转让的范围限定于父母、配偶和子女。中德住房储蓄

银行最初允许住房储蓄合同自由转让，如果住房储蓄客户需求发生变化，未来不需要使用住房储蓄贷款，可以将名下的住房储蓄合同转让给有需求的人。这种转让方式给予了住房储蓄合同充分的灵活性，也扩大了住房储蓄合同使用率，但从另一个角度来说，这种较为自由的转让形式也会带来相对较大的风险。一是客户资质风险，住房储蓄"先存后贷"的模式实质上是通过客户存款阶段良好的存款表现来锁定后期贷款阶段的还款风险，而很多已经达到配贷条件或者接近达到配贷条件的住房储蓄合同转让后，受让者可以直接享受贷款权利，住房储蓄银行缺失了对受让者存款表现的评价机会，也承担了更多客户资质方面的风险；二是资金流动性风险，自由转让机制的建立使得几乎所有达到配贷条件的合同都会申请配贷使用，放弃配贷的情况极少出现，对于住房储蓄资金池有一定的影响；三是市场稳定风险，自由转让必会促成二级市场的产生，而二级市场上的转让价格多由转受让双方协商而定，银行不参与定价，容易导致有人利用合同自由转让功能恶意操作，哄抬转让价格，且对合同使用相关问题解释不足，就会将本属于转受让双方的矛盾转移成为受让方与住房储蓄银行间的矛盾，不但损害了住房储蓄客户的利益，也影响了住房储蓄市场的稳定。

延伸阅读：《继承法》中的相关规定

第十条 遗产按照下列顺序继承：

第一顺序：配偶、子女、父母。

第二顺序：兄弟姐妹、祖父母、外祖父母。

继承开始后，由第一顺序继承人继承，第二顺序继承人不继承。没有第一顺序继承人继承的，由第二顺序继承人继承。

本法所说的子女，包括婚生子女、非婚生子女、养子女和有扶养关系的继子女。

本法所说的父母，包括生父母、养父母和有扶养关系的继父母。

本法所说的兄弟姐妹，包括同父母的兄弟姐妹、同父异母或者同母异父的兄弟姐妹、养兄弟姐妹、有扶养关系的继兄弟姐妹。

第十一条 被继承人的子女先于被继承人死亡的，由被继承人的子女的晚辈直系血亲代位继承。代位继承人一般只能继承他的父亲或者母亲有权继承的遗产份额。

第十二条 丧偶儿媳对公、婆，丧偶女婿对岳父、岳母，尽了主要赡养义务的，作为第一顺序继承人。

第十三条　同一顺序继承人继承遗产的份额，一般应当均等。

对生活有特殊困难的缺乏劳动能力的继承人，分配遗产时，应当予以照顾。

对被继承人尽了主要扶养义务或者与被继承人共同生活的继承人，分配遗产时，可以多分。

有扶养能力和有扶养条件的继承人，不尽扶养义务的，分配遗产时，应当不分或者少分。

继承人协商同意的，也可以不均等。

第十四条　对继承人以外的依靠被继承人扶养的缺乏劳动能力又没有生活来源的人，或者继承人以外的对被继承人扶养较多的人，可以分给他们适当的遗产。

第二十五条　继承开始后，继承人放弃继承的，应当在遗产处理前，做出放弃继承的表示。没有表示的，视为接受继承。

受遗赠人应当在知道受遗赠后两个月内，做出接受或者放弃受遗赠的表示，到期没有表示的，视为放弃受遗赠。

第二十六条　夫妻在婚姻关系存续期间所得的共同所有的财产，除有约定的以外，如果分割遗产，应当先将共同所有的财产的一半分出为配偶所有，其余的为被继承人的遗产。

遗产在家庭共有财产之中的，遗产分割时，应当先分出他人的财产。

第二十七条　有下列情形之一的，遗产中的有关部分按照法定继承办理：

遗嘱继承人放弃继承或者受遗赠人放弃受遗赠的；

遗嘱继承人丧失继承权的；

遗嘱继承人、受遗赠人先于遗嘱人死亡的；

遗嘱无效部分所涉及的遗产；

遗嘱未处分的遗产。

第二十八条　遗产分割时，应当保留胎儿的继承份额。胎儿出生时是死体的，保留的份额按照法定继承办理。

3.3.9　管辖法院或仲裁庭

合同中约定的仲裁条款或是选择诉讼法院的条款，都属于解决争议的方法条款，也是住房储蓄合同中必备的、对于缔约双方起到提示作用的条款。

3.4   住房储蓄合同的普通条款

住房储蓄合同的普通条款是指合同主要条款以外的条款，并非法律规定，也并非住房储蓄产品性质要求所必备的，是住房储蓄银行可依据其业务开展情况、政策执行情况以及产品研发情况自行设定的条款。

3.4.1   政府补贴（奖励）条款

政府补贴（奖励）是当地政府为促进当地住房储蓄金融市场的发展，鼓励客户参与住房消费而设立、通过住房储蓄银行向住房储蓄者发放的补贴（奖励）。政府补贴（奖励）是一种政策性优惠，目的是为了引导社会公众建立对住房储蓄产品的长期信任，确保和增强业务可持续发展能力，政府补贴（奖励）的标准以及这一政策的持续时间取决于住房储蓄银行与当地政府的谈判，存在一定的不确定性。一是合同执行的过程中政府补贴（奖励）政策可能发生变化，因为住房储蓄合同的履行持续时间较长，很有可能在合同达到配贷条件之后客户申请政府补贴（奖励）时，政府补贴（奖励）政策与合同签订时相比已经发生了变化；二是获得政府补贴（奖励）需要满足一定的前提条件，客户最终是否能达到条件并成功申请也存在一定的不确定性。因此，政府补贴（奖励）条款不是合同中的必备条款，它的存在与否不影响合同的生效及履行，住房储蓄银行可视自身情况及对于政策的把握程度进行该条款的设置。

3.4.2   忠诚奖励条款

住房储蓄银行一般设有住房储蓄合同的退出机制，针对进行住房储蓄存款但最终不使用住房储蓄类贷款的客户进行奖励，称作忠诚奖励。忠诚奖励的发放会基于特定的前提条件，包括产品类型、存款时间、存款比例等。对于可以享受忠诚奖励的产品，住房储蓄银行应在合同中设立忠诚奖励条款，对于忠诚奖励的获取条件、奖励标准以及支付流程进行明确。

延伸阅读：中德住房储蓄银行住房储蓄合同基本条款中忠诚奖励条款

　　1）客户签订住房储蓄合同、进行住房储蓄存款但不使用住房储蓄类贷款，满足存款存续时间的条件后，客户可以获得忠诚奖励。客户可获忠诚奖励的比例在合同签订时确定，在合同存续期间不做调整。具体取用的比例档次由客户存款存续时间决定。

　　2）存款存续时间以住房储蓄账户存款余额满足存款条件（≥月度推荐存款额）的日期为起点进行计算。忠诚奖励计算时，以住房储蓄账户中不超过合同额部分（≤合同额）的存款作为忠诚奖励计算的依据。自签订合同之日起12个月（含）内，若住房储蓄账户存款余额仍未能满足存款条件，该合同不再享受忠诚奖励。

　　3）客户解除住房储蓄合同，忠诚奖励在合同解除当日计入客户的账户，随客户存款、存款利息一并支付给客户。住房储蓄合同获得配贷但放弃贷款申请的权利，忠诚奖励在配贷支付日计入客户的账户，随客户存款、存款利息一并支付给客户。住房储蓄合同获得配贷、客户申请住房储蓄贷款但未获批准，则忠诚奖励以该合同配贷日为止日计算并单独支付给客户。

3.4.3　住房储蓄合同质押

　　住房储蓄合同中的存款可以看作是一种特定类型的定期存款，因此有的住房储蓄银行或者与之有业务往来的合作银行会提供住房储蓄存款的存单质押服务。因此，住房储蓄银行可以结合自身情况将住房储蓄合同质押相关问题纳入合同条款中，对客户进行相关提示和说明。

3.4.4　住房储蓄合同犹豫期条款

　　"犹豫期"，也称冷静期，是保险行业的专业术语，是指投保人收到保险合同的一段时间内，如果不同意保险合同内容，在此期间投保人可以提出撤销保险合同的申请，保险公司应该同意客户的申请，撤销合同并退还已收取的全部保费。

　　鉴于住房储蓄合同存续周期较长，住房储蓄银行引入了"犹豫期"的概念，以确保客户签订住房储蓄合同的行为是经过慎重决定的，规避后期合同履行期间相关矛盾的产生。

　　也就是说住房储蓄客户在住房储蓄合同生效后的一定时间内，如果签约的决定发生变化，可申请撤销住房储蓄合同。在此期间，住房储蓄银行应该同意客户的申请，撤销合同并退还存款和已经收取的服务费。

若住房储蓄银行施行了犹豫期政策，应在条款中对住房储蓄客户进行明示，特别是对犹豫期的时间进行解释，即犹豫期是否包含休息日，以免引起客户误会。同时，住房储蓄银行还应对犹豫期合同撤销的流程、条件、受理周期等对客户进行解释。

3.4.5 住房储蓄贷款申请条件

借款人资格审查是防范风险、规避不良或逾期的关键环节。为了有效控制这一风险，各银行都会对借款人的资质进行具体要求。住房储蓄合同中一般会明确客户需满足住房储蓄银行相关贷款条件方可签订住房储蓄合同，银行可根据自身情况确定是否将具体条件列入合同中。

贷款申请的具体条件主要涉及借款人年龄要求、还款能力要求、收入证明材料要求、借款人信用情况要求，借款用途要求等。

延伸阅读：

中德住房储蓄银行住房储蓄合同基本条款节选（适用于标准 C 类产品）

第 4 章 合同的配贷/配贷条件/配贷评价程序/配贷程序

4.1 配贷系指依照银监会或其派出机构同意的程序自配贷资金池中将客户的存款和应得的贷款资金准备出来。合同的配贷系我行将款项（存款和贷款）付出的先决条件。

4.2 有资格获得配贷的合同须达到下述条件（配贷条件）：

1）在评价日，存款额至少已达到合同额的 50%（最低存款额）；

2）在评价日，合同的评价值至少已达到"8"（最小评价值）。

只有同时满足上述两个条件的合同，我行才向其发送书面问询了解其是否接受配贷。而客户若接受配贷，必须在计划获得配贷的前一个月月底前向我行提交接受配贷声明。

4.3 我行评价合同是否应予配贷的程序如下：

1）每月的最后一天是评价日，相应的配贷日（将款项拨出的日期）是评价日之后的第三个月的最后一天。即：在某一评价日达到配贷条件的合同，其须于三个月后方能得到配贷。

2）在评价日，我行将计算所有合同的评价值以衡量每一客户的存款表现。评价值等于：截至评价日为止客户的存款累计产生的利息额除以合同额的千分之一，再乘以评价值系数和成绩系数（也称为超额存款奖励系数）。评价值系数由合同类型决定，并已列示在附表一中。成绩系数的算法是：截止评价当日客户的存款余额除以其合同额的一半，数值介于 1 和 2 之间，即大于等于 1 且小于等于 2。

3）依据可支配的配贷资金量，我行为每一配贷日订出目标评价值。目标评价值系能够获得配贷的合同所须达到的最低评价值（大于等于最小评价值"8"）。

4）若合同类型有变化，其评价值须于下一个评价日重新计算。合同变更可引起配贷时间的推迟（见第 11 章）。

4.4 我行于每月的最后一天对合同进行配贷。在每一配贷日，我行要做出一份配贷清单。所有已提交书面申请、声明接受配贷的合同，连同其合同额都将被列入配贷清单中。配贷清单依据评价值数额的大小、按自大到小的顺序排列。评价值最高的合同最先得到配贷。

第 5 章　不接受配贷：合同继续有效

5.1 只要存款尚未开始支付，客户可以书面撤销接受配贷声明（见第 4.2 款）。

5.2 客户撤销接受配贷声明后，合同将继续有效。

5.3 若该合同想得到配贷时，客户需要重新提交接受配贷声明（见第 4.2 款）。除此以外，第 4 章所述的规则亦须遵循。

第 6 章　存款和贷款的支付

一旦合同获得配贷，在确定的配贷日（见第 4.3 款），我行须将客户的存款和贷款准备好。此后，客户可在任意时间支取存款，并可在签订贷款合同和满足第 7 章规定的条件后，支取贷款资金。最高贷款额等于合同额减去存款本金额的差额（最高贷款额小于等于合同额的 50%）。

当向我行提交接受配贷声明（见第 4.2 款）时，客户可同时提出贷款申请。

第 7 章　贷款条件/贷款担保

7.1 我行有权为其贷款要求足够的担保。通常情况下，担保物须为房产或主要用于住房目的的地产。我行除了接受房产或地产作为抵押担保外，还可以自行决定接受具有同等担保效力的其他担保。

7.2 住房储蓄贷款额与具有优先抵押权或同级别抵押权的债务额加在一

起，不能超过我行认定的抵押物价值的 80%。通常情况下，我行借助专家评估决定抵押物的价值。评估专家由我行指定，其可以是我行的员工。

7.3 除担保外，发放贷款的其他条件是：客户的信用可靠性及还款能力，客户须证明其能在不影响其他债务的同时按期还款（见第 9.2 款）。

7.4 其他未尽事宜在贷款合同中规定。

第 8 章　贷款资金的拨付

8.1 一旦客户满足了第 7 章所规定的条件，就可以要求我行拨付贷款资金。

8.2 若客户接受配贷 2 年后仍未要求支取其全部或部分贷款资金，我行将设定 2 个月的最后期限。2 个月期限到期后，若客户仍未提出贷款申请要求，我行不再保留客户的贷款资格，除非客户能证明其对该延误不负有责任。在设定最后期限时，我行应向客户阐明这一法律后果。

第 9 章　住房储蓄贷款的利息及还款

9.1 住房储蓄贷款的利率依据自附表一中所选的产品及其达到配贷条件的期限而定。我行根据客户借款余额的变化情况按日计算、按月结算利息。

9.2 客户应每月偿还一次贷款本息。还款额依据自附表一中所选产品及其参数而定或依据与我行约定的还款方式而定。

9.3 贷款资金拨付后的第一个月，客户开始还款。

9.4 在符合我行规定的条件下，客户可以提前还款，不需缴纳任何罚金。

9.5 若客户未能按时还款，我行无论将来如何追索，有权按中国人民银行的有关规定对欠款额计收逾期利息。

第 10 章　中德住房储蓄银行对住房储蓄贷款合同的解除

除了法律规定的情形外，只有在下述条件下，我行可解除贷款合同并要求客户立即还款：

10.1 客户已至少拖欠两期还款，且在其后四周内仍未还款；

10.2 担保物的价值贬值到不足以作为贷款的担保、且客户在被要求提供额外担保后不能在适当的期限内予以提供；

10.3 客户的资产状况恶化，其共同债务人或其担保人已经陷入或即将陷入危机从而使得住房储蓄还款受到危害；

10.4 发放贷款时，客户所提供的信息不正确或不完整。

第 11 章　合同的变更：分立、合并、降低合同额、提高合同额、合同类型变更

11.1 合同的变更，如分立、合并、降低合同额、提高合同额和合同类型变更等须经我行批准。合同每变更一次，其评价值（见第 4.3 款）须在下一个评价日重新计算。变更后的合同必须满足第 4 章所述的条件、且在合同变更后的 3 个月内不能得到配贷。

11.2 在获得配贷前，若合同发生合同变更或转让（见第 12 章），变更或转让后的合同的贷款利率与未发生过变更或转让的合同的利率确定原则相同，即：若变更或转让后的合同在产品参数表中所规定的最大限期内达到配贷条件，则执行产品参数表中所述的优惠利率，否则则执行标准利率。变更或转让后合同达到配贷条件的最长期限以所涉及合同中签约最早的那份合同的签订日期为起始时间计算。

11.3 合同分立时，合同额及存款额将依照客户的要求分配到新合同中。

11.4 合同合并时，几份合同的合同额及存款额并入到一份合同中。只有产品相同的合同方可合并。

11.5 提高合同额时，其提高的额度不应少于 5 000 元人民币。在此情况下，附表一中所列的合同服务费会相应产生，这些费用将由客户承担。当我行不再为新客户提供（合同中列明的）那种合同类型时，客户不能要求提高合同额。

11.6 合同类型变更仅限同类标准合同类型下，且存款利率相同的合同类型之间以及自存款利率低的向存款利率高的合同类型之间转换。

第 12 章　合同的转让、让与及质押

转让住房储蓄合同中的所有权利和义务（即合同的转让）、让与及质押合同中的权利须经我行批准且须经合同双方以书面形式予以约定。住房储蓄合同仅允许在亲属（仅限父母、配偶、子女）间转让。

第 13 章　客户解除住房储蓄合同、住房储蓄存款的支付

13.1 客户可以随时解除住房储蓄合同，但须提前两周通知我行。

13.2 在住房储蓄存款尚未支付时，若客户要求，我行应按原样保留该合同。

13.3 当因解除合同而要求提取存款的总额超过可支配的所有配贷资金量的 25% 时，我行有权将存款的支付时间推迟至未来的配贷日。

3.5　住房储蓄合同管理实务

3.5.1　住房储蓄合同类型

住房储蓄合同类型决定了推荐月存款额、分期还款额以及存贷款的年利率等其他合同要素。因此，住房储蓄合同首先应对合同类型进行明确，其他要素才能进一步明确。

住房储蓄合同的类型一般与住房储蓄产品类别保持一致，住房储蓄银行会针对不同客户群体的需要提供多种合同种类，每一种合同种类中又有多种合同款型，方便客户进行更有针对性的选择。

住房储蓄客户可根据自身条件及需求情况选择适合的住房储蓄合同款型。

3.5.2　住房储蓄合同额

住房储蓄合同额是住房储蓄合同中的基础要素，是住房储蓄业务管理和流动性管理的核心要素。欠缺合同额要素，将影响合同的成立，合同额确定不合理将影响合同的执行。一般情况下住房储蓄银行会对最小合同额度以及追加合同额的额度单位进行规定，不会设置合同额上限，住房储蓄客户应根据自身需求与住房储蓄银行协商确定合理的合同额度。

1. 合同额的确定原则

一般情况下，合同额的确定要综合考虑以下四方面的问题。

1）住房储蓄客户的需求额度

住房储蓄客户对于住房消费资金的需求额度，即：融资额=合同额。因此，在确定住房储蓄合同额时，应结合住房储蓄客户住房消费资金需求综合考虑。

2）住房储蓄客户的存款能力及还款能力

住房储蓄客户贷款额度取决于住房存款额的确定，不能完全依据贷款需求确定合同额的大小，必须综合考虑客户的存款能力以及还款能力。一方面，客户是否有能力在一定时间内完成住房储蓄合同存款，从而使合同达到配贷条件；另一方面，若客户获得了住房储蓄贷款，能否按照约定进行住房储蓄还款，客户的收入水平是否能够满足贷款条件。住房储蓄银行必须结合住房储蓄客户的存款能力和还款能力综合确定合同额度，避免在存款期间银行与客户间产生纠纷以及还款期间客户发生逾期或不良风险。

3）住房储蓄客户预计使用住房储蓄贷款的时间

住房储蓄客户期望获取住房储蓄贷款的时间也是确定合同额时需要综合考虑的因素。根据初步确定的合同额，结合客户存款能力推导出的住房储蓄合同达到配贷的时间，是否能满足客户对于住房储蓄贷款使用的时间要求，如果达到配贷时间过长，超出客户预期，说明确定的合同额过高，需要进行调整。

2. 合同额的作用

对于住房储蓄银行来说，合同额是住房储蓄业务管理和流动性管理的核心要素，主要体现在以下三个方面。

1）合同额是保证公平性原则的基础

公正的评价体系应以合同额为计算基础。"以存定贷"必须通过合同额作为传递介质才能体现公平性。举例来说，同样是 10 万元的存款，存一年，在 20 万元合同额和 200 万元合同额项下，评价结果应该是不同的。因为绝对的以存款作为评价标准，不符合对不同需求人群的公平性原则。因此，合同的评价必须以合同额为基础，而且要保证在单位合同额下的评价标准是统一的。

2）合同额有助于判断客户的真实资金需求

合同额等同于客户对资金的需求额（自有资金＋外部资金支持），合同额的基础计算公式为：

合同额＝存款本金＋存款利息＋贷款金额＋政府补贴

3）合同额有利于对客户信用风险的考量

住房储蓄银行考察客户的信用水平，不是以客户申请住房储蓄贷款为起点，而是起始于住房储蓄合同的签订。在信用评价上，银行不仅要考虑客户的贷款还款能力，还要考虑其存款能力。作为客户真实资金需求反映的合同额，是判断客户履约能力的必要条件，如果银行认为客户不具备完全履约能力，有权要求降低其所签订的合同额。

下表以中德住房储蓄银行 AA 款产品为例，展示在一次性分别存足 50%和存足 60%两种情况下，客户的存、贷款期限以及贡献索取比数值的变化（超额存款可以缩短客户等待配贷的时间，但会降低贷款额，同时也会缩短贷款期限）。

表 3-1　不同存款比例对合同执行的影响

存款比例	50%	60%
存款期限	24	18
配贷期	3	3
贷款期限	71	56
SKLV	0.73	1.04

3.5.3　住房储蓄合同服务费

合同服务费是住房储蓄客户获得服务所应支付的代价。住房储蓄合同签订后，只有客户按照规定支付了合同服务费，住房储蓄合同才会生效。因此，住房储蓄银行应该对服务费的缴纳数额、缴纳方式、缴纳时间以及退还规定在住房储蓄合同中进行明确说明。针对服务费的退还，一般情况下有两种方式：一是若住房储蓄合同达到配贷条件而客户放弃贷款或未通过审查无法贷款，住房储蓄银行将向客户退还服务费，其他情况下合同服务费一律不予退还；二是任何情况下均不退还服务费，但若住房储蓄合同达到配贷条件而客户放弃贷款或未通过审查无法贷款，住房储蓄银行会以支付忠诚奖励的方式对客户进行补偿。无论住房储蓄银行选择何种方式，均需在合同中予以明确。服务费问题一直是住房储蓄合同履行过程中引发争议最多的问题，在条款中务必解释清楚、规范明确，规避后续可能产生的风险。

对于住房储蓄银行来说，服务费不仅是住房储蓄银行的主要利润来源，还肩负着客户甄选、风险防控的作用。

（1）服务费标志着住房储蓄合同本身具有价值，主要体现在三个方面：①节约融资成本；②规避利率波动风险；③贷款期权（选择权）。

（2）服务费是确定合同生效的标志，有利于进行合同质量管理。

（3）服务费可以保证住房储蓄银行必要的盈利性。

（4）住房储蓄银行运用服务费这一手段甄选有效的住房储蓄参与者：愿意为加盟储金集体而付费，是判断客户系出于真实需求和自愿签署合同的重要标志。

（5）服务费还起到防范套利风险的作用：防范销售人员套取佣金；防范客户进行金融套利。

3.5.4　住房储蓄合同缔结

1. 住房储蓄合同缔结流程

住房储蓄合同的缔结过程通常包括要约和承诺两个阶段。在要约阶段，一般由住房储蓄客户提出签订住房储蓄合同的申请；在承诺阶段，通常需要经住房储蓄银行审查和审批。

1）要约

要约，是一方当事人以缔结合同为目的，向对方当事人提出合同条件，希望对方当事人接受的意思表示。我国《合同法》第十四条规定："要约是希望和他人订立合同的意思表示，该意思表示应当符合下列规定：（一）内容具体确定；（二）表明经受要约人承诺，要约人即受该意思表示约束。"在要约过程中，提出要约的一方为要约人，按受要约的一方为受要约人。在住房储蓄合同中，提出要约的一方通常是住房储蓄客户，即住房储蓄客户首先向住房储蓄银行提出签订住房储蓄合同的申请，提交《缔结住房储蓄合同申请表》，并接受所有合同条款。住房储蓄客户提出缔结合同的申请，实际上就是向住房储蓄银行发出要约。住房储蓄客户是要约人，住房储蓄银行则是受要约人。

2）承诺

承诺，是受要约人做出的同意要约以成立合同的意思表示。（《合同法》第二十一条）。承诺的构成要件有四项：一是承诺必须由受要约人做出；二是承诺必须向要约人做出；三是承诺的内容应当与要约的内容一致；四是承诺必须在要约的存续期间内做出。

由于承诺必须在要约确定的期限内向要约人做出与要约内容相一致的意思表示，这就需要对要约人的要约进行充分的审查与判断，然后做出是否进行承诺的决定。

对于住房储蓄银行来说，需对住房储蓄客户的申请进行审查，并决定是否缔结住房储蓄合同。住房储蓄银行的审查重点是住房储蓄客户的身份以及住房储蓄客户对于合同条款的认可度。

（1）住房储蓄客户身份审查

住房储蓄客户身份的审查包括两方面，一方面是审查申请人是否具备签约资格，另一方面是审查客户身份的真实性。住房储蓄客户应当是具有完全民事行为能力的自然人以及具有中国居留权的外国公民及港澳台公民，或者是符合条件的企业或其他组织。对于自然人客户，住房储蓄银行应核实住房储蓄客户本人有效身份证件，若客户未满 18 周岁，还应核实其法定监护人有效身份证件。此外，还应通过身份证鉴别仪核查客户和法定监护人（如有）身份证，打印核查单。对于法人客户，住房储蓄银行应审查其是否经工商部门核准登记，具有法人资格；代理人是否经法定代表人授权，具有代理权；等等。

2）住房储蓄客户对于合同条款认可度审查

住房储蓄银行可以通过电话等方式针对住房储蓄客户对于合同条款的认可度进行审查，在住房储蓄合同开立前，针对住房储蓄合同缔结过程中的关键信息与客户核实确认，并进行风险点的提示。

一般情况下，住房储蓄银行应以通知的方式做出承诺，目前较为常见的承诺方式是向住房储蓄客户发送合同缔结确认函。

2. 住房储蓄合同缔结渠道

住房储蓄合同的缔结一般通过两个渠道，一是住房储蓄银行自行销售并缔结住房储蓄合同，二是住房储蓄银行委托商业银行代理销售并缔结住房储蓄合同。

3. 住房储蓄合同缔结方式

由于住房储蓄业务在我国尚处于起步发展阶段，大多数人们对于住房储蓄产品还比较陌生，加上产品本身也较为复杂，且产品周期较长，因此，一直以来住房储蓄合同的缔结方式都采用面谈面签的方式，由住房储蓄银行工作人员当面为客户进行讲解、测算，并最终签订住房储蓄合同。

随着住房储蓄业务的不断发展，产品知名度和影响力不断提升，住房储蓄银行也开发设计了一些标准化、制式化的住房储蓄产品，并通过网络平台进行销售，实现线上方式的住房储蓄合同缔结。

3.5.5　住房储蓄合同的变更

参与住房储蓄是一个长期资金积累的过程，期间客户的购房需求与计划随时都会因某些主观或客观的原因而发生变化，原有的住房储蓄合同的融资计划也会随之发生改变。通常情况下，住房储蓄银行为满足客户融资需求的变化，会提供多种灵活的变更、调整住房储蓄合同的方式。

1. 住房储蓄合同变更条件

1）只有在合同当事人协商一致的情况下方可进行住房储蓄合同的变更。住房储蓄合同是在双方协商同意、彼此意愿一致的基础上订立的，若双方就合同的内容进行相关变更或调整，同样要在协商意见一致的情况下方可进行。

2）住房储蓄客户只有在缴清服务费之后，才能够提出变更合同的申请。

3）住房储蓄客户必须以书面形式向住房储蓄银行提出申请，并在得到住房储蓄银行的书面确认之后，方可进行变更。

2. 住房储蓄合同变更事项

一般来说，住房储蓄合同的变更事项包括以下几方面。

1）住房储蓄合同类型的变更

一般情况下，不同种类的合同之间不能相互转换，而在各种类合同之下的合同类型之间可根据住房储蓄银行相关规定进行转换。以中德住房储蓄银行产品类型举例来说，目前中德银行存款利率相同的合同类型可以相互转换；存款利率低的合同类型可以向利率高的转换；合同类型变更后，住房储蓄客户存款所得的利息将从转换当年的 1 月 1 日起按变更后的合同利率计算，合同的评价值也需要重新计算。

2）住房储蓄合同合并

这是指将多个合同的合同额和住房储蓄存款余额合并在一个合同下。一般情况下，当住房储蓄客户计划使用多个合同来进行一项融资的时候，会将多个住房储蓄合同进行合并。合同合并后要重新计算评价值。

3）住房储蓄合同分立

这是指将一个合同的合同额和住房储蓄存款余额分立在多个合同下。进行住房储蓄合同分立的主要目的有以下几方面：住房储蓄客户的资金情况或购房计划发生变化，只需要原合同中的部分款项用于购房事项；进行合同分立使分立后的合同提早达到配贷条件；分立后进行转让，把储蓄存款分配到多个继承人名下；在配贷前通过分立后再解除合同的方式获得部分储蓄存款。

住房储蓄合同的分立有两种方式：一般分立方式和灵活分立方式。一般分立方式是指将合同额按照客户的意愿分立，但储蓄存款余额及利息要按照合同额的分立比例进行划分，重新计算后评价值基本不变。灵活分立方式是指合同额、储蓄存款及利息均按客户意愿分立，评价值会随之变化。

4）提高住房储蓄合同额

当住房储蓄客户事先计划的融资需求有所提高、合同上的存款已经远远超过了原合同的最低存款额，或者客户的合同评价值已经很大时，客户可能会选择提高合同额。提高合同额后需重新计算合同评价值。

5）降低住房储蓄合同额

当住房储蓄客户希望能够在不增加存款的前提下，尽早得到配贷时，客户可能会选择降低合同额。降低后需重新计算评价值。客户选择降低合同额，降低部分的服务费是不予退还的。

3. 住房储蓄合同变更程序

住房储蓄合同的变更与其订立的程序是一致的，有要约和承诺两个阶段：

1）变更合同的要约

住房储蓄客户提出变更住房储蓄合同，应当向住房储蓄银行提出变更住房储蓄合同的具体要求，由住房储蓄银行进行审核。变更住房储蓄合同的要约应当采用书面形式。

2）变更合同的承诺

住房储蓄银行对住房储蓄客户提出变更住房储蓄合同的要求予以接受的，视为承诺。承诺也应当采用书面形式。承诺的方式有多种，可以用通知书的方式表示接受变更住房储蓄合同的要约，也可以签订有关变更住房储蓄合同的补充协议，等等。

3.5.6 住房储蓄合同的转让

住房储蓄合同的转让，实质上是住房储蓄合同的变更，但是这种变更不涉及合同法律关系的内容，只改变了住房储蓄合同的主体，具体来说，就是进行了住房储蓄客户的变更。通过进行住房储蓄合同的转让，住房储蓄客户将其签订的住房储蓄合同及其权利和义务转让给他人。

1. 住房储蓄合同转让的前提条件

1）住房储蓄合同应为处于存款阶段的有效合同

住房储蓄合同合法有效，其权利义务才能由住房储蓄客户转让给他人。

2）必须订立权利义务转让的书面协议

这是说住房储蓄客户若要将其享有的权利和承担的义务一并转让给他人，那么他必须与对方达成一致意见，并订立书面协议。口头协议不能作为住房储蓄客户将权利义务转让给他人的依据。

3）必须取得住房储蓄银行的同意

住房储蓄合同权利义务的转让，与住房储蓄银行有重大的利害关系，必须经住房储蓄银行同意，转让才具有效力。

4）基于法律规定而产生的转让需提供相应的有效材料

例如，按照继承法的规定，被继承人死亡，包括合同权利、义务在内的遗产转于继承人，继承人须提供法院等出具的继承判决或公证书等合法有效继承材料方可办理继承转让。

2. 住房储蓄合同转让程序及注意事项

鉴于住房储蓄合同转让实质上也是住房储蓄合同的变更，那么转让程序与变更程序是一致的，也要经历要约和承诺两个阶段。但由于转让涉及了住房储蓄合同主体的变化，因此，办理转让手续的过程中住房储蓄银行要注意以下几点。

（1）住房储蓄银行要确保住房储蓄客户之间签订了有效的转让协议，并将协议的原件作为住房储蓄业务办理要件进行留存。

（2）住房储蓄银行应向住房储蓄合同的受让方如实介绍合同情况。住房储蓄合同转让后，住房储蓄客户的转让方脱离了住房储蓄合同的权利和义务，受让方取而代之，享有与原签订合同一方当事人同样的权利，承担与转让方同样的义务。住房储蓄银行应在正式办理转让手续前向受让方详细介绍合同的履行情况以及存在的问题，以免转让后产生纠纷。

（3）住房储蓄银行应与合同的受让方重新签订住房储蓄合同，以便受让方能清晰了解享有的权利和承担的义务，并按照要求执行合同。

（4）住房储蓄银行应确保受让方了解转让后的限制性规定。有的银行会对受让后合同的变更或转让提出限制要求，例如一定期限内禁止再次转让等。如果银行有限制性规定，一定要对受让客户提前告知，避免未来引起争议。

3.5.7　住房储蓄合同的解除

住房储蓄合同解除是指住房储蓄合同尚未达到配贷条件，因客户自身的需求、意愿发生变化要求解除住房储蓄合同。

1. 住房储蓄合同解除的条件

（1）申请解除时，住房储蓄合同没有处于进行中的其他合同变更业务。

（2）住房储蓄合同的产品条款规定没有关于解除的限定条件。

（3）住房储蓄合同处于存款阶段但尚未开立，已接受配贷、关联其他业务或其他处于非正常状态的合同不允许解除。

2. 住房储蓄合同解除的程序

住房储蓄合同的解除程序与住房储蓄合同的变更程序不同，不需要经过要约和承诺的流程，住房储蓄客户在满足解除条件的前提下行使解除权，无须得到住房储蓄银行的承诺或同意，即住房储蓄客户只要向住房储蓄银行发出解除合同的通知即可。解除通知应当是书面形式。

3. 住房储蓄合同解除的后续事项

（1）住房储蓄合同解除后，合同双方关系终止，双方当事人对于合同未履行部分不再继续履行，住房储蓄客户也就失去了申请住房储蓄贷款的资格。

（2）针对合同解除前住房储蓄客户在合同中的住房储蓄存款，住房储蓄银行会在规定的时间内将住房储蓄存款本金及利息拨付至客户的个人结算账户中，客户已缴纳的住房储蓄合同服务费不予退还。

（3）住房储蓄合同解除后，合同中争议解决条款仍然具有法律效力。这不仅符合合同双方签订合同时的真实意思，而且可以尽量避免合同双方因解决争议方式等问题再生矛盾。

3.5.8　住房储蓄合同配贷选择

当住房储蓄合同达到配贷条件之后，住房储蓄客户可以结合自身情况对配贷进行选择，通常有以下三种情况。

1. 住房储蓄客户接受配贷

1）住房储蓄客户接受配贷，支取存款，要求贷款或放弃贷款

若客户接受配贷并想在配贷日得到配贷资金或者在配贷日支取存款放弃贷款，需按照住房储蓄银行的时间要求前往银行办理相关手续，那么可以在配贷日支取存款余额。若客户所有贷款审核材料都符合住房储蓄银行要求，办理完毕贷款手续，则在配贷日也可以获得贷款。

2）住房储蓄客户接受配贷，支取存款，保留贷款权利

当客户接受配贷并履行相关手续后在配贷日支取存款余额，但暂不申请贷款，一般情况下住房储蓄银行会在一段时期内为其保留贷款权利。若达到期限后客户仍未提出贷款要求，住房储蓄银行将不再有拨款义务，除非客户能证明其对该延误不负有责任。

若客户在期限内需要进行住房储蓄贷款，则客户应向住房储蓄银行发出申请，住房储蓄银行则应按照相应流程进行贷款手续的办理。

2. 住房储蓄客户不接受配贷

这是指住房储蓄客户既不打算支取存款，也不打算申请贷款，这种情况下住房储蓄银行认为客户暂不接受配贷，住房储蓄合同继续有效。

暂不接受配贷的客户待有资金需求时，可以随时向住房储蓄银行提交接受配贷声明，排队等待获得配贷。

3. 住房储蓄客户撤销配贷

若住房储蓄合同的合同额尚未开始支付，客户可以书面撤销接受配贷声明。该合同想得到配贷时，客户需要重新提交接受配贷声明。

若客户已经支取了存款，则不可以撤销配贷声明。

复习思考题

1. 住房储蓄合同的主要特点有哪些？

2. 住房储蓄合同的要素有哪些？

3. 住房储蓄合同缔结的流程是什么？

参考文献及扩展阅读建议

[1]崔建远. 合同法（第二版）[M]. 北京：北京大学出版社，2013：43-44.

[2]陈祥健，孟旭. 借贷合同的基本原理与风险防范[M]. 北京：中国政法大学出版社，2001.

[3]张鹏群. 银行贷款法律实务：借款合同与担保[M]. 上海：上海财经大学出版社，2007.

[4]陈建瑜. 股票期权：合约设计与运作构想[M]. 北京：中国财政经济出版社，2007.

住房储蓄业务运作管理

本章学习目标

- 了解住房储蓄业务运作的两个阶段
- 熟悉住房储蓄合同的配贷
- 熟悉住房储蓄贷款的月供计算
- 掌握住房储蓄业务运作实务操作

住房储蓄业务的运作载体是住房储蓄合同，住房储蓄合同约定双方的义务与权利，充分体现了住房储蓄产品本身的"自愿、契约、封闭、公平、透明"的属性。住房储蓄产品的业务运作主要分为两个阶段：即存款阶段和配贷阶段。首先，客户进行住房储蓄合同缔结、进行存款；其次，住房储蓄合同经住房储蓄银行的评价达到标准后，银行向客户配贷问询，客户书面回复接受配贷，银行进一步安排资金，审核客户的资质，支付住房储蓄存款和发放住房储蓄贷款，从而实现住房储蓄合同存贷一体化契约的最终履行。存款阶段业务是住房储蓄业务的基础环节，主要包括合同缔结、合同存款、合同管理、合同解除等；配贷阶段业务是住房储蓄业务的核心业务环节，是体现产品核心技术的重要一环，主要包括合同评价排序、配贷问询、配贷申请、配贷受理、配贷登记、配贷通知、支取存款、咨询受理、贷前调查、贷款审核、贷款审批、贷款发放、贷后管理等。

4.1　住房储蓄存款阶段业务运作

4.1.1　住房储蓄存款阶段业务概述

住房储蓄存款阶段业务是住房储蓄产品的基础业务环节，是住房储蓄银行经营的根本所在，因为在存款阶段，住房储蓄银行要利用自身的产品特点和优势去营销潜在客户，吸引更多的客户参加到住房储蓄体系中来，才能使此体系充分发挥互利互助的特点，最大限度地满足更多人的住房融资需求。如果，没有越来越多的潜在客户加入住房储蓄体系，那么已经在体系内的存量客户也会面临住房融资资金匮乏的经营风险，所以说住房储蓄银行运作的任务就是吸引更多的客户参加住房储蓄体系，为体系的建设做贡献，然后再从体系内获得与其贡献度匹配的融资权利。由此可见，住房储蓄存款阶段的业务运作是非常重要的，是住房储蓄银行经营的基石，其主要业务包括合同缔结、合同存款、合同管理、合同解除等。

1. 合同缔结

1）住房储蓄的结算账户

住房储蓄作为一类选定的金融业务，除客户与银行签订住房储蓄合同来约定权利义务关系外，还需要客户在银行开立一个个人结算账户，用于储蓄存款的结算管理。根据现行金融法规，客户可以开立一类账户，也可以开立二类账户，但如果开立的是二类账户则必须绑定一个一类账户。中德银行目前实际执行的是开立二类账户同时绑定本行或其他商业银行的一类账户，这是为了更好地为客户提供结算便利。需要提出的是，这个住房储蓄的二类账户没有一般意义上的存折存单、卡等有形介质，其结算资金依存于住房储蓄合同，存取款均受住房储蓄合同的制约，它随住房储蓄合同生效而开立，客户可以通过其名下的合同编号进行查询，而获知与其合同匹配的存款余额信息。

2）合同缔结

客户可以通过住房储蓄银行柜面、移动端、网银及微信等渠道或合作商业银行的柜面、电子渠道签订纸质或电子合同，将客户信息和合同信息的上传至住房储蓄银行后台集中处理平台，实时生成合同号，银行盖章，合同成立。客户可以在合同成立后进行缴费存款，足额缴费后，合同生效，在合同生效后设置犹豫期，如客户反悔，可在犹豫期内申请解除无息退还服务费。"

2. 合同存款

合同存款是按照合同约定利率计算利息的，按年计息，利息计入住房储蓄账户内。

1）住房储蓄存款方式

住房储蓄存款方式较为灵活，存款人可以根据自身的经济状况以及所签订的住房储蓄合同金额来确定存款额度，按照存款额和存款频率分为：一次性存款、规律性存款、不规律性存款。但住房储蓄存款的时间、频率、额度将影响其获得配贷的时间。

一次性存款是指住房储蓄客户一次性存入住房储蓄合同金额的50%的存款。

规律性存款是指住房储蓄客户按照住房储蓄合同推荐常规存款月度比率进行存款。银行产品设计时确定常规存款月度比率，款型合同不同推荐常规存款月度比率的比例也不同（详细情况见表4-1）。另外，规律性存款也可以为：非受让住房储蓄合同的客户自合同签订之日起，至达到配贷条件时，每年的月均存款额不低于其住房储蓄合同类型所对应的月推荐存款额的80%（不足一年的按合同执行的实际月数计算）。

表 4-1　中德住房储蓄银行合同类型月度推荐存款比例

住房储蓄合同类型	月推荐存款比例（‰）
AA	10.00
AB	8.00
AC	6.00
CA	12.20
CB	8.38
CC	6.02
HA	11.03
HB	7.38
HC	6.00
BG	8.33
BH	8.33

（资料来源：中德住房储蓄银行官方网站 www.sgb.cn。）

　　不规律性存款是指按照住房储蓄客户的意愿灵活存款，存款时间和额度均由客户自己决定，银行不对客户进行限制。

　　按照存款渠道不同将存款方式划分为：自营渠道和委托渠道。其中：自营渠道是住房储蓄客户通过住房储蓄银行的营业网点、网上银行进行存款；委托渠道是住房储蓄客户通过住房储蓄银行合作银行的营业网点、网上银行进行存款。

　　按照存款划款是否委托将存款方式分为：直接存款和委托代扣存款方式。直接存款是指住房储蓄客户直接款项存入住房储蓄账户；委托代扣存款方式是指住房储蓄客户通过住房储蓄银行或其合作银行签订委托扣款协议，委托银行按照客户要求从客户在委托行客户其他账户中按照约定的时间将款项划转到住房储蓄账户。

　　2）住房储蓄存款利息

　　住房储蓄存款通常计息是按照复利方式计算，住房储蓄存款按年计息。存款利率按照住房储蓄合同约定执行（详见表 4-2），并于每一公历年度的年底或在支取存款时于支取存款的当日计入住房储蓄存款账户中，成为合同存款。当合同变更时，住房储蓄银行也会对合同存款结息，将利息计入住房储蓄存款账户中。

表4-2　中德住房储蓄银行合同类型存款利率

住房储蓄合同类型	存款利率（%）
AA	0.50
AB	0.50
AC	1.00
CA	0.50
CB	0.50
CC	1.20
HA	2.50
HB	2.50
HC	2.50
BG	0.50
BH	0.50

（资料来源：中德住房储蓄银行官方网站 www.sgb.cn。）

　　住房储蓄存款的利率水平较我国商业银行同期存款利率偏低，主要由于住房储蓄产品的特性决定，并参照了德国住房储蓄产品的存款定价模式，结合我国经济环境进行了优化，部分产品提高了存款利率，例如 H 类住房储蓄产品。

延伸阅读：德国人为何还在负利率存钱

　　德国人以攒钱出名，而且讲究"投资"的安全性。所以，有价证券在德国人群中并不太有市场。除了存钱储蓄之外，德国人也可以接受的投资方式是购买股票。房地产基金和私人养老保险受欢迎程度最低。法伦朔恩说："德国人最喜欢的投资方式就是存钱。"

　　经过上一次高科技泡沫的破灭，一向以保守著称的德国人就更加坚信勤劳创造财富，节俭留住财富的理财哲学。他们把大部分钱以定期以及活期的方式存在银行里。

　　然而，德国银行的利率却是非常低，甚至有的银行出现负利率，这虽然使得德国人的存款数额较去年同期相比有所下降。但是大部分德国人依然选择把钱存在银行里。这是为什么呢？

　　自金融危机以来，全国各地区央行维持低利率和量化宽松等政策，英国央行六年来一直维持 0.5% 的低利率，欧洲央行利率甚至更低。

　　在这样的经济状况下，投资的风险性太高，而这时人们仿佛也没有什么地方可以放钱的，也就只好存在银行里了。

而欧洲央行，为了进一步尝试刺激，推出了精简版量化宽松政策来刺激经济。欧洲央行在六月份削减主要三个关键地区的利率为负数，并拼命抵御通缩风险。

（资料来源：商业见地网，http://www.bwchinese.com/article/1063825.html。）

3. 合同管理

住房储蓄合同生效后，客户申请的与住房储蓄合同相关的业务统称为合同管理，主要包括：住房储蓄合同信息变更、合同类型变更、合同变更（分立、转让、合并、提高、降低）、开具存款证明、打印合同对账单等。

住房储蓄客户可以在住房储蓄银行的营业网点柜台及网上银行办理合同生效后的业务。随着住房储蓄银行与合作银行协同深入，住房储蓄客户也有可能在住房储蓄银行合作银行的营业网点柜台办理合同生效后的业务。

4.1.2　住房储蓄存款阶段实务操作

1. 合同缔结操作

住房储蓄合同缔结操作是围绕客户为核心展开的,营销人员向客户进行咨询,促使客户选定相应住房储蓄产品签订合同,并开始存款。

1）住房储蓄合同受理

住房储蓄银行的营销人员首先要根据不同种类住房储蓄产品的市场定位,通过特定的营销渠道（例如：合作银行的网点渠道),向潜在的客户进行产品推介,结合客户的实际存款能力和未来的住房融资前景(包括所需贷款额度和时间计划)来确定需签订住房储蓄合同额度,帮助客户有计划、有目的地实现未来几年内融资置业的规划。

住房储蓄合同营销流程主要包括：信息搜集、客户筛选、方案设计、达成意向、客户身份识别及账户开立等若干环节。

（1）信息搜集：住房储蓄银行的营销人员在特定的营销渠道内,宣传住房储蓄产品的优势和特点,主动询问客户是否有在未来3～5年购房置业的规划,或是否有意向置换在他行的高利率的商业按揭贷款的计划,并主动为有意向客户简单介绍产品,留下客户有效联系方式。本环节的关键点是,留下客户的有效联系方式,为后续营销推进奠定基础。因为这是与客户的首次接触,最重要的是建立基本的信任。

（2）客户筛选：与客户建立了基本的信任后，通过有效的产品宣传模式（如：大型、集中的住房储蓄产品说明会）来固化客户的基本信任，深化客户对产品的了解程度，同时进一步探究客户的深层次需求，确认客户定位，从而实现客户的有效筛选和过滤，淘汰掉住房储蓄的边缘客户，收紧潜在客户，确定意向客户，为后续方案设计提供依据。

（3）方案设计：根据对意向客户的需求了解和分析，结合住房储蓄产品的原理和种类特点，为客户量身设计具体的实施方案，包括可适用的产品类型、目前存款计划、未来还款规划、与同类产品比较的成本支出、机会成本支出等内容。

（4）达成意向：营销人员将详细设计方案与客户深入沟通后，客户可能会产生犹豫的情绪，此时需要营销人员将住房储蓄产品的优势与能够给客户带来的实惠进行详细解释，并对客户的所有疑问予以及时和详细的解答，打消客户所有的顾虑和疑惑，准备进行合同的签订。

（5）客户身份识别及账户开立：住房储蓄营销人员对身份证件的有效性和合规性进行认真核查，如联网核查。并通过填写或维护客户信息，留存或更新身份影像信息，在系统建立客户信息。

客户未开立住房储蓄银行二类账户，协助客户录入相关信息，进行二类账户的开立，同时绑定住房储蓄银行或合作商业银行一类账户；客户已开立住房储蓄银行二类账户，协助客户进行二类账户及所绑定一类账户的查询和维护。

2）住房储蓄合同缔结

（1）信息录入：住房储蓄销售人员协助客户进行合同信息的录入，包括合同产品、合同金额、销售人员信息等，信息填写后业务提交住房储蓄业务系统。

（2）合同信息确认：客户对合同文本内容进行阅读，包括合同金额、合同服务费、存款金额等，如合同服务费金额需要修改且金额低于确认值、大额合同等，签字确认。同时住房储蓄销售人员进行面谈面签过程进行影像信息的采集，如：录音、录像等。

（3）业务复核：业务复核人员对客户信息、合同信息进行浏览，对授权文件进行核验，确认授权文件有权人通过且授权内容与合同信息一致；授权文件不全或不清晰需要退回补充资料的，返回至业务受理岗；复核通过的，提交合同成立。

（4）合同成立：住房储蓄合同成立，生成住房储蓄电子合同，加盖电子合同专用章，根据客户的选择，可采用向客户的电子邮箱等渠道推送电子文本，也可指导客户至柜台打印纸质的电子文本，并实时向客户推送通知短信。

3）住房储蓄合同生效及存款

（1）合同生效：住房储蓄合同成立后，客户可通过合作银行或住房储蓄银行的柜面、网上银行、手机银行或其他自助设备足额缴纳合同服务费，合同即生效。合同生效后，住房储蓄银行实时向客户推送通知短信。

（2）合同存款：住房储蓄合同生效后，客户可通过合作银行或住房储蓄银行的柜面、网上银行、手机银行或其他自助设备进行住房储蓄存款。客户可选择一次性存款、规律存款或不规律存款。

2. 合同售后操作

住房储蓄合同售后业务是由住房储蓄银行业务柜台完成的核心业务操作，是体现住房储蓄客户综合服务水平的业务节点，主要操作包括以下几方面内容。

1）合同变更（信息变更、类型变更、分立、合并、提高、降低）

（1）业务要件：住房储蓄合同变更申请表、客户本人有效身份证件复印件、业务申请办理表单、客户身份核查材料。

（2）业务流程：客户至受理机构申请基本信息变更业务，通过身份联网核查系统核查客户身份信息，并核查客户申请事项满足业务条件后，按照填写规范指导客户填写申请表单，客户签字确认。客户确认后进行系统处理和复核，然后加盖业务专用章，为客户出具业务办理凭证，并推送短信提示。

2）账务调整

账务调整是指不同住房储蓄合同之间账务的调整（含错账调整）行为。

（1）业务要件：客户本人有效身份证件；身份核查材料；存款凭条（如若客户无法提供存款凭条，则需填写情况说明，注明存款时间、金额、存款人及为何未存入至相关账户的原因，并由客户本人签字确认）；不同住房储蓄合同之间账务调整须提供住房储蓄合同持有人同意账务调整声明，并在住房储蓄合同变更申请表中由双方客户在签字栏签字确认；客户非本人存款，除上述所需的材料外，还需由存款人填写情况说明，并由存款人签字确认；住房储蓄合同变更申请表。

（2）业务流程：客广至受理机构申请基本信息变更业务，通过身份联网核查系统核查客户身份信息，并核查客户申请事项满足业务条件后，按照填写规范指导客户填写申请表单，客户签字确认。客户确认后进行系统处理和复核，然后加盖业务专用章，为客户出具业务办理凭证，并推送短信提示。

3）合同转让

住房储蓄合同转让是指客户将其签订的住房储蓄合同及其权利和义务转让给

他人的业务行为。

（1）业务要件：转让方和受让方，或合法继承人有效身份证件复印件；转、受让双方身份核查材料；直系亲属之间转让须提供户口本、结婚证、户籍证明等相关部门出具的关系证明材料复印件；合法继承人须提供法院等出具的继承判决或公证书等合法有效继承材料复印件；住房储蓄合同转让协议书；受让方签订的住房储蓄合同文本及签约须知。

（2）业务流程：客户至受理机构申请将名下所属合同进行转让，通过身份联网核查系统核查客户身份信息，转、受让双方确认转让合同的基本信息和转让金额，银行按照填写规范指导客户填写《住房储蓄合同转让协议书》，双方签字确认，受让客户还需签署对应合同类型的《签约须知》。客户确认后进行系统处理和复核，然后加盖业务专用章，为客户出具业务办理凭证，并推送短信提示。

3. 合同解除操作

住房储蓄合同解除业务是指由于住房储蓄客户个人原因，提出的解除已签订的住房储蓄合同，终止存款义务并支取存款的行为。

1）按照是否退还服务费的维度将合同解除分为：正常解除和非正常解除。

（1）正常解除：住房储蓄客户在合同存续期间，因个人原因单方面提出解除已签订的住房储蓄合同，终止继续履行存款义务，支取存款本金及利息，不退还已缴纳的服务费。

（2）非正常解除：住房储蓄客户在合同存续期间，提出解除已签订的住房储蓄合同，终止继续履行存款义务，支取存款本金及利息，并退还已缴纳的服务费。

2）合同解除操作实务

（1）业务要件：客户本人有效身份证件复印件；身份核查材料；住房储蓄合同变更申请表；客户本人名下中德住房储蓄银行认可的有效活期储蓄卡或存折复印件。

（2）业务流程：客户向住房储蓄银行申请基本信息变更业务，住房储蓄银行进行客户身份识别，并核查客户申请事项满足业务条件后，按照填写规范指导客户填写申请表单，客户签字确认。住房储蓄银行将解除合同存款按照住房储蓄合同约定利率及存款存续时间计算，并与本金一并支付，为客户出具业务办理凭证，并推送短信提示。

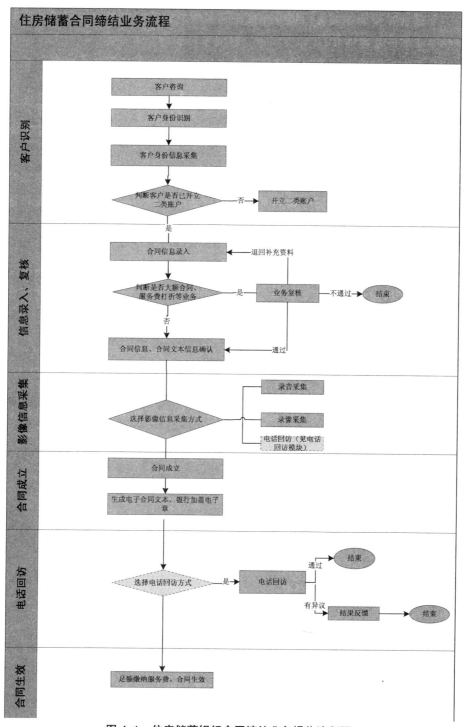

图 4-1　住房储蓄银行合同缔结业务操作流程图

4.1.3　住房储蓄存款阶段实务案例

1. 实务案例描述

张先生是金融行业的从业人员，年龄30岁，未婚，月度稳定收入为7000元，年终奖金收入5万元左右，全年可支配收入为13万元，公积金每月缴存合计3000元，目前账户余额10万元，未来工作会有上升空间的预期，计划在未来3年内购买一套住房，房屋总价格预期为100万元，目前张先生手头储蓄存款有20万元，想通过住房储蓄进行规律性存款与大额存款相结合方式，在3年后获得贷款，用于购房，同时可申请按揭贷款或公积金贷款作为融资补充。

2. 实务案例分析及说明

结合张先生的情况，住房储蓄银行客户经理进行了客户分析，得出营销结论如下。

（1）张先生收入稳定，月度规律性存款能力在5000元左右（7000元收入扣除日常消费2000元），年终大额存款能力在5万万元左右，累计全年可以存款11万元。

（2）张先生自有存款20万元，主要购买年化收益率在4%～5%的理财产品，每年的利息收益约1万元。

（3）按照张先生的购房预期价格100万元，其首付比例为30%，需要30万元资金，需要融资金额为70万元。

（4）住房储蓄融资方案设计如下：张先生可以签订一份额度为40万元的CA类住房储蓄合同，按照月度推荐比例1.22%进行存款，即每月存款4880元，同时在每年年底可大额存款5万元，其最早得到配贷时间将介于44个月（规律性存款最早得到配贷时间）和21个月（一次性存款最早得到配贷时间）之间，经过初步测算，按此存款方式存款约在第38个月时得到配贷（在第24个月时，存款已经达到合同额的50%，无需再进行溢存款，仅需再等待14个月后即可得到配贷），基本满足本人三年左右内购房的预期时间。同时，张先生得到配贷后，可将存款20万元支取出来与自有存款20万元一并用来支付首付款30万元及相关费用，同时申请70万元贷款（含50万元按揭贷款＋20万元住房储蓄贷款），同时可利用公积金的账户余额进行按揭贷款的大额还款20万元（10万＋3000/月*12*3＝20.8万），最后张先生的实际贷款额度为50万元（30万元按揭＋20万元住房储蓄贷款），还款年限按照按揭10年、住房储蓄9年计算，月度最高还款额为5300元，在客户的收入接受范围之内。或者，还款年限按照按揭20年、住房储蓄9年计算，月度最高还款金额为 4100 元，还款压力较小。

（5）通过与张先生沟通，其本人对住房储蓄银行客户经理设计的融资购房理财方案十分满意，并按照方案初步约定的方式进行了存款。

4.2 住房储蓄配贷阶段业务运作

配贷是住房储蓄业务最重要的环节。随着银行给客户支付住房储蓄存款，客户取得住房储蓄贷款，客户从住房储蓄银行的债权人的位置上，变成了债务人，存款阶段也随之结束。这种权利地位的根本变化不仅仅显示出在住房储蓄中存款与借贷非常紧密的相互联系，也表明了配贷作为住房储蓄合同支点的核心意义。配贷阶段可细分为进入序列等待配贷阶段、支取存款阶段和获得贷款阶段

4.2.1 进入序列等待配贷阶段

1. 住房储蓄配贷阶段业务概述

1）配贷原则

在配贷日，住房储蓄银行会安排可配贷资金，资金来源主要为各类存款和已发放贷款的回收本金，还有一些其他资金，例如暂时安排外来资金或自有资金；资金用于配贷合同支付，主要包括支付存款本息及发放住房储蓄贷款，也会用于突发事项的拨付资金需求，例如没有达到配贷的住房储蓄合同解除的偿付。

为了保证住房储蓄资金池的平衡，防止可配贷资金不够分配给所有的申请分配合同的情况出现，住房储蓄银行制定了一套公平、透明的配贷管理体系，它包括评价值机制和配贷机制，使存的时间越长，存款占其住房储蓄合同额比例越大的合同，优先配贷。评价值机制是住房储蓄银行对客户存款贡献的一套打分规则，约定一个具体的评估截止日期（评价日），考虑客户的存款时间和存款比例因素，衡量住房储蓄客户的储蓄成果——存款贡献，具体包括：首先，以单位合同额所产生的存款利息为基础，而不是存款利息的绝对值，选取"存款利息/合同额（以千元为单位）"来衡量客户的存款贡献度基础要素；其次，考虑到不同产品之间差异设定了评价值系数调整项补充项，使不同住房储蓄产品的最小评价值在数值上统一，便于银行的评价管理；最后，奖励客户多存款，设定超额存款奖励系数。配贷机制是住房储蓄银行以评价值为核心分配可用资金规则，当住房储蓄合同满足存款时间、存款额度、最低评价值基本要求之后，按照评价值由高到低的顺序

累加合同额，当累加合同额小于配贷资金时，累加合同可以配贷，当累加合同额超过可配贷资金时，超过部分的低评价值合同则不能参加本次配贷。

2）配贷前提条件

在存款阶段，当住房储蓄合同同时满足最短的储蓄时间、最低的住房储蓄资金、高于最低的评价值标准，住房储蓄合同可进入配贷序列。最低评价值是银行设定住房储蓄合同拥有配贷资格的最低值，如中德住房储蓄银行将住房储蓄合同的最低评价值设定为 8。住房储蓄合同达到最低评价值并不意味着住房储蓄可以配贷，只是具有配贷申请资格，只有评价值大于或等于目标评价值时，住房储蓄合同才有可能获得配贷。

（1）最低储蓄时间

住房储蓄是自愿互助行为，为了融资的住房储蓄存款必须要在一个集体留存一段时间，到分配之前储蓄时间长度是必不可少的，没有人可以在不满足最低储蓄时间情况下得到分配的资金。也就是，存款阶段的客户帮助那些早先取得住房储蓄贷款的客户，他们将来获得来自新进入的客户那里的储蓄存款和贷款的帮助。这种储蓄时间是以最低储蓄时间来量化的。例如：住房储蓄银行在住房储蓄合同中约定一次性存款达到配贷条件需要的时间。

表 4-3　中德住房储蓄银行住房储蓄合同参数表节选

合同款型	一次性存款达到配贷条件需要的时间（月）
AA	24
AB	32
AC	46
CA	21
CB	31
CC	39

（数据来源于中德住房储蓄银行住房储蓄合同参数表。）

如表所示，此表为住房储蓄银行各类型住房储蓄合同在一次性存满合同类型所要求的最低存款额时达到配贷条件所需的时间。通常当住房储蓄合同满足最低存款额同时也满足最短储蓄时间，则基本就可以达到最低评价值，合同可以申请配贷了。如果住房储蓄存款远远大于推荐存款额，甚至大于合同额时，可能出现合同满足最低评价值但不满足最短储蓄时间的情况。

（2）最低储蓄金额（包括存款本金和利息）

目前我国单份合同的最低储蓄金额要求为占住房储蓄合同总额的50%。与最短储蓄时间相比，仅有少量客户可以在合同开始后立刻存入最低储蓄金额，大多数的客户采取的都是规律分期储蓄方式。

评价值与住房储蓄存款呈正比，在同一时期住房储蓄存款越多，存款利息就越多，其评价值越高。住房储蓄客户按照推荐额、次数进行存款的，通常可以在合同预计的时间达到最低评价值。

（3）最低评价值

最低评价值是配贷前提条件中最重要指标。住房储蓄银行把最低评价值作为客户偿付的一个最低标准，若在它之下，将不具备申请合同配贷资格，对于那些仅仅完成最低储蓄时间或达到最低存款金额的合同是不能达到配贷条件的。

3）评价截止日期、配贷周期和配贷日

（1）评价截止日期

我国住房储蓄银行的评价截止日设定为每月末最后一个工作日。在这天，住房储蓄银行计算出所有住房储蓄合同的评价值，也可以审核住房储蓄合同是否按合同类型满足了最低存款数额。

（2）配贷周期

配贷周期是指住房储蓄合同评估截止日期到配贷日之间的时间间隔，通常为3 个月。在配贷周期内，银行将需要做一些准备工作，主要包括评价值的计算、配贷通知、配贷申明、配贷资金支付等操作。

（3）配贷日

在配贷日，住房储蓄银行确定了可使用的分配资金。配贷日大多数为月末。

4）配贷方法

（1）配贷行为

在每期评价日，银行对每份还处于没有配贷的住房储蓄合同计算其评价值，银行根据“时间—次数—资金”的评价体系来评估住房储蓄合同是否达到了配贷候选资格。银行把具有配贷候选资格的合同按照评价值的高低顺序，首先要把同样大小的评价值的合同的住房储蓄总额加起来，这是水平方向相加；然后把这个总额从上往下排序，从最高的评价值合同先开始，这是垂直方向排序。候选合同清单截止到最低评价值的合同。

所有住房储蓄合同配贷期望能否得到满足，取决于银行在评价日是否有足够的配贷资金。银行计算出可使用的配贷资金后，可以确定哪些住房储蓄合同可以得到配贷。如果资金超出了候选合同的总额，银行就可以给所有的满足最低评价值的合同提供配贷。如果资金不足，那么银行将根据候选合同的评价值从高到低依次分配。

单份合同的配贷。住房储蓄银行先把每份住房储蓄合同进行贷配问询，再进行客户接受配贷之后的业务处理，例如结计存款利息、支付住房储蓄存款本息以及发放住房储蓄贷款等。尽管有的合同具有配贷候选资格但没有得到配贷，但等到下一个配贷期，由于高额的住房储蓄存款带来评价值的快速增长也会在下一次申请配贷的申请序列中占据优势而优先获得配贷。

（2）配贷过程

住房储蓄银行在配贷时通常有三个步骤：自动配贷、问卷询问和配贷申请。

①自动配贷。在评价日，银行自动计算未配贷合同评价值，自动对住房储蓄合同是否具备配贷资格进行审查，将具备配贷资格的住房储蓄合同纳入问询名单中。

②问卷询问。银行会给所有具备配贷资格的住房储蓄客户寄送一个问卷或询问，住房储蓄客户可以选择接受贷款或放弃，当住房储蓄客户选择接受配贷的时候，住房储蓄银行要提供该份住房储蓄合同的资金；当住房储蓄客户不接受配贷或没有在规定的期限内（最多一个月）答复配贷通知的，那么住房储蓄合同将继续有效。银行只把通过问卷询问中能够分配到可使用资金的客户纳入清单中，把接受贷款作为配贷的条件之一。

③配贷申请。住房储蓄银行只对提交配贷申请的客户给予配贷，不提交申请的客户不予配贷。住房储蓄银行十分关注客户的贷款需求，例如客户没有取得过配贷的候选人资格，但他们表示了配贷愿望而长期没有获得的时候，银行提供过渡性贷款，并尽快对住房储蓄合同配贷。

5）配贷接受、合同延续和再次主张

（1）配贷接受

当住房储蓄合同的存款没有支取的时候，客户拥有住房储蓄合同更改的权利；支付之后，住房储蓄合同就不能再进行更改了，也就是不可以合同分立、合并、提高或减少合同额的权利。

客户接受合同配贷之后，住房储蓄银行应该把住房储蓄存款本息及相关款项（如：政府补贴）支付，同时储备好贷款资金，随时受理客户的贷款申请。

（2）合同延续

当客户没有接受自动配贷提供的配贷或在问卷询问时没有表达出自己决定接受配贷的意愿时，即使满足配贷条件，合同也会被延续。对于申请而言，尽管客户满足了所有的配贷前提条件，但是没有提出对配贷的申请，这样的合同也被称作潜在合同。虽然客户曾经接受配贷，但在住房储蓄总额还没有开始支付的时候取消配贷，合同权利延续。

（3）再次主张

客户可以在短期内再次主张其从较早的配贷中所取得的权利，让银行把自己的合同再次列入申请人名单中，并获得一个很有利的位置，因为评价值在合同延续期间大幅增长超过了需要的值。通常，住房储蓄银行在客户再次主张阐述之后的 3 到 4 个月后完成配贷。

6）可选产品（如：A、C、H 合同产品）情况下的期限权和选择权

（1）因素模型：与评价值系数相关的还款金额

住房储蓄合同分为短期住房储蓄合同和长期住房储蓄合同，因素模型把住房储蓄贷款的不同的期限类型相互协调一致。短期客户想要比长期客户迅速提高其评价值，要选择一个相对较高的评价值系数，这样住房储蓄合同就可以更快获得配贷。较高的评价值系数导致合同月度存款占合同额比例上升，存款滞留的时间短，住房储蓄贷款还款越快，与之相应的就是客户必须有支付更高额的还款金额。高的评价值系数导致了低存款积数（$\sum$存款余额×天数），与之相应的是导致了更高的还款金额以更低的贷款积数（$\sum$贷款余额×天数）。

与此相反的行为是客户签订了长期住房储蓄合同，因为他不想要过高的月推荐存款金额和还款金额，减轻住房储蓄贷款的还款压力，每次降低还款金额都会导致更长的贷款期限。银行为应对此种情况采取降低评价值系数来降低还款金额，即通过客户增加存款积数达到贷款积数的增加。

（2）变量的变化

当住房储蓄银行允许客户在同一产品的不同款型间转换的时候，例如 A 类产品的 AA 合同款型转换为 AB 合同款型，为防止客户获得有利的评价值系数，银行会对评价值系数做调整。有哪些原则适用于有期限选择权的选择合同款型的因素模型呢？就此而言分为两种情况：一方面还款时间短的变量 K 向还款时间长的变量 L 过渡。另一方面是相反的情况，即 L 向 K 转变。当 K 向 L 变化的时候，住房储蓄银行会即时起允许计算评价值，这样会给客户带来更高的存款积数上的评价的好处。这必须强制要求从合同开始起就有转换。另一种情况是 L 向 K 变化的情况，在即时基础上的评价值的重新计算对以前产生的低评价值会继续产生影响。

7）超额配贷与选择配贷

（1）超额配贷

超额配贷会间接导致最低存款金额的降低。在防止超额配贷带来的高还款金

额以及还款时间短等问题，贷款积数必然会上升，同时 SKLV（存款积数/贷款积数）会下降。如施威比豪尔住房储蓄银行 A 类产品现在有更灵活的解决方法，即住房储蓄客户可以在申请上获得最高达到住房储蓄总额的 25% 的超额部分配贷，并且要为了超额配贷支付更高的还款金额，每超额 1 个百分点，就要多支付 4% 的还款金额。

2）选择配贷

在德国，当客户要求的选择配贷超过可使用的配贷资金的 25% 的时候，住房储蓄银行可以延期选择配贷的配贷日期（25% 条款）。此外，BHW 住房储蓄银行以及维斯滕罗特（Wuestenrot）住房储蓄银行有权利，为了保证配贷的安全，从原定日期开始更改还款的金额因素以及利息因素。施威比豪尔住房储蓄银行在它的选择配贷 A 类产品当中说明，可以把最低储蓄存款金额由住房储蓄总额的 50% 下降到 25%，这样就提高了贷款的权利。

延伸阅读：美因茨住房储蓄银行的选择配贷

美因茨住房储蓄银行在 G 产品的选择配贷让客户获得了这样的权利，在住房储蓄合同一般条件中表述相近的限制条件下，配贷权利在任意时间，最早合同开始后 24 个月，允许付清总款项。

表 4-4 住房储蓄贷款名义利率

住房储蓄贷款名义利率	3.90%	4.00%	5.00%	6.00%	7.00%	7.65%
还款金额占一半初始贷款额的百分比	0.62%	0.62%	0.66%	0.70%	0.74%	0.77%
一半住房储蓄贷款的还款时间	5.18 年	5.21 年	5.58 年	6.01 年	6.59 年	6.92 年
还款金额占双倍初始贷款的百分比	1.780%	1.774%	1.714%	1.654%	1.594%	1.555%
双倍住房储蓄的还款时间	19.08 年	19.13 年	19.79 年	20.7 年	21.96 年	23.08 年

（资料来源：Fama E. Foundations of finance: portfolio decisions and securities prices[M]. New York: Basic Books Inc, 1976.）

延伸阅读：BHW 住房储蓄银行的选择配贷

BHW 住房储蓄银行在其 Dispo maXX 产品的住房储蓄合同的一般条件中规定了选择配贷。前提条件是：书面申请，合同期最少 12 个月，住房储蓄总额（BS）与住房储蓄存款金额（BG）的差最少占住房储蓄总额的 25%，贷款权利（BD）最高占住房储蓄总额的 75%，申请书开始后第三个月月初选择配贷，住房储蓄银行算出以下数字：

BD（贷款权利）＝BS（住房储蓄总额）－BG（住房储蓄存款金额）

以及在住房储蓄合同一般条件中给出的还款金额系数标准值 TBF＝2.7 这些参数，住房储蓄银行为了配贷的安全以及未来的选择配贷可以进行更改。

BD（贷款权利）以及 TB（还款金额）有下列公式：

TB＝（TBF×BD×BD/BZF×HSS）＋0.0021×BD

BZF（评价值系数），HSS（贷方余额总额）

还款金额不允许低于初始贷款 BD 的 0.7％并且不能超过其 3％。如果根据公式得出还款金额超过住房储蓄贷款的 3％的时候，选择配贷就不允许了。

对于 BHW 住房储蓄银行的 Dispo maXX 费率可以计算一个选择配贷的例子：升高的客户—银行—偿付比是由于降低的银行偿付，以及因为评价值系数由 35 变成了 21 和 13 导致的贷款利率变低，从 4.25％下降到 3.25％和 2.25％ 。还款金额系数 TBF＝2.7，BD（住房储蓄贷款）＝60 000 元，HSS（贷方余额总额）＝1 200 000：

TB（还款金额）＝2.7×60 000×60 000/BZF×120 000＋2.1×60 000/1 000

＝8 100/BZF（评价值系数）＋126

由此算出绝对和相对的还款金额：

BZF＝35 对应结果 TB＝357.43 元，也就是说占 60 000 元的 0.596％

BZF＝21 对应结果是 TB＝511.71 元，占 0.853％

BZF＝13 对应结果是 TB＝749.08 元，占 60 000 元的 1.248％

（3）低贷款利率对应高 SKLV

再研究下一些住房储蓄产品允许的选择合同款型，当客户带来了高的 SKLV 的时候，这个客户就可能能够获得更低的住房储蓄贷款利率了。产品结构开启了用超额的 SKLV 去交换低贷款利率的机会，当 SKLV 越高的时候，原则上贷款利率也减少得越多。高 SKLV 可能由三种途径得到：第一，贷款阶段的数据保持不变，由更高的存款积数得到；第二，存款积数不变，通过贷款积数降低来得到，原因就是住房储蓄贷款低、还款快；第三，就是上面这两点结合。

8）无评价值的住房储蓄产品

个别住房储蓄银行住房储蓄产品，客户每次必须都要提出申请的配贷，住房储蓄银行会给客户提供积聚的住房储蓄存款以及住房储蓄贷款，客户的贷款权利以及还款金额可以在一定范围内选择。

表 4-5　无评价值的住房储蓄产品对比

银行名称	维多利亚住房储蓄协会银行	安联德累斯顿住房储蓄
产品名称	A VVB	R66 ADB
最低还款金额	住房储蓄贷款的 0.7%	住房储蓄贷款的 0.75%
最高还款金额	住房储蓄贷款的 5%	住房储蓄贷款的 2%
还款金额计算公式	BD×BD/2600SGZ	0.02BD/50SGZ（−5）
贷款利率	3.95%	4.20%
最低住房储蓄贷款	2 500	5 000
最高住房储蓄贷款	BS	35SGZ（−5）
贷款手续费	不收取	不收取
计算日	每个工作日	每个季度末
注释	BD：初始的住房储蓄贷款 BS：住房储蓄总额	SGZ：直到配贷时所赚取的利息的总和，直到配贷日的前 5 个月的月初。

（资料来源：Fama E. Foundations of finance: portfolio decisions and securities prices[M]. New York: Basic Books Inc, 1976.）

2. 住房储蓄配贷阶段实务操作（见图 4-2）

1）合同评价

（1）合同评价值计算

住房储蓄银行通常以月末、季末或特定约定日为住房储蓄合同评价日。在评价日对住房储蓄合同进行筛选，对满足最低储蓄时间、最低储蓄金额的合同，进行评价值计算，评价值计算公式为：

$$评价值 = \frac{存款利息总额 \times 评价值系数 \times 超额存款奖励系数}{住房储蓄合同额（以千元为单位）}$$

其中：存款利息总额即累计存款利息。

不同的合同类型有不同的评价值系数，经住房储蓄银行同意，在配贷之前客户可以通过变更合同类型选择另外一个评价值系数。

超额存款的奖励系数是用来奖励超出最低储蓄存款额的那一部分存款，因为如果客户的存款超出了最低储蓄存款额，意味着对住房储蓄集体做出了更多的贡献。超额存款奖励系数的最低值是 1，最高值是 2，计算时要保留小数点之后三位。

$$超额存款奖励系数 = \frac{储蓄存款余额}{50\% 合同额}$$

通过这种计算方式，使得合同额的高低不影响合同在配贷时的排列顺序，也

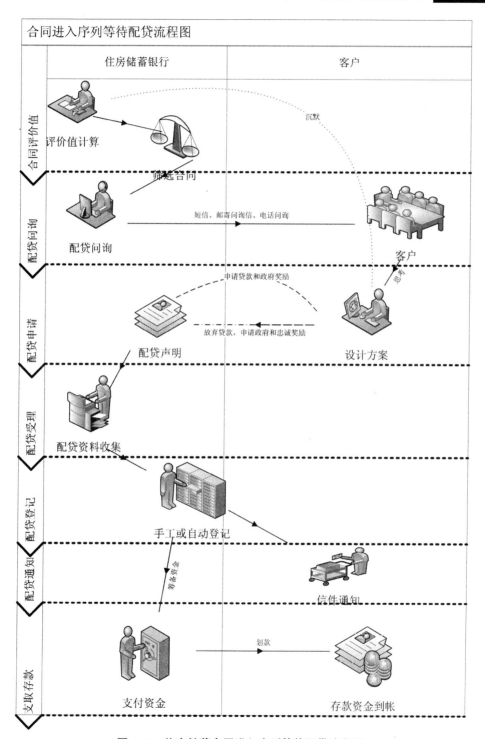

图 4-2 住房储蓄合同进入序列等待配贷流程图

就是说低合同额、高合同额平等对待。在年初的对账单上，客户可以了解到其账户上一年的情况以及达到的评价值。

延伸阅读：评价值的计算

2013 年 12 月 31 日的对账单上显示的数据，合同类型为 AC

住房储蓄合同额：10 万元

存款额：   5 万元（含存款利息）

利息总额：   1 300 元

客户没有进行额外的存款。最低评价值为 8

2013 年 12 月 31 日的评价值

超额存款奖励系数＝50 000/50 000＝1

评价值＝1300×0.4×1/100＝5.2<8

2014 年 10 月 31 日的评价值

利息总额：1300+（50 000×1%×10/12）＝1716.67 元

超额存款奖励系数＝50 000/50 000＝1

评价值＝1716.67×0.4×1/100＝6.867<8

2014 年 12 月 31 日的评价值

利息总额：1 800+（50 000×1%×12/12）＝1800 元

超额存款奖励系数＝50 000/50 000＝1

评价值＝1 800×0.4×1/100＝7.272<8

2015 年 5 月 31 日的评价值

利息总额：1 300+（50 500×1%×5/12）＝2 010.42 元

超额存款奖励系数＝50 500/50 000＝1.01

评价值＝2 010.42×0.4×1.01/100＝8.122>8

在 2015 年 5 月 31 日计算的评价值 8.122 达到了配贷的最低要求，在其他条件满足的情况下住房储蓄合同可以在本年 8 月底给予配贷。

（2）筛选可配贷合同

当合同评价值达到评价值 8 及以上时，把该笔合同列入候补资格。

住房储蓄银行先将具有候补资格的合同据评价值从高到低进行顺序，其次对住房储蓄资金池中的可用资金进行分析，确定可用资金规模，最后按照可用资金按照评价值从高到低进行顺序进行累减合同额，直至为零，将参加累减的合同认定为可配贷合同。

将本次最后认定的可配贷合同对应的评价值的最小值称为本次目标评价值。

2）配贷问询

住房储蓄合同在评价日当天满足了配贷条件，则在评价日之后的第一个月月末，中德银行采用寄发信件、发送短信及电话通知等方式告知住房储蓄客户配贷等事宜。

对配贷问询后、配贷登记前进行合同变更的住房储蓄合同，在合同变更当月月底，中德银行将对变更后的住房储蓄合同是否满足配贷条件进行重新评价。合同变更后仍满足配贷条件的，将最早于变更后的第三个月月末得到配贷。

延伸阅读：中德住房储蓄银行的《配贷问询信》样式

配贷问询信

邮政编码

通讯地址（　　省　　市　　区　　　地址　）

客户名称　　先生/女士

配贷问询书

合同号码：	合同金额：	元
产品名称：	存款利率：	
存款余额：　　　　元	合同签订日期：　　年　月　日	
政府奖励金额：　　元	最早得到配贷日期：　年　月　日	

尊敬的　　　先生/女士，您好！

我们高兴地通知您，您的住房储蓄合同已经达到配贷条件。若您需要使用住房储蓄合同中的资金，请尽快致电 400-611-5588，咨询和办理相关手续。您最早可于****年**月**日使用您的住房储蓄资金。

为使您更加清楚地了解我行的业务政策，我们借此机会向您做如下告知和提示：

1. 若您目前的住房储蓄合同额度不能满足您的用款需求，我行建议您考虑提高合同额或续签合同。

2. 若您暂无用款需求，我行建议您不必急于支取存款，原因如下：

（1）若您不支取存款，您的存款将继续产生利息并享受政府奖励；

（2）支取存款后，您的住房储蓄合同将不可以进行变更和转让，您今后若想灵活处置合同将存在障碍；

（3）您的贷款申请权利在您支取存款后仅保留 26 个月，而不支取存款，您的贷款申请权利可无限期保留。

如果您还有其他疑问，请随时致电 400-611-5588，我们恭候垂询。

中德住房储蓄银行

年　月　日

3）配贷申请（接受或拒绝配贷）

客户收到配贷问询后，应向住房储蓄银行提出书面申请进行配贷声明，并同时提交相关申请材料。配贷问询的选择可分为：①接受配贷，支取存款，要求贷款；②接受配贷，支取存款，以后贷款；③接受配贷，支取存款，放弃贷款；④不接受配贷。

若客户不向住房储蓄银行提交配贷声明，则表示不接受配贷。如客户在配贷月之后需要住房储蓄资金，可向住房储蓄银行提交接受配贷声明，表示接受配贷，则可最早在配贷手续完成的当月月末支取存款余额。

延伸阅读：中德住房储蓄银行《配贷声明》样式

配 贷 声 明

本声明递交给住房储蓄银行即意味着接受住房储蓄合同的配贷，请随此声明递交身份证复印件。以下所有内容请使用黑色中性签字笔或钢笔填写，切勿涂改。

姓名　　　　　　　　住房储蓄合同号码 ＿＿＿＿＿＿＿＿＿＿＿＿＿

配贷问询日期

请在您所选项目前的"○"中填"√"：

○ 要求贷款

○ 暂无贷款意向，保留两年贷款资格，在配贷日支取存款及利息

○ 已有贷款意向，即将办理贷款手续，在配贷日支取存款及利息

○ 已有贷款意向，即将办理贷款手续，合同金额整体在贷款发放日委托支付

○ 放弃贷款

○ 支取全部存款及利息

○ 退还签订合同时缴纳的服务费＿＿＿＿元

○ 申请住房储蓄忠诚奖励

○ 申领政府奖励（请同时填写《政府奖励申领书》）

○ 放弃政府奖励

客户签字　　　　　　联系电话　　　　　　日期

- -

中德住房储蓄银行业务受理机构对以上内容予以确认：

经办人员　　　　　　　　　复核人员

经办机构　　　　　　　　　签字日期

- -

中德住房储蓄银行业务处理部门：

配贷登记：□ 02 要求贷款　　□ 03 放弃贷款

经办：　　　　复核：　　　　日期：

4）配贷受理

住房储蓄银行日常办理配贷业务的咨询和受理，客户可申请办理配贷。

（1）接受配贷的客户携带本人有效身份证明材料、银行卡（折）等资料办理配贷，如需申领政府奖励的，还需一并提供政府奖励申领资料。

（2）住房储蓄银行提供配贷咨询服务，核实客户身份后，指导客户办理配贷手续，协助客户填写《配贷声明》《政府奖励申领书》及《住房储蓄合同配贷支付凭证》，留存客户的有效身份证件、银行卡（折）及政府奖励相关材料复印件，进行系统处理。

（3）申请忠诚奖励客户，应提交放弃贷款的配贷声明或拒贷说明。

5）配贷登记

配贷登记按照业务种类的不同，分为手工配贷登记和自动配贷登记两种。

（1）手工配贷登记。住房储蓄银行按照配贷材料进行手工配贷登记操作后，录入系统。

（2）自动配贷登记。预先或短期接替贷款所对应的住房储蓄合同在满足配贷条件的第二个月月末，系统将自动对住房储蓄合同进行配贷登记。自动配贷登记的住房储蓄合同不再向客户寄送配贷通知书或发送配贷通知短信。

6）配贷通知

住房储蓄银行在系统中完成工作后，打印《配贷通知书》，采用寄信、发送短信等方式通知客户配贷及贷款相关信息。

延伸阅读：中德住房储蓄银行《配贷通知书》

配贷通知书

邮政编码

通讯地址（　省　　市　　区　　地址）

客户名称　　先生/女士

配贷通知书（要求贷款）

尊敬的　　　先生/女士：

　　您好！

　　您的（产品名称）住房储蓄合同（合同号码　　　　　　　　　）将于本月月底得到配贷，合同的情况为：

产品名称：

合同号码：

合同额度：　　　　　　　　　　　元

存款余额：　　　　　　　　　　　元

贷款年利率：　　　　　　　　　　%

政府奖励金额：　　　　　　　　　元

最高贷款额：　　　　　　　　　　元

签订日期：　　　　　年　月　日

　　我行将在合同配贷后，将住房储蓄存款按照您的委托进行划款。您已经可以开始办理贷款手续，如暂不需贷款，我行将为您保留2年的贷款申请权利。

　　如您有疑问，请至我行各网点或致电我行客户服务中心咨询，电话：400-611-5588。

　　此致

敬礼

中德住房储蓄银行

年　月　日

3. 住房储蓄配贷阶段实务案例

1）实务案例描述

2012 年 10 月 15 日，客户张某向住房储蓄银行申请个人住房贷款 65 万元。

2012 年 11 月 15 日，住房储蓄银行向张某发放个人住房贷款 65 万元，期限 288 个月，年利率为基准利率下浮 10%，月供 4 222.4 元。

2013 年 1 月 24 日，客户张某与住房储蓄银行签订 30 万元合同款型存益丰 Y 系列（Y-1）的住房储蓄合同，合同约定存款利率 0.5%，推荐月存款率（‰）：12.20，月推荐存款额：3 660.00 元，政府奖励比例（%）：1.50，贷款利率 3.3%，贷款期限 108 个月。客户张某在签订合同当天一次性存款 150 000 元。

2013 年 2 月 5 日，住房储蓄银行预审通过。

2013 年 2 月 6 日，住房储蓄银行合同开立。

2014 年 9 月 30 日，该份合同符合条件，自动进入配贷序列。

2014 年 10 月 31 日，住房储蓄银行系统对该份合同进行配贷问询，系统向张某发配贷问询短信。

2014 年 11 月 3 日，住房储蓄银行工作人员打印出《配贷问询信》（注 11 月 1—2 日为休息日）。

2014 年 11 月 4 日，住房储蓄银行工作人员向张某寄出《配贷问询信》。

2014 年 11 月 10 日，住房储蓄银行客服人员电话问询张某是否收到《配贷问询信》，了解张某配贷需求。

2014 年 11 月 20 日，住房储蓄银行客服人员将客户需求汇总提交，录入系统。

2014 年 12 月 1 日，客户张某向住房储蓄银行提交了《配贷声明》《政府奖励申请书》及相关材料。

2014 年 12 月 15 日，住房储蓄银行对该份合同配贷登记，客户张某接受配贷，要求贷款。

2014 年 12 月 27 日，客户张某取得《配贷通知书》，向住房储蓄银行申请住房储蓄贷款替换个人住房贷款。

2014 年 12 月 31 日，住房储蓄银行对该份合同进行了配贷支付，成功向客户张某支付存款 155 814 元，并发出支付确认短信。其中：存款本金 150 000 元，存款利息 1 453.5 元，政府奖励 4 360.5 元。

2015 年 1 月 4 日，住房储蓄银行打印客户张某的《配贷支付确认信》（注 1 月 1～3 日为休息日）。

2015 年 1 月 5 日，住房储蓄银行向客户张某寄送《配贷支付确认信》。

2015 年 1 月 9 日，客户凭办理了住房储蓄贷款 150 000 万元替换原个人住房贷款，贷款期限 108 个月，月利率 3.3%，月供 1 608.00 元。

2）实务案例分析及说明

本案列是典型的个人住房贷款联动住房储蓄业务，先发放个人住房贷款解决客户当前住房消费需求，接着通过住房储蓄精算方案向客户张某进行营销，成功签订住房储蓄合同，并一次性存足款项，在最快时间取配贷，进行住房储蓄贷款替换个人住房贷款，将个人住房贷款业务转化成住房储蓄业务。

本案例中张某签订 300000 元的住房储蓄合同目的明确，用于替换个人住房贷款，为了减少配贷时间，没有进行常规存款，而采取一次性存款，将常规存款达到配贷条件需要的时间 41 个月，缩减到 21 个月，快速实现贷款替换。其中存款期间的评价值计算如下：

表 4-6   评价值随时间、存款变动明细表

时间点	存款利息	存款额	超额存款奖励系数	评价值
2013 年 12 月 31 日	702.08	150 702.1	1.005	4.492
2014 年 8 月 31 日	1 204.42	151 204.4	1.005	7.706
2014 年 9 月 30 日	1 267.21	151 267.2	1.005	8.108
2014 年 10 月 31 日	1 330.01	151 330	1.005	8.510
2014 年 11 月 30 日	1 392.8	151 392.8	1.005	8.912
2014 年 12 月 31 日	1 453.5	151 453.5	1.005	9.300

每月底，中德住房储蓄银行对住房储蓄合同的评价值进行一次排序，该笔合同在 2014 年 9 月 30 日的评价值达到 8.108，大于 8；且存款余额为 151 267.2 元，大于合同额的 50%（150 000 元）；存款时间 21 个月，大于最短存款时间 6 个月，故该合同进入配贷序列，取得配贷申请资格。10 月 31 日进行排序后，合同符合配贷条件，住房储蓄银行开始问询，在 12 月 8 日前客户张某向银行提交住房储蓄《配贷声明》，要求贷款，支取政府奖励。12 月 15 日，住房储蓄银行进行了配贷登记，在 12 月 27 日，住房储蓄银行给客户张某《配贷通知书》，12 月 31 日进行存款支付。

4.2.2   支取存款阶段

住房储蓄客户提交配贷声明时，一般要求支取存款和利息、申领政府奖励，选择要求办理贷款。也有客户要求申领政府奖励、支取存款和利息，选择放弃贷款，申请住房储蓄忠诚奖励和退还签订合同时缴纳的服务费。

1. 支取存款和利息

住房储蓄客户在配贷声明中要求支取存款和利息的，存款是客户住房储蓄账户开户至提交配贷申明前存入存款本金，利息是住房储蓄银行按照住房储蓄合同约定利率和结息规则对存款本金支付的资金。

2. 申领政府补贴

政府补贴是对客户用于住房消费的住房储蓄存款按一定比率的财政补贴。住房储蓄产品区别于其他金融产品的最大特点就是政府补贴，政府补贴是住房储蓄产品所覆盖的地区政府为支持此项业务的经营，为办理住房储蓄业务的住房储蓄客户单独提供政府贴息的财政专项支持。

住房消费是指住房的建造、购买、维修和更新，或者是为住房建设的目的服务的行为。另外还有一些其他与住房消费有关的行为，比如：为建造一定的住房而购买建筑用地、清偿用于住房消费项目所欠的债务。住房储蓄银行支付全部政府奖励（补贴）的前提是客户必须向银行提供他将全部储蓄用于存款的证明，如果客户只能证明他将储蓄存款中的一部分用于住房消费，那么他只能得到其相应的那一部分奖金（补贴）。政府补贴的申请和领用是按照相关标准执行的，具体标准如下。

1）住房储蓄客户须提供的证明材料

中德住房储蓄银行客户申请政府奖励提供材料如表 4-7 所示。

表 4-7　中德住房储蓄银行客户申请政府奖励提供材料

序号	购房用途	提供资料
1	购买新建商品住房	（1）《商品房买卖合同》（2）房款发票（销售不动产统一发票）
2	购买私产住房	（1）《房产买卖协议书》（2）房屋交易监管资金收款凭证
3	装修	装修公司或购买装修材料的发票

资料来源：中德住房储蓄银行宣传资料。

2）支付方式

政府奖励的支付方式有三种：连同住房储蓄存款一并支付、连同住房储蓄贷款一并支付和单独支付。

3）单独政府补贴申领流程

客户至受理机构申请单独支付政府补贴，银行通过身份联网核查系统核查客户身份信息，并核查客户申请材料和申请资质后，按照填写规范指导客户填写业务表单，客户签字确认。客户确认后进行系统处理和复核，然后加盖业务专用章，为客户出具业务办理凭证，同时将核定的政府补贴额度划拨至客户指定的银行账户内，同时短信提示客户。

3. 忠诚奖励

近些年来，住房储蓄银行对部分产品进行了升级，如果客户在配贷声明中放弃贷款权利时，住房储蓄银行对部分住房储蓄合同给予一定比例的奖励。

延伸阅读：中德住房储蓄银行 2015 年忠诚奖励政策节选

一、匹配产品

现阶段匹配忠诚奖励政策的住房储蓄产品包括：

产品类型	产品名称
基础 A 类	基础 AA、基础 AB、基础 AC
基础 B 类	基础 BA、基础 BB、基础 BC
美屋产品	美屋一号、美屋二号
直销银行产品	一存定赢、月月丰登

二、奖励比例

2015 年 9 月 1 日（含）后选择上述住房储蓄产品、缔结住房储蓄合同、满足指定存款条件，在不使用住房储蓄类贷款的前提下可以获得忠诚奖励的比例如下：

业务阶段	存续时间	奖励比例
存款阶段	6 个月（含）及以下	0%
	6 个月至 12 个月（含）	1.20%
	12 个月至 24 个月（含）	1.50%
	24 个月至 36 个月（含）	1.80%
	36 个月以上	2.10%
配贷阶段	满足配贷条件	2.50%
	满足配贷条件延续存款超过 12 个月	2.90%

4. 配贷拨付

1）客户申请自主配贷支付

住房储蓄银行凭客户提供的配贷支付凭证，在系统中进行配贷支付的录入，于月末最后一天完成配贷支付会计处理。系统于支付当日向客户发送配贷支付短信，配贷支付成功且无退款后，打印《配贷支付确认信》寄送。

延伸阅读：中德住房储蓄银行《配贷支付确认信》

配贷支付确认信

邮政编码

通讯地址（　省　市　区　　地址）

客户名称　先生/女士

配贷支付确认信

尊敬的　　　先生/女士：

　　您好！

　　我行已于　年　月　日（配贷支付日）将您的住房储蓄合同（合同号码　　合同金额　　元　产品名称　　）的住房储蓄存款　　元支付给您。

　　上述住房储蓄存款中包括可获政府奖励金额　　元，服务费金额　　元，忠诚奖励金额　　元（注：如果金额为 0，则不显示）。

　　支付账户号码：

　　支付账户名称：

　　支付账户开户行：

　　如您有疑问，请到我行各网点进行咨询，亦可致电与我行联系，咨询电话：400-611-5588。

　　此致

敬礼

中德住房储蓄银行

年　月　日

2）预先或短期接替贷款配贷支付

预先或短期接替贷款的还款日为配贷支付日，系统于配贷支付日完成配贷支付处理。住房储蓄贷款发放后，中德银行向客户发送住房储蓄贷款替换预先贷款短信。

4.3.3　住房储蓄贷款阶段运作

住房储蓄合同是一种存贷结合的合同，合同签订前客户需要知道的贷款条件或者合同针对很多可能性的特殊条款，为后期贷款做准备。在存款阶段，客户以存款的方式带来了资金，作为互助，银行给客户配贷，配贷总额包括住房储蓄存款以及住房储蓄贷款额度。

1. 住房储蓄贷款阶段业务概述

住房储蓄贷款是指住房储蓄银行向签订《住房储蓄合同》的客户发放的用于个人住房消费的贷款。贷款的条件、用途、金额、期限利率等要素在住房储蓄合同中约定。住房储蓄类贷款包括：住房储蓄贷款、预先贷款和短期接替贷款。

1）住房储蓄贷款

（1）基本概念

住房储蓄贷款是指客户与住房储蓄银行签订的《住房储蓄合同》，在满足住房储蓄银行相关贷款条件的前提下，由住房储蓄银行按照《住房储蓄合同》约定，利用住房储蓄资金向客户发放的住房消费贷款。

（2）贷款月供计算

如果在时间 $t=0$ 时的住房储蓄银行向客户发放的贷款额为 P，并且约定贷款利率为 i，在每一还款周期期末都有一个等额月供 A，累计还款周期为 n，则计算遵循等额序列支付的公式。

$$P = A \frac{(1+i)^n - 1}{i(1+i)^n}$$

公式推导过程为：

$p = A*(1+i)^{\wedge}(-1) + A*(1+i)^{\wedge}(-2) + A*(1+i)^{\wedge}(-3) + \cdots + A*(1+i)^{\wedge}(-n)$ （1）

两边同乘以 $(1+i)$ 得到：$(1+i)*p = A + A*(1+i) + A*(1+i)^{\wedge}(-1) + A*(1+i)^{\wedge}(-2) + \ldots + A*(1+i)^{\wedge}(-n+1)$ （2）

式（2）－式（1）得到：

$i*p = A - A*(1+i)^{\wedge}(-n)$

即：$i*p = A*((1+i)^{\wedge}n) - 1)/(1+i)^{\wedge}n$

➡ $p = A*((1+i)^{\wedge}n - 1)/(i*(1+i)^{\wedge}n)$

➡ $A = P/((1+i)^{\wedge}n - 1)/(i*(1+i)^{\wedge}n)$

住房储蓄贷款通常是先确定月供 A，然后再推导出期数 n，而个人住房贷款通常是先确定期数 n，然后再推导出月供 A。住房储蓄贷款这样做的好处是便于客户直观计算自己的支出，规划未来的财务收支计划。目前在住房储蓄费率中偿还金额是以‰为单位确定的，其占住房储蓄总额的千分之几。在 6‰的偿还份额的标准费率里，住房储蓄总额为 100 000 元，那么偿还金额＝6‰×100 000＝600 元。从例外情况可以看出，偿还金额率处于最低 3‰，到最高 8‰的范围。住房储蓄贷款清偿越快，偿还金额也越高：

- 偿还金额在 4‰时，清偿时间最长；
- 偿还金额在 6‰时，清偿时间中等；
- 偿还金额在 8‰时，清偿时间最短。

（3）贷款的担保

贷款按有无担保品，可分为信用贷款和担保贷款。

信用贷款是没有担保品、仅依据借款人的信用状况发放的贷款。因为信用贷款没有第二还款来源（担保），仅凭借款人第一还款来源（借款人收入），风险较大，银行一般仅向熟悉的大公司或资质良好的借款人发放，贷款利率高、金额小、期限短。

担保贷款是由借款人或第三人提供担保而发放的贷款。担保贷款以财产或第三者承诺作为还贷保证，贷款风险相对较少。担保方式可细分为：保证、抵押及质押。

保证是指保证人和银行约定，当借款人不履行债务时，保证人按照约定履行债务或者承担责任的行为。保证人可以是法人、其他组织或者自然人。

抵押是指借款人或者第三人不转移财产的占有，将该财产作为贷款的担保。借款人不履行债务时，银行有权以该财产折价或者以拍卖、变卖该财产的价款优先受偿。住房储蓄贷款通常与个人住房贷款组合发放，采取顺位抵押方式较多。

质押是指借款人或者第三人将其动产或权力移交银行占有，将该动产或权利作为贷款的担保。当借款人不履行债务时，银行有权依照法律规定，以其占有的财产优先受偿。其中，借款人或第三人为出质人，银行为质权人，移交的动产或权利为质物。

（4）贷款用途

贷款用途包括购买商品房、购买私产房、购买经济适用房、全额置换他行住房贷款（原贷款所购房屋已取得产权证明）、住房装修、住房大修、新建住房等。

（5）贷款额度

不得超过《住房储蓄合同》中约定的额度。其中：贷款最高额度等于《住房储蓄合同》合同额减存款本金的差额，同时小于等于《住房储蓄合同》合同额减最低存款额的差额。住房储蓄贷款额度可分次使用，用于不同贷款用途。预先及短期接替贷款额度由住房储蓄银行根据借款申请人的资信、经济状况等情况确定，最高不超过《住房储蓄合同》的合同额。

（6）贷款期限

住房储蓄贷款的最长期限不得超过《住房储蓄合同》的产品参数表期限。

延伸阅读：中德住房储蓄银行产品参数表节选

合同类型	合同款型	贷款利率 （年利率%）	月度还款比率（等额本息） （月度还款占合同额的%）	最长还款期（月）
A类产品	AA	3.3	7.8	71
	AB	3.3	6	95
	AC	3.9	4.4	143
B类产品	BA	3.3	7.8	71
	BB	3.3	6	95
	BC	3.9	4.4	143
C类产品	CA	3.7（优惠3.3）	5.46（优惠5.36）	108
	CB	3.7（优惠3.3）	4.05（优惠3.95）	156
	CC	4.3（优惠3.9）	3.61（优惠3.51）	192
H类产品	HA	5.3	7.6	78
	HB	5.3	6.1	102
	HC	5.3	5.38	120
存益丰产品	Y-1	3.3	5.36	108
	Y-2	3.3	5.36	108

数据来源：中德住房储蓄银行住房储蓄合同参数表。

2）预先贷款及短期接替贷款

住房储蓄合同有常规存款方式下月度存款比率和达到配贷条件需要的时间，但在配贷日前是不确定的，因为住房储蓄银行没有义务把还没有配贷的合同在一个固定的时间点上把贷款支付出去。满足配贷候补资格人的前提条件也许需要住房储蓄客户自己去断定了，他们无法可靠的掌握，他们的合同在评价值达到了最低评价值的情况下是否会立刻被予以配贷，因为住房储蓄银行不允许提前许诺目标评价值。配贷等待期与新业务和资金进入情况以及对配贷规模的需求和其他的内部外部的影响因素有关，配贷等待期是永远无法被精准预测的。

住房储蓄客户想要实现他的融资愿望之前要等待配贷，对于客户来说是很不方便的。但是这个也不是完全必要的，因为对于实际经验来讲，融资工具自从住房储蓄的合同的生效就已经开始了，合适情况下，减少了住房储蓄的等待期，这种融资工具就是住房储蓄合同的预先和短期接替贷款。在住房储蓄客户愿意承担与此有关的附加利息费用的情况下，他通过预先和短期接替贷款，在配贷之前就可以获得其合同的住房储蓄总额大小的资金。

（1）预先贷款

预先贷款是指客户与住房储蓄银行签订的《住房储蓄合同》未满足最低存款要求，并且尚未满足其他得到配贷的条件的情况下，因个人住房消费需要提前融资，在满足住房储蓄银行相关贷款条件的前提下，由住房储蓄银行利用住房储蓄资金预先向其发放的按期还息、按期规律存款，待其对应的《住房储蓄合同》得到配贷后，以住房储蓄合同资金一次性替换贷款本金的固定利率住房储蓄类贷款。

（2）短期接替贷款

短期接替贷款是指客户的《住房储蓄合同》已满足最低存款要求、但尚未满足其他得到配贷的条件的情况下，由住房储蓄银行利用住房储蓄资金向其发放短期接替性的按期还息，待其对应的《住房储蓄合同》得到配贷后，以住房储蓄合同资金一次性替换贷款本金的固定利率住房储蓄类贷款。

3）住房储蓄类贷款不同产品的比较

住房储蓄类贷款不同产品的比较如表 4-8 所示。

表 4-8　住房储蓄类贷款不同产品比较

事项	住房储蓄贷款	预先贷款	短期接替贷款
是否签订了住房储蓄合同	是	是	是
存款余额是否达到合同额的 50%	曾达到，现已支取，余额为零	否，但达到住房储蓄银行的要求	是
评价值	大于 8	小于 8	小于 8
是否已配贷	是	否	否
不同住房储蓄合同是否可以组合	可以	可以	可以
贷款用途	购居住用途土地、房屋、大修、建造、装修、置（替）换、偿还私债	购居住用途土地、房屋、大修、建造、装修、置（替）换	购居住用途土地、房屋、大修、建造、装修、置（替）换
最高贷款额度	住房储蓄合同额的 50%	住房储蓄合同额	住房储蓄合同额
贷款最长期限	住房储蓄合同约定最长还款期	住房储蓄合同的配贷前景期 + 6 个月，到期后自动替换成住房储蓄贷款	住房储蓄合同的配贷前景期 + 6 个月，到期后自动替换成住房储蓄贷款
贷款利率	住房储蓄合同约定	住房储蓄银行定期自行公布	住房储蓄银行定期自行公布
利率是否浮动	固定利率	固定利率	固定利率
还款方式	住储等额或等额本息	按月还息	按月还息
担保方式	信用、保证、抵押、质押	信用、保证、抵押、质押	信用、保证、抵押、质押
提前还款	可以部分还款或提前结清	可以一次性提前结清，不允许部分还款	可以一次性提前结清，不允许部分还款

2. 住房储蓄贷款阶段实务操作

1）咨询受理

住房储蓄贷款受理主要包含贷前咨询和贷款受理两个环节。

（1）贷前咨询

①贷前咨询的渠道和方式。住房储蓄银行应通过现场咨询、窗口咨询、电话银行、网上银行、业务宣传手册等渠道和方式，向拟申请住房储蓄贷款的个人提供有关信息咨询服务。

②住房储蓄贷款贷前咨询的主要内容：品种介绍、贷款条件、提供的资料、贷款的程序、贷款利率、还款方式、还款金额、获取银行资料的渠道等。

（2）贷款受理

①接受申请。贷款受理人应要求申请人填写借款申请书，并按照银行要求提交相关申请材料。对于有共同申请人的，应同时要求共同申请人提交有关申请材料。申请材料清单如下：

a. 合法有效的身份证件，包括居民身份证、户口本、军官证等；

b. 借款人偿还还款能力证明材料，包括收入证明和有关资产证明等；

c. 合法有效的住房消费合同；

d. 涉及抵押或质押担保的，需提供抵押物或质押权利的权属证明文件以及有处分人同意抵（质）押的书面证明（一般操作模式下，财产共有人在借款（抵押）合同上直接签字，可无书面声明）；

e. 涉及保证担保的，需保证人出具同意提供担保的书面承诺，并提供能证明保证人能力的证明材料。

f. 住房消费的证明材料，如购房首付款证明材料；

g. 配贷通知或住房储蓄合同查询单；

h. 银行规定的其他文件和资料。

②初审。贷款受理人应对借款申请人提交的借款申请书及申请材料进行初审，主要审查借款人申请人的主体资格及借款申请人所提交材料的完整性与规范性。

如果借款人提交材料不完整或不符合材料要求规范，应要求申请人补齐材料或重新提供有关材料。

如果不予受理，应退回贷款申请并向申请人说明原因。

经初审符合要求后，贷款受理人应将借款申请书及申请材料交贷前调查人员进行贷前调查。

2）贷前调查

贷前调查是对借款人提供的全部文件、材料的真实性、合法性、完整性、可行性和对借款人的品行、信誉、偿债能力、担保手段落实情况等进行的调查和评估。

（1）调查方式及要求

贷前调查可以采取审查借款申请材料、面谈借款申请人、查询个人信用、电话调查、实地调查等多种方式进行。

①审查借款申请材料。贷前调查人通过审查借款申请材料了解借款申请人的基本情况、借款住房消费（如所购房屋）情况、贷款担保情况等。

②面谈借款申请人。贷前调查人必须至少直接与借款申请人（包括共同申请人）面谈一次，面谈可以在受理贷款申请的同时进行。贷前调查人应通过面谈了解借款申请人的基本情况、借款人住房消费情况及调查人员认为应调查的其他内容。贷前调查人与申请人面谈应做相应记录，内容主要为可能存在真实性风险的内容、申请材料中未包含但应作为贷款审批依据的内容、以及其他可能对贷款产生重大影响的内容。面谈记录可以采取书面记录形式由贷前调查人确认签字后存档作为贷款审批依据，也可以由贷前调查人在贷款申请表中做相应表述。

（2）调查内容

贷前调查人在调查借款申请人基本情况、贷款基本情况、借款用途情况、贷款担保等情况时，应重点调查以下内容：材料一致性、审核借款申请人（包括代理人）身份证明、对借款申请人的信用情况进行调查、审核借款申请人偿还能力证明、审核住房消费合同或协议、审核担保材料、审核贷款真实性等。对存在虚假行为的，不予贷款。

3）贷款审核

贷款审核人负责对借款申请人提交的材料进行合规性审查，对贷前调查人提交的调查审批表、调查报告、面谈记录的内容是否完整进行审查。贷款审核人认为需要补充材料和完善调查内容的，可要求贷前调查人进一步落实。贷款审核人对贷前调查人提交的材料和调查内容的真实性有疑问的，可以进行重新调查。

贷款审核人审核完毕后，应对贷前调查人提出的调查意见和贷款建议是否合理、合规等在调查审批表上签署审核意见，连同申请材料、面谈记录、调查审批表等一并交贷款审批人进行审批。

4）贷款审批

（1）审批

贷款审批人依据住房储蓄银行各类住房储蓄贷款办法及相关规定，结合国家宏观调控政策或行业投向政策，从住房储蓄银行利益出发审查每笔贷款业务的合规性、可行性及经济性，根据借款人的偿付能力以及抵押担保的充分性与可行性等情况，分析该笔业务预计给住房储蓄银行带来的收益和风险。

贷款审批人应对以下内容进行审查：借款人资格和条件是否具备、借款用途是否符合银行规定、申请借款的金额和期限等是否符合有关贷款办法和规定、借款人提供的材料是否完整合法有效、贷前调查人的贷款建议是否准确合理、对报批贷款的主要风险点及其风险防范措施是否合规有效等。

（2）提出审批意见

贷款审批人对贷款业务的审批意见类型有同意和否决两种。

①"同意"表示完全同意按申报的方案（包括借款人、金额、期限、还款方式、担保方式等各项要素）办理该笔业务。

②"否决"表示不同意按申报的方案办理该业务。发表"否决"意见应说明具体理由。

对于决策意见为"否决"的业务，申报机构认为有充分的理由时，可提请重新审议（称为复议），但申请复议时申报机构须针对前次审批提出的不同意理由补充相关资料，原信贷审批部门有权决定是否安排对该笔业务的复议。提请复议的业务，申报及审批流程和新业务相同。对原申报业务材料中已提供的材料，可不重复报送。

（3）审批意见落实

信贷经营部门应根据贷款审批人的审批意见做好以下工作。

①对未获批准的借款申请，贷前调查人应及时告知借款人，将有关材料退还，并做好解释工作，同时做好信贷拒批记录存档。

②对需补充材料的，贷前调查人应按要求及时补充材料后重新履行审核、审批程序。

③对经审批同意或有条件同意的贷款，信贷经办人员应及时通知借款申请人并按要求落实有关条件、办理合同签约和发放贷款等。

5）贷款发放

住房储蓄银行分支机构按照总行要求设立个人贷款中心，负责已审批同意的贷款的签约与发放工作。对经审批同意的贷款，贷款发放人员应首先通知借款申请人以及其他有关签约人。

（1）填写合同

贷款发放人员根据审批意见确定应使用的合同文本并填写合同。在填写有关合同文本过程中，应当注意以下问题。

①合同文本应统一使用总行制订的个人贷款有关合同文本；必要时各一级分行可根据实际情况对总行制订的合同文本个别条款进行统一修改、补充，统一适用于该行所辖区域，经本行法律部门审核后报总行备案，但不得因单笔业务对合同文本条款进行修改。对单笔贷款有特殊要求的，可以在合同中的其他约定事项中约定。

②合同填写必须做到标准、规范、要素齐全、数字正确、字迹清晰、不错漏、不潦草，防止涂改。

③贷款金额、贷款期限、贷款利率、担保方式、还款方式、划款方式等有关条款要与贷款最终审批意见一致。

（2）审核合同

①合同填写完毕后，填写人员应及时将有关合同文本交合同复核人员进行复核。同一笔贷款的合同填写人与合同复核人不得为同一人。

②合同复合人员负责根据审批意见复核合同文本及附件填写的完整性、准确性、合规性，主要包括：文本书写是否规范，内容是否与审批意见一致；合同条款填写是否齐全、准确；文字表达是否清晰；主从合同及附件是否齐全等。

③合同文本复核人员应就复核中发现的问题及时与合同填写人员沟通，并建立复核记录，交由合同填写人员签字确认。

（3）签订合同

合同填写并复合无误后，贷款发放人员应负责与借款人（包括共同借款人）、担保人（抵押人、出质人、保证人）签订合同。

①在签订（预签）有关合同文本前，应履行充分告知义务，告知借款人（包括共同借款人）、保证人等合同签约方关于合同内容、权利义务、还款方式以及还款过程中应当注意的问题等。

②借款人、担保人为自然人的，应当面核验签约人身份证明之后由签约人当场签字；如果签约人委托他人代替签字，签字人必须出具委托人委托其签字并经公证的委托授权书。对保证人为法人的，保证方签字人应为其法定代表人或其授权代理人，授权代理人必须提供有效的书面授权文件。

③对采取抵押担保方式的，应要求抵押物共有人在相关合同文本上签字。

④借款人、担保人等签字后，贷款发放人员应将有关合同文本、调查审批表和合同文本复核记录等材料送交借款合同有权签字人审查，有权签字人审查通过后在合同上签字或加盖个人签字笔迹制作的个人名章，之后按照用印管理规定负

责加盖住房储蓄银行贷款合同专用章。

⑤住房储蓄银行可根据实际情况决定是否办理合同公证。

（4）落实贷款发放条件

贷款发放前，贷款发放人员应落实有关贷款发放条件。主要包括：

①确认借款人住房消费行为已发生（如购房首付款已全额支付或到位）。

②借款人所购房屋为新建房的，要确认项目工程进度符合监管部门规定的有关放款条件。

③需要办理保险、公证等手续的，有关手续已经办理完毕。

④对采取委托扣划还款方式的借款人，要确认其已在住房储蓄银行指定的银行开立还本付息账户用于归还贷款。

⑤对于采取抵（质）押的贷款，要落实贷款抵（质）押手续。

a. 对采取抵押加阶段性保证担保方式的贷款，落实保证手续后可发放贷款。贷款发放后，如果具备抵押落实条件要及时办妥抵押登记手续，并取得房地产他项权证。

b. 对于已取得房屋所有权证书的房屋抵押的贷款，委外办理的，要核实抵押登记真实性，要在贷款发放前办妥抵押登记手续，并取得房屋他项权证。原则上，到房屋管理部门取房屋他项权证不得委外。

c. 对于权利质押的，在贷款发放前，住房储蓄银行要取得质押权利凭证，并对质押权利凭证进行查询和认证，办妥冻结支付手续；需要办理登记的，还要办妥质押登记手续。

⑥对自然人作为保证人的，应明确并落实履行保证责任的具体操作程序。对保证人有保证金要求的，应要求保证人在住房储蓄银行存入不少于 6 期还本付息额的保证金。

（5）贷款划付

①贷款发放条件落实后，贷款发放人员应填写或打印个人贷款开立贷款账户通知书，交业务主管审核签字后，加盖公章或业务专用章，送会计部门作为开立贷款账户的依据。

②会计部门根据贷款开立贷款账户通知书，开立账户、划款。

③贷款发放人员应按照合同约定将贷款发放、划付到约定账户，按照合同约定需要借款人到场的，应通知借款人持本人身份证件到场协助办理相关手续。

6）贷后管理

贷后管理是指住房储蓄贷款发放后到合同终止期间贷款有关事宜的管理与处

置、抵押物管理、贷款信息管理、贷款档案管理等。

1）合同内容变更

①合同履行期间，有关合同内容需要变更的，必须经当事人各方协商同意，并签订相应变更协议。在担保期限内，根据合同约定必须事先征得保证人同意的，须征得担保人的书面同意。如需办理抵押变更登记的，还应到原抵押登记部门办理变更抵押登记手续及其他相关手续。

②合同变更事宜应由合同当事人（包括借款人、担保人等）亲自持本人身份证件办理或委托代理人代办。委托代理人代办的，经办人员应要求代理人持经公证的委托授权书和本人身份证件办理，并将委托书原件和代理人身份证件（复印件）留存。

③合同变更事项包括：借款期限的调整、分期还款额的调整、还款方式的变更、担保的变更等。

④对借款人在合同履行期间死亡、宣告失踪或丧失民事行为能力的处理措施。

（2）贷后检查

①检查要求主要有以下两个。

a. 按照住房储蓄银行等规定及时对住房储蓄贷款进行风险分类。

b. 对正常、关注类贷款可采取抽查的方式不定期进行，对次级、可疑、损失类贷款采取全面检查方式，每季度至少进行一次贷后检查。贷后检查应形成书面报告，经主管或负责人签字后及时归档。

②贷后检查的主要手段包括：监测贷款账户、查询不良贷款明细台账、电话回访、见面访谈、实地检查、监测资金使用等。

③检查的主要内容包括：借款人依合同约定归还贷款本息情况、借款人信息的变更、借款人还款能力和还款意愿的因素变化、担保变化、对合作项目和合作机构的回访与检查、预先贷款的存款情况等。

3. 住房储蓄贷款阶段实务案例

1）实务案例描述

2011 年，李先生夫妇签订了一份 AA 合同类型的住房储蓄合同，合同额 100 万元，2015 年 9 月已配贷。李先生出生于 1970 年，在某医院工作，月收入 10 000 元，其配偶张某出生于 1975 年，经营一家餐厅，月收入 8 000 元。2015 年 11 月李先生准备首次购买一套价值 100 万元的普通住宅，计划用已支取的住房储蓄存款 50 万元支付首付款，余款通过申请住房储蓄贷款 50 万元支付解决。

经住房储蓄银行客户经理调查，李先生夫妇无不良信用记录，也无其他负债，确认其家庭月稳定收入为 18 000 元，测算李先生月还款额＝合同额×月度还款比率（7.8‰）＝1 000 000×7.8‰＝7 800 元，借款人家庭所有负债支出与收入比＝（本次月还款额＋已有负债的月还款额）/家庭月收入＝（7 800+0)/18 000＝43.33％<50％，认为李先生家庭有偿还能力，同时调查李先生购房首付款占总房款比率为 50/100＝50％，用所有房屋产权抵押，符合银行规定，故客户经理上报了该笔贷款，经银行审批后，办理了抵押手续，于 2015 年 12 月发放住房储蓄贷款（AA款型）50 万元，贷款期限 71 个月，年利率 3.3％，月还款额 7 800 元。

2）实务案例分析及说明

李先生夫妇是有生活计划的人，2011 年签订住房储蓄合同后，按照常规存款月度存款比率进行缴存，2015 年 9 月配贷后，支取存款交了 50 万元的首付款，剩余 50 万元行使住房储蓄贷款请求权，住房储蓄银行按照合同约定，进行审查后，拨付 50 万元的住房储蓄贷款，年利率 3.3％，期限 71 个月，实现了李先生夫妇的心愿。

复习思考题

1. 住房储蓄业务运作的两个阶段是什么？
2. 住房储蓄合同配贷日如何计算？
3. 试计算 30 万元 AA 类型住房储蓄合同的存款月推荐额和贷款的月还款额。

参考文献及扩展阅读建议

[1]住房和城乡建设部住房保障司，住房城乡建设部公积金监管司. 国外住房金融研究汇编[M]. 北京：中国城市出版社，2009.

[2]朱国虎. 美、德、新三国住房金融制度比较研究[D]. 吉林大学硕士学位论文，2012.

[3]Fama E. Foundations of finance: portfolio decisions and securities prices[M]. New York: Basic Books Inc, 1976.

第9章

住房储蓄风险管理

本章学习目标

- 掌握风险、风险管理及全面风险管理的含义
- 了解并掌握住房储蓄银行风险管理体系
- 掌握银行风险的主要类别及每种风险的内涵
- 掌握住房储蓄银行风险管理的流程
- 掌握住房储蓄银行风险管理的五种主要策略
- 掌握个人客户基本信息分析的主要内容
- 了解不同的信用风险缓释技术的主要内容、作用及其处理方法
- 理解并掌握如何利用自我评估法和关键风险指标法评估操作风险
- 理解并掌握操作风险监测的作用和方法

延伸阅读：银行柜台风险案件频发 监管层表态绝不姑息

针对近期银行风险案件频发，监管层为柜台业务"立规矩"，严守业务管理、风险合规及审计监督"三道防线"，对风险事件相关负责人严肃问责，绝不姑息。

近期，工商银行、农业银行等多家银行被爆料柜台业务风险案件频发，个案涉及金额动辄千万甚至上亿元，再次将银行的管理漏洞问题推上风口浪尖。

《投资者报》记者梳理近两个月多家银行"存款失踪""员工卷款潜逃"等事件发现，其一，向来风控严格的银行出现此类事件，与员工管理疏忽大意不无关系；其二，投资者面对高"贴息揽储"、高回报"过桥贷"等陷阱诱惑，缺少风险意识也成为重要原因。

对此，银监会日前发布了《关于加强银行业金融机构内控管理有效防范柜面业务操作风险的通知》，该《通知》要求，严守业务管理、风险合规及审计监督"三道防线"，同时要求银行业"看好自己的门""管好自己的人"，加强营业场所和员工行为的管理。

资料来源：投资者报。

5.1 住房储蓄风险管理基本原理

5.1.1 风险与全面风险管理

风险是指对住房储蓄银行实现既定目标可能产生影响的不确定性，这种不确定性既可能带来损失也可能带来收益。本书主要关注带来损失的不确定性。

风险管理是指通过建立健全风险管理组织体系，识别、计量、监控和报告总体风险状况，确保将风险控制在与银行总体目标相适应并可承受的范围之内的过程和方法，如经济资本管理、限额管理等。

住房储蓄银行风险管理的发展经历了几个阶段，目前已进入全面风险管理阶段。本书所称全面风险管理是指住房储蓄银行董事会、监事会、高级管理层和全行员工各自履行相应职责，有效控制涵盖全行各个业务层次的全部风险，进而为银行各项目标的实现提供合理保证的过程。

全面风险管理的原则包括以下几个。

①匹配性原则

全面风险管理体系应当与风险状况和系统重要性等相适应，并根据环境变化进行调整。

②全覆盖原则

全面风险管理应当覆盖各个业务条线，包括本外币、表内外、境内外业务；覆盖所有分支机构、附属机构，部门、岗位和人员；覆盖所有风险种类和不同风险之间的相互影响；贯穿决策、执行和监督全部管理环节。

③独立性原则

住房储蓄银行应当建立独立的全面风险管理组织架构，赋予风险管理条线足够的授权、人力资源及其他资源配置，建立科学合理的报告渠道，与业务条线之间形成相互制衡的运行机制。

④有效性原则

住房储蓄银行应当将全面风险管理的结果应用于经营管理，根据风险状况、市场和宏观经济情况评估资本和流动性的充足性，有效抵御所承担的总体风险和各类风险。

5.1.2　住房储蓄银行风险管理组织体系

住房储蓄银行应建立由董事会负最终责任、监事会有效监督、高级管理层直接领导，以风险管理部门为依托，相关业务部门和职能部门密切配合，覆盖所有分支机构、所有业务及流程的全面风险管理组织体系。

董事会是住房储蓄银行全面风险管理的最高决策机构，对全面风险管理工作的有效性负责。董事会负责全行风险体系的建立和监管。董事会风险管理委员会负责制定全行风险战略和风险管理政策，并对其实施进行监督，同时对全行整体风险状况进行定期评估。

监事会对全面风险管理治理架构和全面风险管理体系的建立和完善进行监督，对董事会、高级管理层履行全面风险管理职责情况进行监督。监事会有权了解全行重大风险管理决策、执行及重大风险、重大事件等情况，提出风险管理监督意见或建议。

高级管理层具体负责全面风险管理工作在全行的组织实施，执行董事会制订的风险偏好和风险管理策略，制订风险管理的程序和规程，管理各项业务所承担的风险，把整体风险控制在可容忍程度内，提高风险调整后收益水平。

在全面风险管理框架下，总行风险管理部负责全面风险管理日常工作，信用风险、市场风险、操作风险和流动性风险等具体风险类别的管理由相应部门牵头负责。

各分支机构的管理层对所辖各类风险防控负首要责任，主要包括：执行风险偏好和策略；组织、协调和监督所辖各类风险管理工作，建立健全相关风险管理流程；定期对所辖业务的各类风险进行评估，将评估结果及时报告和沟通。

全行各部门、各级机构均在全面风险管理中承担相应职责，主要包括：执行各项风险管理制度、承担日常管理决策和业务运营中的各类风险的具体管理职责；定期对所辖业务的各类风险进行评估并报告；及时报告和沟通重大风险、突发事件、应对与控制方案等。

内控合规部门根据有关规定和安排，做好全行内部控制与合规体系建设、管理、监督和评价。

内部审计部门根据住房储蓄银行有关规定和安排，对全行全面风险管理体系和效果进行审计监督。

5.1.3　住房储蓄银行风险的主要类别

根据商业银行的业务特征及诱发风险的原因，巴塞尔委员会将商业银行面临的风险划分为信用风险、市场风险、操作风险、流动性风险、国家风险、声誉风险、法律风险以及战略风险八大类。住房储蓄银行作为专业化商业银行，为了有效识别、计量、监测和控制风险，有必要对其所面临的各类风险进行正确分类。

1. 信用风险

因借款人或交易对手未按照约定履行义务从而使住房储蓄银行业务发生损失的风险。

2. 市场风险

因市场价格的不利变动而使住房储蓄银行业务发生损失的风险。

3. 操作风险

由不完善或有问题的内部程序、人员及系统或外部事件所造成损失的风险，包括法律风险，但不包括战略风险和声誉风险。

4. 流动性风险

虽然有清偿能力，但无法及时获得充足资金或无法以合理成本及时获得充足资金以应对资产增长或支付到期债务的风险。

5. 国家风险

国家风险是指经济主体在与非本国居民进行国际经济金融往来时，由于别国往来、政治和社会等方面的变化而遭受损失的风险。

6. 声誉风险

由住房储蓄银行经营、管理及其他行为或外部突发事件导致的，引发媒体关注或负面评价，可能对住房储蓄银行的社会声誉、品牌形象造成消极影响或损失的风险。

7. 法律风险

商业银行的日常经营活动或各类交易应当遵守相关的商业准则和法律原则。在这个过程中，因为无法满足或违反法律要求，导致商业银行不能履行合同、发生争议/诉讼或其他法律纠纷，而可能给商业银行造成经济损失的风险，即为法律风险。

8. 战略风险

住房储蓄银行战略决策失误、经营策略不适当或外部经营环境变化而导致的风险。

5.1.4　风险管理流程

风险管理流程是指包括风险识别、风险度量、风险控制、风险监测与风险报告等一系列风险管理活动的全过程。风险管理流程应能贯彻执行既定的战略目标，与银行风险管理文化相匹配。

风险识别是指对影响住房储蓄银行各类目标实现的潜在事项或因素予以全面识别，鉴定风险的性质，进行系统分类并查找出风险原因的过程。

风险度量是指在通过风险识别确定风险性质的基础上，对影响目标实现的潜在事项出现的可能性和影响程度进行度量的过程。风险度量通常采取定性与定量结合的方法。

风险控制是指在风险度量的基础上，综合平衡成本与收益，针对不同风险特性确定相应的风险控制策略，采取措施并有效实施的过程。常见的风险控制策略包括：风险规避、风险分散、风险对冲、风险转移、风险补偿等。

风险监测是指监测各种可量化的关键风险指标和不可量化的风险因素的变化和发展趋势，以及风险管理措施的实施质量与效果的过程。

风险报告是指在风险监测的基础上，编制不同层次和种类的风险报告，遵循报告的发送范围、程序和频率，以满足不同风险层级和不同职能部门对于风险状况的多样性需求的过程。

在引进或采取新的产品、业务、程序和系统时，应对其实施风险识别、度量、控制、监测和报告等一系列风险管理活动。

5.1.5　风险管理策略

从经营风险的角度考虑，住房储蓄银行应当基于自身风险偏好（Risk Appetite）来选择其应承担或经营的风险，并制定恰当的风险管理策略以有效控制和管理所承担的风险，确保住房储蓄银行稳健运行，不断提高竞争力。

住房储蓄银行通常运用的风险管理策略可以大致概括为风险分散、风险对冲、风险转移、风险规避、风险补偿和风险缓释等。

上述风险管理策略是住房储蓄银行在风险管理实践中的策略性选择，而不是诸如岗位/流程设置、经济资本配置等具体风险控制机制。

1. 风险分散

风险分散是指通过将资金分配在回报率相互之间的关联性比较低的多种资产上，从而达到分散风险的目的。风险分散对住房储蓄银行信用风险管理具有重要意义。根据多样化投资分散风险的原理，住房储蓄银行的信贷业务应是全面的，而不应集中于同一区域、同一产品、同一性质甚至同一个借款人。住房储蓄银行可以通过资产组合管理的方式，使自己的授信对象多样化，从而分散和降低风险。一般而言，实现多样化授信后，借款人的违约风险可以被视为是相互独立的（除了共同的宏观经济因素影响，例如经济危机引发的系统性风险），大大降低了住房储蓄银行面临的整体风险。

2. 风险对冲

风险对冲是指通过投资或购买与标的资产（Underlying Asset）收益波动负相关的某种资产或衍生产品，来冲销标的资产潜在的风险损失的一种风险管理策略。

风险对冲对管理市场风险（利率风险、汇率风险、股票风险和商品风险）非常有效，由于近年来信用衍生产品的不断创新和发展，风险对冲也被广泛用来管理信用风险。与风险分散策略不同，风险对冲可以管理系统性风险和非系统性风险，还可以根据投资者的风险承受能力和偏好，通过对冲比率的调节将风险降低到预期水平。利用风险对冲策略管理风险的关键问题在于对冲比率的确定，这一比率直接关系到风险管理的效果和成本。可以分为自我对冲和市场对冲两种情况。

①自我对冲是指住房储蓄银行利用资产负债表或某些具有收益负相关性质的业务组合本身所具有的对冲特性进行风险对冲。

②市场对冲是指对于无法通过资产负债表和相关业务调整进行自我对冲的风险，通过衍生产品市场进行对冲。

3. 风险转移

风险转移是指通过购买某种金融产品或采取其他合法的经济措施将风险转移给其他经济主体的一种策略性选择，是一种事前控制贷款风险的有效手段。

风险转移的方式有很多，主要有三类：一是合同转移，即借助合同法，通过与有关方面签订连带风险在内的合同，将风险转移给对方。二是采用保险方式，对那些属于保险公司承保的险种，可通过投保把风险全部或部分转移给保险公司。三是利用各种风险交易工具转嫁风险。

由于保险存在着许多优点，所以通过保险来转移风险是最常见的风险管理方式。需要指出的是，并不是所有的风险都能够通过保险来转移，因此，可保风险必须符合一定的条件。

4. 风险规避

风险规避是指住房储蓄银行拒绝或退出某一业务或市场，以避免承担该业务或市场风险的策略性选择。简单地说就是：不做业务，不承担风险。

在现代住房储蓄银行风险管理实践中，风险规避可以通过限制某些业务的经济资本配置来实现。例如，住房储蓄银行首先将所有业务面临的风险进行量化，然后依据董事会所确定的风险战略和风险偏好确定经济资本分配，最终表现为授信额度和交易限额等各种限制条件。对于不擅长且不愿承担风险的业务，住房储蓄银行对其配置非常有限的经济资本，并设立非常有限的风险容忍度，迫使该业务部门降低业务的风险暴露，甚至完全退出该业务领域。

没有风险就没有收益。风险规避策略在规避风险的同时自然也失去了在这一业务领域获得收益的机会。风险规避策略的局限性在于其是一种消极的风险管理策略，不宜成为住房储蓄银行风险管理的主导策略。

5. 风险补偿

风险补偿是指住房储蓄银行在所从事的业务活动造成实质性损失之前，对所承担的风险进行价格补偿的策略性选择。对于那些无法通过风险分散、风险对冲、风险转移或风险规避进行有效管理的风险，住房储蓄银行可以采取在交易价格上附加更高的风险溢价，即通过提高风险回报的方式，获得承担风险的价格补偿。住房储蓄银行可以预先在金融资产定价中充分考虑各种风险因素，通过价格调整来获得合理的风险回报。对住房储蓄银行而言，风险管理的一个重要内容就是对所承担的风险进行合理定价。如果定价过低，将使自身所承担的风险难以获得合理的补偿；定价过高又会使自身的业务失去竞争力，陷入业务萎缩的困境。

6. 风险缓释

风险缓释是指通过风险控制措施来降低风险的损失频率或影响程度。风险缓释的作用是降低了债项违约时的实际损失，从而可以弥补债务人资信不足的缺点，提高债项的吸引力。

5.1.6　住房储蓄银行风险与资本

1. 资本的概念和作用

对住房储蓄银行资本最传统的理解就是会计资本（也称账面资本），是住房储蓄银行资产负债表中资产减去负债后的所有者权益部分，包括实收资本、资本公积、盈余公积、一般准备和未分配利润等。

住房储蓄银行以负债经营为特色，其资本所占比重较低，融资杠杆率很高，因此承担着巨大的风险。正是因为住房储蓄银行时刻面临着风险的挑战，其资本所肩负的责任和发挥的作用比一般企业更为重要，主要体现在以下几个方面：

第一，资本为住房储蓄银行提供融资。与其他企业一样，资本是住房储蓄银行发放贷款（尤其是长期贷款）和其他投资的资金来源之一。它和住房储蓄银行负债一样肩负着提供融资的使命。

第二，吸收和消化损失。资本的本质特征是可以自由支配，是承担风险和吸收损失的第一资金来源。因此，资本金又被称为保护债权人免遭风险损失的缓冲器。

第三，限制业务过度扩张和风险承担，增强银行系统的稳定性。住房储蓄银行在高风险高收益、做大做强的目标驱动下，难以真正实现自我约束。监管当局通过要求银行所持有的资本不得低于最低资本充足率要求，以降低银行倒闭的风险。

第四，维持市场信心。市场信心是影响住房储蓄银行安全性和流动性的直接因素，对住房储蓄银行信心的丧失，将直接导致住房储蓄银行流动性危机甚至市场崩溃。住房储蓄银行资本金作为保护存款人利益的缓冲器，在维持市场信心方面发挥着至关重要的作用，同时也是监管机构实施严格资本监管的重要理由和目标。

第五，为风险管理提供最根本的驱动力。资本是风险的第一承担者，因而也是风险管理最根本的动力来源。在住房储蓄银行的经营管理活动中，风险管理始终都是由代表资本利益的董事会来推动并承担最终风险责任的。

2. 监管资本与资本充足率要求

监管资本指监管当局规定银行必须持有的资本。监管当局一般是规定银行必须持有的最低资本量，所以监管资本又称最低资本（minimum capital）。最低资本是监管当局的规定，所以必须是明确和可以实施的。计算方法应当事先确定。对不同银行的最低资本可以进行横向和纵向比较。

资本充足率是指资本与风险加权资产的比率，这里的资本就是监管资本，是在住房储蓄银行实收资本的基础上再加上其他资本工具计算而来，代表了银行对负债的最后偿债能力。银行用少量资本运营大量债权资产，以此来获得高回报率，这就是"杠杆原理"，但这也是银行产生系统风险的根源之一。以监管资本为基础计算的资本充足率，是监管当局限制住房储蓄银行过度风险承担行为、保障市场稳定运行的重要工具。

小贴士：《巴塞尔资本协议》

为使国际活跃银行有一个公平竞争的基础，十国集团（G10）于 20 世纪 70 年代初成立了巴塞尔委员会，专门研究对国际活跃商业银行的监管问题。1988 年，巴塞尔委员会发布了旨在统一对国际活跃银行进行监管的标准——《统一资本计量与资本标准的国际协议》，即《巴塞尔资本协议》，首次提出了资本充足率监管的国际标准，并且提出了合格的监管资本的范围。虽然当时资本充足率的计算只包括了信用风险资产，而且计算方法也比较粗糙，但是用比例控制商业银行风险的方法为巴塞尔委员会随后完善风险监管体系留出了发展空间。

1999 年 6 月，巴塞尔委员会提出了以最低资本充足率要求、监管部门监督检查和市场约束三大支柱为特色的新资本协议框架草案，并广泛征求意见。2004 年，巴塞尔委员会发布《统一资本计量和资本标准的国际协议》（修订框架）。2006 年发布的《巴塞尔新资本协议》（完全版）增加了对交易账户和双重违约的处理。

美国次贷危机后，2010 年，巴塞尔委员会对巴塞尔协议II进行了修订，出台了巴塞尔协议III，主要包括以下内容。

一是提高资本充足率要求。巴塞尔协议III将核心一级资本充足率、一级资本充足率的最低要求提高到 4.5%和 6%，引入了留存超额资本缓冲，提升银行吸收经济衰退时期损失的能力，建立与信贷过快增长挂钩的逆周期超额资本计提，对大型银行提出附加资本要求，降低"大而不能倒"带来的道德风险。

二是严格资本扣除限制。对于少数股权、商誉、递延税资产、对金融机构普通股的非并表投资、债务工具和其他投资性资产的未实现收益、拨备额与预期亏损之差、固定收益养老基金资产和负债等计入资本的要求有所改变。

三是扩大风险资产覆盖范围。提高"再资产证券化风险暴露"的资本要求、增加压力状态下的风险价值、提高交易业务的资本要求、提高场外衍生品交易（OTC derivatives）和证券融资业务（SFTs）的交易对手信用风险（CCR）的资本要求等。

四是引入杠杆率。为弥补资本充足率要求下无法反映表内外总资产的扩张情况的不足，减少对资产通过加权系数转换后计算资本要求所带来的漏洞，推出了杠杆率，并逐步将其纳入第一支柱。

五是加强流动性管理，降低银行体系的流动性风险，引入了流动性监管指标，包括流动性覆盖率和净稳定资产比率。同时，巴塞尔委员会提出了其他辅助监测工具，包括合同期限错配、融资集中度、可用的无变现障碍资产和与市场有关的监测工具等。

3. 经济资本及其应用

经济资本是指住房储蓄银行在一定的置信水平下，为了应对未来一定期限内资产的非预期损失而应该持有的资本金。它是与"监管资本（RC, Regulatory Capital）"相对应的概念。经济资本从银行内部讲，是应合理持有的资本。从银行所有者和管理者的角度讲，经济资本就是用来承担非预期损失和保持正常经营所需的资本。它是根据银行资产的风险程度的大小计算出来的。计算经济资本的前提是必须要对银行的风险进行模型化、量化。这样才能计算出各个业务部门或各个业务产品所需要的资本来。经济资本的一个重要特点，就是它是指所"需要的"资本，"应该有"多少资本，而不是银行实实在在已经拥有的资本。经济资本是基于全部风险之上的资本，是一种虚拟的资本。

经济资本是当代金融业高度发达和面临风险日趋复杂的客观现实下，开始注重内部资本管理，并出现了超越资本监管的要求而产生的全新风险管理理念。经济资本不仅能防范风险，而且能创造价值。经济资本管理（Economic Capital Management）是商业银行建立资本制约机制，控制经济资本的合理、适度增长，并提高资本回报率水平，有效降低经营风险的一种全面管理，其实质就是全面控制风险。经济资本管理不仅能够有效控制风险，更重要的是能够加快有效发展，它是当前商业银行比较先进的管理手段，在我国商业银行的广泛应用，必将引起银行业新一轮的效益增长。一是用经济资本的杠杆作用来配置资源，能够有效提高全行资金的回报率。二是转变业务增长方式。彻底改变贷款是加快有效发展的唯一出路的错误思想，大力组织存款和发展中间业务，用经济资本管理的理念为产品定价，确定发展何种业务，应怎样发展，对达不到经营成本的亏损业务坚决放弃。三是有助于住房储蓄银行制定科学的业绩评估体系。目前国内绝大多数银行安排的年度经营计划目标都以利润额和业务量为主，以利润和业务计划的实际完成情况作为绩效评价和考核结果，并以此进行等级排名和薪酬奖励。这种考评标准最直接的后果就是风险头寸随着业务规模的扩张迅速积累，利润虚增，一旦风险事件发生，就会导致经营利润账实不符，不良资产层出不穷。而经济资本理念所倡导的经济增加值（EVA，economic value added）和风险调整后的资本收益率（RAROC，risk adjusted returnon capital）概念则可有效解决利润虚增的问题。以经济资本理念为核心的绩效评价系统通过引入风险成本和资本成本对收益进行调整，将各项因素分解到各部门和各产品，从机制上引导业务单位和业务人员统筹考虑收益与成本、市场与风险的关系，从而能够更加科学合理地评判业务单位和业务人员的经营绩效，并施加相应的奖励或惩罚，从而能够对员工的绩效给出更客观公正的评价。

以经济资本配置为基础的经风险调整的业绩评估方法，克服了传统绩效考核中盈利目标未充分反映风险成本的缺陷，促使住房储蓄银行将收益与风险直接挂钩，体现了业务发展与风险管理的内在平衡，实现了经营目标与绩效考核的协调一致。[①]

小贴士：经济资本与监管资本

　　经济资本与监管资本都应当能够反映住房储蓄银行的真实风险水平，两者之间既有区别又有联系。

　　经济资本是住房储蓄银行为满足内部风险管理的需要，基于历史数据并采用统计分析方法（一定的置信水平和持有期）计算出来的，是一种虚拟的资本，在经济资本自己配置过程中并不发生实质性的资本分配；监管资本是外部监管当局要求住房储蓄银行根据自身业务及风险特征，按照统一的风险资本计量方法计算得出的，是住房储蓄银行必须在账面上实际持有的最低资本。

---

① 中国银行业从业人员资格认证办公室.风险管理[M].北京：中国金融出版社，2007.

虽然经济资本和监管资本在计算方法和管理目的上存在差异，但出于银行业不断重视和加强风险管理的需要，监管资本呈现逐渐向经济资本靠拢的趋势。监管当局希望能够提高监管资本对住房储蓄银行风险的敏感度，重视发挥住房储蓄银行在风险计量过程中的作用，把监管资本的计算建立在住房储蓄银行实际风险水平之上。

住房储蓄银行账面（或会计）资本的数量应当不小于经济资本的数量。账面（或会计）资本是住房储蓄银行可以利用的资本，虽然不与风险直接挂钩，但是风险造成的任何损失都会反映在账面上。住房储蓄银行应当确保一旦发生非预期损失或灾难性损失时，所持有的账面资本能够保障其安全渡过难关。

5.2 住房储蓄流动性风险管理

5.2.1 住房储蓄资金池理论及流动性风险的产生

1. 住房储蓄的封闭性

在传统的商业银行业务中，资金的来源和去向是相对独立的，从参与主体角度，主要体现在资金供给方（储蓄人）与资金需求方（借款人）的相对独立性。商业银行先通过一定的融资工具从资金供给方手中获得资金，再利用投资工具对资金加以运用。住房储蓄业务则不同，"先存后贷、存贷结合"的特点决定了资金供给方最终将转化为资金的需求方，而资金需求方也必然来自于资金的供给方。住房储蓄业务在客户身份上形成了一个闭环。也正是如此，住房储蓄业务要求用于发放住房储蓄贷款的资金应当来源于住房储蓄存款，住房储蓄存款原则上仅可用于发放住房储蓄贷款。当然，为了提高资金的使用效率，富余的住房储蓄资金也可以用于进行住房储蓄贷款以外的投资，但投资额度和比例是受到严格控制的。在德国，监管当局非常强调住房储蓄集体对住房储蓄银行的资金贡献和使用比，该比例过高，说明住房储蓄银行对住房储蓄资金的使用不充分，比例过低，则说明住房储蓄集体的集体索取大于集体贡献，住房储蓄模式不可持续。

住房储蓄的封闭性结构决定了住房储蓄业务与传统商业银行存贷业务在资金管理上的根本不同点。资金供给方向资金需求方转换的必然性使得住房储蓄银行对资金的来源具有更高的稳定性和计划性要求，吸收的住房储蓄存款最终必然转化为住房储蓄者的贷款权利，住房储蓄存款吸收得越多，木米承担的贷款义务也就越大，进而需要吸收更多新的住房储蓄存款以应对贷款发放要求。

2. 资金池管理结构

住房储蓄业务的封闭性决定了住房储蓄资金的封闭性，正是由于这种封闭性的运作特点，为住房储蓄的资金池管理方式提供了天然的优势土壤。

所谓资金池结构（Cash Pooling Structure），也称为现金总库，是银行用于资金管理的自动调拨工具，其主要功能是实现资金的集中控制[①]（见图 5-1）。其最早是由跨国公司的财务公司与国际银行联手开发的资金管理模式，以统一调拨集团的全球资金，最大限度地降低集团持有的净头寸。

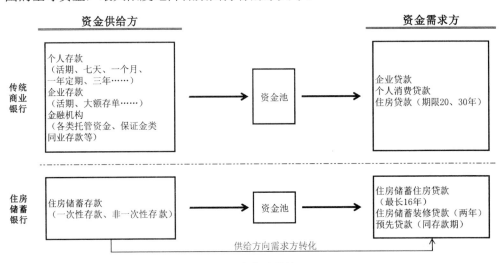

图 5-1　资金池结构

通常，资金池管理具有如下几点好处。

①统一的资金集中。能够帮助银行实现对分支机构收入款的快速、自动集中，以利于银行对资金的统一管理和运作，提升资金利用效率。

②规范的资金配置使用。有利于银行实现对分支机构各项资金支出的周期额度管理和自动化管理，加强财务控制的同时减少人力成本。

③周密的支付管控。在企业资金高度集中的前提下，满足分支机构的支付需求，配合支付额度控制的方式实现周期限额控制。

④灵活的资金计价。针对需要对资金流动进行成本核算的银行，资金池中的内部计价功能可有效地满足各分支机构之间和业务条线之间的内部资金核算

---

① 花旗银行给出的定义。

需要。

⑤最低的资金成本管理。资金池账户可进行日间透支、日终清算，各分支机构账户可日间透支，实现整个集团资金的最低成本和最有效的流动性。

⑥风险隔离。以"池"的概念将某一类业务集中，有利于对特定风险的识别、计量，实行统一管理。

除了上述一般意义上资金池管理的优势外，住房储蓄资金池管理还具有两个特殊的意义。

①明确了资金的来源和去向。在封闭的住房储蓄资金池管理要求下，资金池内的资金必须来源于住房储蓄存款，即住房储蓄参与者对资金池的资金贡献；资金池内的资金只能用于向住房储蓄参与者发放住房储蓄贷款，即住房储蓄参与者向资金池的资金索取。需要注意的是，为了提高资金的使用效率，住房储蓄存款余额超过住房储蓄贷款余额的部分可以进行住房储蓄业务以外的投资，但为了保证住房储蓄集体对资金的使用需求，这部分资金占总资金池的比例不得过高，且只能投资于风险低、变现能力强的金融资产。

②揭示了住房储蓄业务的风险特点。在明确了住房储蓄资金来源和去向的前提下，住房储蓄的存款资金全部来源于固定利率的住房储蓄存款，贷款资金全部用于发放固定利率的住房储蓄贷款。这在一定程度上规避了住房储蓄业务的市场利率风险。

另外，住房储蓄的信用增进功能能够有效防止信用违约风险的发生。正是由于住房储蓄"先存后贷"的业务模式，住房储蓄参与者想要获得住房储蓄贷款，必须先进行住房储蓄存款。在这一模式下，如果住房储蓄参与者能够规律地进行住房储蓄存款，那么我们相信其也能够规律地进行住房储蓄贷款还款。这也是为什么住房储蓄银行更鼓励客户选择规律性的存款计划。

可以看出，封闭式的资金池管理降低了住房储蓄业务的利率风险和信用风险。海森博格（Heisenberg）说过，当增加了一个变量的确定性的同时，或导致另一个变量的不确定性增加。住房储蓄就是如此。规避了利率风险和信用风险的同时，加大了流动性风险的不确定性和管理难度。基于住房储蓄的资金运作逻辑，一切住房储蓄贷款都是基于住房储蓄存款而产生的，因此在封闭资金池的管理要求下，资金的去向具有可识别性和可预期性。要满足住房储蓄资金池的流动性需求，关键在于住房储蓄存款的管理。住房储蓄存款的管理包含两个层面：一是新签合同存款，取决于新业务的营销能力；二是存量合同存款，取决于业务质量和服务品质。

3. 住房储蓄资金池流动性的管理要点

通过对资金池概念和住房储蓄封闭性逻辑的阐述，现在我们给出住房储蓄资金池的描述：所谓住房储蓄资金池，是指住房储蓄银行将发行多款住房储蓄产品募集到的资金汇集起来，形成一个"大池子"。同时，住房储蓄银行对池子里的资金进行统一管理和投资，投向一个由住房储蓄类贷款、其他住房类贷款、债券等多元化产品组成的集合性资产包，并将此资产包的整体收益作为住房储蓄业务收益的主要来源。住房储蓄银行利用资金与资产的期限错配赚取期限溢价，并通过住房储蓄产品的循环发行来保证"大池子"中资金的稳定性。

根据封闭式的资金池特性，住房储蓄业务的流动性管理首先应从产品设计着手。由于住房储蓄银行"封闭运营"的特性，银行流动性管理的着眼点在于流入的存款量和新业务量，也就是说有源源不断的新客户签署住房储蓄合同，使得住房储蓄者集体能够长期稳定的发展是关键。其次应以配贷资金的充足性为核心。住房储蓄银行应保持充足的可用资金，满足客户配贷的需要。最后，要兼顾合同的构成结构和期限结构。住房储蓄银行应随时监控、调整合同的组成结构，并对合同类型分布进行分析，重点对大额度和一次性存足全部存款的合同实施控制。同时，关注住房储蓄资产与负债的期限一致性，保证到期现金流的匹配程度。

4. 住房储蓄流动性的定义及产生原因

巴塞尔银行监管委员会制定的《有效银行监管的核心原则》将流动性风险定义为：流动性风险是指银行无力为负债的减少或资产的增加提供融资的可靠性，即当银行流动性不足时，无法以合理的成本迅速增加负债或变现资产获得足够的资金，从而影响其盈利水平。

作为流动性风险的特殊情形，住房储蓄流动性风险遵从巴塞尔银行监管委员会给出的一般性定义。但这里我们给出住房储蓄流动性的另外一种定义，以突出住房储蓄业务的封闭性特点：所谓住房储蓄流动性风险，是指住房储蓄银行无法通过住房储蓄集体取得足额的住房储蓄存款资金，用于支付住房储蓄客户的存款以及依据住房储蓄合同按时向住房储蓄客户发放住房储蓄贷款的风险。

可以看出，流动性本身所解决的核心问题是经营主体的资金流入是否能够满足资金流出要求。但由于业务性质的不同，传统商业银行与住房储蓄银行在流动性上的管理目标有所不同。商业银行的流动性风险管理目标是保证盈利能力，住房储蓄银行对住房储蓄流动性风险管理的目标是住房储蓄业务的可持续经营。

住房储蓄银行流动性风险产生的原因可以归纳为如下两点。

1) 合同约定

客户依照住房储蓄合同约定履行住房储蓄存款义务，必然产生相应的住房储蓄贷款权利[①]。相对应地，现在的住房储蓄资金池存款流入迟早会转化为住房储蓄贷款发放。这种基于合同约定、流入和流出挂钩的现金流结构决定了住房储蓄业务具有天然的、较高的流动性风险。

2) 资金池的封闭性

在开放性的资金管理模式下，金融机构拥有更多的融资渠道和融资手段，其流动性管理侧重于通过对现金流的准确匹配以降低利率波动风险，实质是盈利性的管理。以"以存定贷、存贷挂钩"为特征的住房储蓄业务，其资金池的封闭性限制了该类业务的融资途径，因此，有计划、有规律、平稳持续地开展住房储蓄活动是住房储蓄流动性的重要保证。

5.2.2　SKLV 管理

1. SKLV 的定义和推导

从住房储蓄特有的资金池特点可以看出，资金池的流动性风险是住房储蓄业务的主要风险，核心关注点是住房储蓄存款对住房储蓄贷款的可覆盖性。换言之，在任意时刻，住房储蓄银行都应该保证其住房储蓄资金池内的住房储蓄存款余额不小于住房储蓄贷款余额。公式表示为：

$$\frac{DB}{LB} \geqslant 1$$

其中 DB 表示存款余额（Deposit Balance），LB 表示贷款余额（Loan Balance）。

即根据时点上的流动性要求，可知：

$$\frac{DB_S}{LB_S} \geqslant 1, \forall S \in [t-1, t]$$

从而有

$$\frac{\int_{t-1}^{t} DB_S ds}{\int_{t-1}^{t} LB_S ds} \geqslant 1 \tag{5-1}$$

用 ΔI 和 i 分别表示瞬时存款利息和存款利率，ΔJ 和 j 分别表示瞬时贷款利息

---

① 值得注意的是，贷款权利并不等同于贷款发放，贷款权利是指客户可申请的贷款发放额度。贷款权利向贷款发放转化的两个必要条件是：①客户具有明确的使用贷款意图，并向住房储蓄银行发出申请；②经住房储蓄银行审定，该客户符合贷款条件，准予发放。

和贷款利率,可知:

$$\Delta I = DB \times i \times \Delta t$$
$$\Delta J = LB \times j \times \Delta t$$

等式两边同时积分,

$$\int_{t-1}^{t} DB_s ds = \frac{I_t}{i}$$

$$\int_{t-1}^{t} LB_s ds = \frac{J_t}{j}$$

带入式(5-1),得到:

$$\frac{I_t / i}{J_t / j} \geqslant 1 \qquad\qquad (5\text{-}2)$$

可以看到,当住房储蓄资金池在 t-1 到 t 的时间段上满足流动性要求时,必须有式(5-2)成立。德国将式(5-2)左边的部分定义为 SKLV(德文 Sparer-Kassen-Leistungsverhältnis 的缩写),这是德国住房储蓄监管体系及住房储蓄银行实际经营中,用于衡量住房储蓄流动性的核心指标。

2. SKLV 的分类

1)单一产品 SKLV

从上述的推导过程可以看出,SKLV 衡量的是住房储蓄客户对住房储蓄资金池的贡献与其对住房储蓄资金池的索取的比例关系。在产品设计时,产品条款明确规定了最低存款额度和最短存款时间,以及可获得贷款的贷款期限和贷款还款比例。依据条款计算客户的存款利息收入和贷款利息支出,并根据条款明确的存贷利率,通过 SKLV 公式计算所得的 SKLV 值即为单一产品 SKLV。单一产品 SKLV 衡量了客户与住房储蓄银行的权利义务关系,表明客户在满足何种存款条件下,可以获得怎样的贷款权利。单一产品 SKLV 值的高低直接影响住房储蓄银行的实际运营管理,较低的 SKLV 值,意味着要么更多的客户主动放弃贷款权利,要么需要更多的新增住房储蓄客户,以满足住房储蓄资金池的资金平衡。

2)集体 SKLV

如果说单一产品 SKLV 是对住房储蓄流动性的事前控制,那么集体 SKLV 则属于事中控制和事后监管。所谓集体 SKLV,是指在一个配贷日,所有接受配贷或终止合同的储户做出的贡献与获得贷款的客户自储户集体获得的利益之间的关系。集体 SKLV 的计算要素与单一产品 SKLV 值相同,均为存贷款的利息和利率。为了保证集体资金池健康持续运转,集体 SKLV 值应至少为 1。在一家住房储蓄银行开办业务初期，由于没有或极少发放贷款，其集体 SKLV 值会非常高。集体 SKLV 的计算公式为：

$$集体SKLV = \frac{存款利息支出/平均存款利率}{贷款利息收入/平均贷款利率}$$

5.2.3　资产负债管理

资产负债管理（Asset-Liability Management，ALM），被称为是一种通过谨慎地协调资产和负债管理，使一家金融机构的经营更具有稳健性与盈利性的方法，其本质是流动性与盈利性的双重管理。资产负债管理策略包括如下几种。

1. 资产流动性管理策略

住房储蓄的资产流动性管理包含两个方面的内容。一是资产流动性管理要求以持有流动资产（如现金和可交易证券）的形式来储存流动性。当需要流动性时，售出流动性资产，收回现金以满足住房储蓄银行的现金需求。资产流动性管理的特点是风险小，但会产生较大的机会成本，同时，高流动性的资产往往盈利性不高。二是作为住房储蓄独有的业务特点，住房储蓄存款最终将转化为住房储蓄贷款，作为表外或有资产的住房储蓄贷款权利和潜在贷款权利，直接决定了住房储蓄流动性水平。

2. 负债流动性管理策略

负债流动性管理策略又称融资流动性策略，即有足够的融资能力，以满足所有的流动需要。对住房储蓄业务而言，在可持续的经营假设下住房储蓄存款是唯一的融资来源，因此，住房储蓄的负债流动性管理核心在于新业务的拓展能力和存量业务品质。负债管理是银行担负着更高的风险，但是因为银行不必再为保持流动性而保有低收益率的流动性资产，从而提高了银行的盈利。

3. 资产负债平衡管理策略

资产负债平衡管理策略是指一些预期的流动性需要以资产储备的形式存在，另一些预期的流动性需要由新增业务、存量业务续存款和存量贷款资金回流来支持，未预料到的现金需要由短期借款满足。对长期流动性需要做出预期，通过能滚动变成现金的中、短期贷款满足流动性需要。协调资产和负债的管理，能够使机构的经营更加稳健，同时更具盈利性。资产负债管理实质上是对流动性和盈利性的双重管理。

1）缺口管理

缺口管理包括以下两个方面的内容。

一是未来某一时点的预期存款余额与预期贷款余额的差额部分。这一缺口用来衡量未来的住房储蓄资金池的流动性缺口。其核心在于两个方面的识别和计量：①住房储蓄业务稳定性以及合同质量的评估；②住房储蓄或有资产的产生以及或有资产向资产转化的比率。流动性缺口管理是住房储蓄流动性管理的基础手段，如果预期未来资金池余额不足，则可能发生流动性问题；如果预期未来资金池余额过剩，则表示住房储蓄资金运用不够充分，大量住房储蓄资金闲置在住房储蓄体系外。

二是利率敏感性资产与利率敏感性负债的差额部分。这一缺口管理工具在住房储蓄银行管理中有两个作用。一是衡量住房储蓄资金池富余资金进行池外运作的净利息收入对市场利率的敏感程度。正缺口表明住房储蓄银行在利率上升时获利，利率下降时受损；负缺口表明住房储蓄银行在利率上升时受损，利率下降时获利；零缺口表明住房储蓄银行对利率风险处于"免疫状态"。二是用来管理当住房储蓄资金池发生流动性危机时，利率的风险敞口。一般而言，住房储蓄银行的资金缺口值越大，那么住房储蓄银行所承受的利率风险也就越大。如果住房储蓄银行能够准确预测利率走势的话，住房储蓄银行可利用较大资金缺口赚取较大的利息收入，也可在有效管理住房储蓄流动性风险的同时，尽可能降低流动性补充成本。

2）久期管理

久期管理是住房储蓄银行通过对总资产和总负债久期缺口的调整，使银行保持一个正的权益净值。久期是衡量现金流的加权平均时间，当市场利率变动时，不仅各项利率敏感资产和负债的收益与支出会受到影响，利率不敏感资产与负债的市场价值也会发生变化，久期缺口管理可以用来分析银行的总体利率风险。

久期的数学表达式如下：

$$D = \frac{\sum C_t \times t (1 + R_t)^{-t}}{P}$$

其中 D 表示久期，t 表示金融工具期限，C_t 表示金融时期 t 中的现金流，R_t 表示贴现率，即时期 t 中的市场利率，P 表示金融工具的现值。

我们知道，P 可以表示为 $P = \sum C_t (1 + R_t)^{-t}$，对两边进行微分，得到：

$$\frac{dP}{P} = -D \cdot \frac{dR}{(1 + R)}$$

该公式反映收益率的变化对金融产品价格的影响，而且影响程度将取决于这种金融产品的存续期的长短：存续期越长，它的变动幅度也就越大。对银行整个资产和负债的久期的一般公式可以表示为：

$$D_A = X_{1A}D_{1A} + X_{2A}D_{2A} + \cdots + X_{nA}D_{nA}$$
$$D_L = X_{1L}D_{1L} + X_{2L}D_{2L} + \cdots + X_{nL}D_{nL}$$

其中 D_A 表示银行总资产的久期，D_L 表示银行总负债的久期。$X_{1j}, X_{2j}, \cdots, X_{nj}$（$j=A, L$）代表每一种资产或负债的市场价值在其所在银行的整个资产组合或整个负债组合的市场价值中各自所占的比重，且 $X_{1j} + X_{2j} + \cdots + X_{nj} = 1$。

则当市场利率变动时，资产 A 的现值和负债 L 的现值变动可由下式表示：

$$\Delta P_A / P_A = -D_A \cdot \Delta R / (1 + R)$$
$$\Delta P_L / P_L = -D_L \cdot \Delta R / (1 + R)$$

上式表明当市场利率变动时，银行资产价值和负债价值的变动方向和市场利率变动的方向相反，而且银行资产与负债的久期越长，则资产和负债价值变动的幅度越大，即利率风险越大。

久期缺口是指银行资产久期与负债久期和负债资产系数乘积的差额。用公式表示为：$D_{GAP} = D_A - \mu D_L$。其中 D_{GAP} 为久期缺口，D_A 为资产久期，D_L 为负债久期，μ 为负债资产系数。

若以 ΔN_W 表示净值变动额，我们可以得到下式：

$$\frac{\Delta N_W}{P_A} = -\left(DA - DL \cdot \frac{P_L}{P_A}\right)\frac{\Delta R}{1 + R} = -D_{GAP}\frac{\Delta R}{1 + R}$$

由该式可以看出，只要存在久期缺口，不管是正缺口还是负缺口，金融机构都面临利率变动的风险。一般情况下，金融机构如果处于久期正缺口，那么将面临利率上升、证券价格下降的风险；如果金融机构处于久期负缺口，那么将面临利率下降、证券价格上升的风险。所以，久期缺口绝对值越大，利率风险敞口也就越大。

久期缺口模型反映了在市场利率变动时，金融机构资产与负债净值的市场价值变动。它是以现金流量的相对现值为权数，计算出的资产与负债中每次现金流量距离到期的加权平均期限，从而表达了现金流的时间价值。久期管理就是通过对利率的预测，金融机构相机调整资产和负债期限结构，使其控制或实现一个正的资本净值，并且降低金融机构再投资或融资的利率风险。

久期缺口模型的真正价值在于它把资产负债管理的重点集中在更加广泛的利率风险上，使银行管理者能够准确估计利率变化对银行资产负债价值及银行净值的影响程度。因此，与利率敏感资金缺口模型相比，久期是一种衡量资产或负债的利率敏感程度的更为全面且更为精确的方法，久期缺口模型比利率敏感资金缺口模型在利率风险管理方面更具有精确性。

3）随机规划模型

随机规划模型被广泛地用于不确定性下的决策过程。随机规划模型主要是通过运用事件树、生成场景等元素，来为金融机构的资产配置提供一个描述未来资产价格、收益和风险等不确定因素在某种概率条件下的变动趋势的分析框架。金融机构在处理资产负债管理中会面临复杂的限制条件，随机规划模型为其提供了一种动态方法，为金融机构大批量地处理和分析多种不确定因素的影响提供了可能性。

多阶段随机规划的数学表达式为：

$$\max_{x_1}\left\{f_1\left(X_1\right)+E_{W_2}\left[\max_{x_2}\left(f_2\left(X_2\right)+\cdots+E_{W_T/W_{T-1}}\left[\max_{x_2}\left(f_2\left(X_2\right)\right)\right]\right)\right]\right\} \text{ s.t.}$$

$$A_1 X_1 = b_1$$
$$B_2 X_1 + A_2 X_2 = b_2$$
$$B_3 X_2 + A_3 X_3 = b_3$$
$$B_T X_{T-1} + A_T X_{T-1} = b_4$$
$$l_1 \leqslant x_1 \leqslant u_1$$
$$l_t \leqslant X_t \leqslant u_t, \ t = 2,3\cdots T$$

$A_1 \in R^{m_1 n_1}$ 和 $B_1 \in R^{m_1}$ 表示了对第一阶段的决策 X_1 的限制，$A_t \in R^{n_t \times n_t}$，$B_t \in R^{n_{t-1} \times n_{t-1}}$，$B_t \in R^{m_t}$（$t = 2,3\cdots T$）则表示对补偿决策 X_2，X_3，$\cdots X_T$ 的随机限制。

而 $E_{W_T/W_{T-1}}$ 则表示信息过程 w 在时间 t 的状态 W_t 对时间 t-1 的状态 W_{t-1} 的条件期望。

信息过程 w 表示决策过程中的随机因素，比如收益率水平、利率水平及工资水平等。从上式可以看出：最优决策 $X^0 = \left(X_1^0, X_2^0,\cdots, X_T^0\right)$ 取决于信息过程的随机结果 $W = \left(W_1, W_2,\cdots W_T\right)$。在每个阶段，前一阶段的决策通过随机矩阵 B_t 来影响当前问题，其决策过程可表示如下：

$$X_1 \to W_2 \to X_3 \to \cdots \to W_T \to X_T$$

在多阶段随机规划中，通常以有限状态的离散型概率分布来近似连续型随机系数的概率分布，这种离散型的概率分布一般以情景树的形式来表达。情景树中的每一个节点都有有限个分歧，以表示在各节点，各随机系数只有有限种可能状态。情景树中的每一条路径就称为情景，一般来说，分枝越多，近似的效果也就越好，但分枝增加，决策变量也会倍增，增加模型求解的难度。在情景树中，节点代表决策点，在每一节点，决策者根据当前判断及历史经验，做出决策。

5.2.4　现金流管理

现金流匹配法实质上也是盈利性与流动性的双重管理方法。其基本思想就是通过对所购资产和所募集负债进行管理，使金融机构资产现金流与负债现金流在时间上和数量上相匹配。在开放式的资金管理上，金融机构通过这一手段使得资金流入与资金流出相匹配，减少因未来利率不确定而导致拆入成本过高的风险，以消除利率风险。对于住房储蓄来说，封闭性的资金池使得在业务正常经营的情况下，其资金来源只能是住房储蓄存款。因此在流动性管理的问题上，住房储蓄银行使用现金流匹配的管理手段，更多地侧重于管理其业务发展和或有资产结构，规避流动性风险。

在住房储蓄银行的实务操作上，现金流管理方法通常被应用于两个方面：一是常态业务场景下的现金流管理。在常态业务下，住房储蓄银行主要关注对合同存款流入、配贷及解除存款支付、住房储蓄贷款发放以及贷款回收的预测，以指导实际业务经营，保证资金池健康稳定。二是极端业务场景下的现金流管理。在极端业务场景下，存量住房储蓄资金池余额与资金流入项的合计不足以覆盖资金流出项，住房储蓄银行需要临时向外部寻求短期资金援助。这时与其他金融机构一样，住房储蓄银行更加关心从外拆借的资金成本对银行利润的影响，此时的现金流管理手段与一般金融机构的开放式管理相同，强调资产和负债的利率敏感性。

1. 常态化的现金流管理

配贷及解除存款支付、住房储蓄贷款发放以及贷款回收的分析和预测方法较为简单，这里重点介绍几种合同存款流入的估计方法。

1）分离法

在分离法中，记合同签订年为 $i = 0, 1, 2, \cdots$，进展年为 $j = 0, 1, 2, \cdots$，则 $i+j$ 为存款年。其基本假设是认为不同合同签订年，在同一个存款年受到的外界影响是一样的。第 $i+j$ 个存款年所受到的外来因素影响的总效应记为 λ_{i+j}。

分离法的基本工具是存款流量三角形（$F_{i,j}$），如表 5-1。

表 5-1　存款流量三角形

合同签订年 i	进展年 j				
	0	1	2	⋯	k
0	$F_{0,0}$	$F_{0,1}$	$F_{0,2}$	⋯	$F_{0,k}$
1	$F_{1,0}$	$F_{1,1}$	$F_{1,2}$	⋯	—
2	$F_{2,0}$	$F_{2,1}$	⋮	—	—
⋮	⋮	⋮	—	—	—
K	$F_{k,0}$	—	—	—	—

　　分离法假设各合同签订年在各进展年的存款进展平均而言是平稳的，即 $E\left(F_{i,j}\right)=\alpha_i\beta_j$。其中 $\alpha_i=E\left(F_{i,0}\right)$ 表示合同签订年 i 在进展年 0 的存款额，β_j 表示进展年 j 的存款比例。

　　令 x_i 表示合同签订年 i 所有合同的全部存款。

　　p_j 表示合同签约年 i 在第 j 个进展年支付的存款占全部存款的比例，从而有

$$E\left(F_{i,j}\right)=x_i p_j，\text{ 其中 } \sum_{j=0}^{\infty} p_j=1。$$

　　一般来说，我们会先进行存款次数的估计。总的存款次数的估计，可以基于存款次数流量三角形。记 n_i 为合同签订年 i 发生的总存款次数，$u_{i,j}=\dfrac{f_{i,j}}{n_i}$，则在 n_i 给定的条件下，我们有 $E\left(u_{i,j}\right)=\dfrac{x_i}{n_i}\times p_j$，式中 $u_{i,j}$ 表示合同签订年 i 在进展年 j 的每份合同平均每次存款的存款额；而 $\dfrac{x_i}{n_i}$ 表示合同签订年 i 平均每份合同发生的全部存款额。

　　分离法假设各合同签订年在各年的存款进展是平稳的，除此之外，分离法还假设各合同签订年的平均每份合同的平均合同额和存款额相同，即 $\dfrac{x_i}{n_i}$ 的值与 i 无关，如果再考虑外来因素的影响效应，我们可以将公式写为：$E\left(S_{i,j}\right)=p_j\times\lambda_{i+j}$，式中 p_j 满足 $\sum_{j=0}^{\infty} p_j=1$。

　　将表 5-1 各行数据分别除以 n_i，得到以 $u_{i,j}=\dfrac{f_{i,j}}{n_i}$ 为元素的流量三角形，它是分离法的基础。

分离法就是将 $u_{i,j}$ 分离成 p_j 和 λ_{i+j} 的乘积，并由此估计三角形中的未知值。因此，p_j 和 λ_{i+j} 的估计是分离法的关键。

以下不给证明地给出 p_j 和 λ_{i+j} 的估计，首先对表内流量三角形做出如下计算：

①记 $d_k = \sum_{i+j=k} u_{i+j}$，$v_j = \sum_{i=0}^{k-j} u_{i,j}$；

②我们有：$\hat{p}_j = \dfrac{v_j}{\sum_{t=j}^{k} \hat{\lambda}_t}$，$j = k, k-1, \cdots, 0$；

$$\hat{\lambda}_h = \dfrac{d_h}{1 - \sum_{t=h+1}^{k} \hat{p}_t}, \quad h = k-1, k-2, \cdots, 0;$$

③估计 $\hat{\lambda}_h$，$h = k+1, k+2, \cdots, 2k$。

这是分离法估计未来存款流入的关键。可以通过回归法，根据 h 和 $\hat{\lambda}_h$ 之间的关系，建立回归方程，从而得到 $\hat{\lambda}_h$，$h = k+1, k+2, \cdots, 2k$ 的估计值。

2）合同进展法

分离法描述的是初始合同额与存款流量之间的关系，但没有考虑合同解除对合同额的影响。在本部分，我们介绍合同进展法，该方法考虑合同额与合同解除之间的关系，试图建立合同额、合同存款以及合同解除的三元分析方法，并估计最终存款额和未来存款流量。

在合同进展法中，我们通过合同进展率（Contract Development Ratio，CDR）来分析未缴存款在各进展年之间的流量模式，通过存款缴存率（Deposit to Outstanding Ratio，DOR）来分析已缴存款的充足率。

（1）合同进展率和存款缴存率的估计

步骤一：获取增量已缴存款流量三角形，如表 5-2 所示。

表 5-2　增量已缴存款流量三角形

合同签订年	进展年				
	0	1	2	3	4
0	$DP_{0,0}$	$DP_{0,1}$	$DP_{0,2}$	$DP_{0,3}$	$DP_{0,4}$
1	$DP_{1,0}$	$DP_{1,1}$	$DP_{1,2}$	$DP_{1,3}$	—
2	$DP_{2,0}$	$DP_{2,1}$	$DP_{2,2}$	—	—
3	$DP_{3,0}$	$DP_{3,1}$	—	—	—
4	$DP_{4,0}$	—	—	—	—

步骤二：估计合同进展率和存款缴存率。

在合同进展法中，合同签订年 i 在进展年 j 的未缴存款可以分解为两部分，一部分在下个进展年 $j+1$ 转化为已缴存款 DP_{j+1}，另一部分转变为下个进展年的未缴存款 DSP_{j+1}。

$$CDR_{j-j+1} = \frac{DSP_{j+1} + DP_{j+1}}{DSP_j}$$

$$DOR_{j-j+1} = \frac{DP_{j+1}}{DSP_j}$$

基于未缴存款、已缴存款，假设未缴存款为合同额的固定比例再减去累积已缴存款，计算得到各合同签订年在各进展年的合同进展率。这里需要指出的是，若 $CDR=1$，则表明合同解除和新增存款的作用是平衡的，即新增存款刚好等于解除后合同额的应缴存款额；若 $CDR<1$，则表明在合同解除的因素下，新增合同存款不足；若 $CDR>1$，则表明在合同解除因素下，存在超额新增存款。

合同进展率的最终选定需要考虑很多因素，这里不做详解。假如我们选定最终进展率，就可以计算得到各合同签订年在各进展年的存款缴存率。

（2）最终存款和未缴存款的估计

选定了合同进展率和存款缴存率之后，我们可以估计未来的未缴存款和未来的已缴存款。

未来的未缴存款 $DSP_{j+1} = DSP_j \times \left(CDR_{j-j+1} - DOR_{j-j+1} \right)$

未来的已缴存款 $DD_{j+1} = DSP_j \times DOR_{j-j+1}$

3）预算法

分离法假设存款是稳定的，但实际情况很难满足这种假设条件，尤其是对最近的签约合同。因为存款数据缺失，累积进展因子较高，并且波动较大，所以预测结果也相对不准确。合同进展法对于那些历史数据不足的新业务或容易受异常存款影响的业务，该方法的评估结果也不准确。预算法就是为了解决上述问题而提出来的。

预算法是通过已缴存的合同存款及其在未来的期望发展估计未来存款流量。最终的存款额被分成两部分：已缴存款和未缴存款。前一部分为已知量，后一部分可用最终存款的一个比例来估计，这一比例记为 p。

预算法的关键是 p 的估计，其具体计算公式为：

$$p = 1 - \frac{1}{f}$$

其中 f 是最终累积进展因子。

应用预算法评估未来存款流入的步骤如下。

（1）计算期望最终存款

期望最终存款的公式为：

期望最终存款（$Depo$）＝期望最终存款比例×合同额＝$\lambda \times AMNT$

其中 λ 为期望最终存款比例。

（2）估计未缴存款

$$DSP = Depo \times \left(1 - \frac{1}{f}\right)$$

2. 极端业务场景下的现金流管理

1）古典现金流匹配模型

古典现金流匹配目标是建立一个资产组合，确保在每次按规定支付债券前，该组合都能产生足够的收益以满足支付的需要。

假设住房储蓄银行以 m 种资产来免疫负债，以 P_i 表示资产 i 的价格，C_{it} 表示资产 i 在时刻 t 产生的现金流，X_i 为资产 i 的持有量，各资产的收益率为 r_i，则：

$$P_i = \sum_{i=1}^{T} C_{it} \left(1 + r_i\right)^{-t}$$

住房储蓄银行在时刻 t 总的资产现金流入 A_t 应为各资产在此时产生的现金流之和，其计算公式如下：

$$A_t = \sum_{i=1}^{m} X_i C_{it}$$

根据古典现金流匹配理论，若在任何时刻，资产组合产生的现金流必须满足负债现金流的支付，即 $A_t \geq L_t$，则住房储蓄银行就实现了现金流匹配。显然，满足上述条件的资产组合可能有多种，这时住房储蓄银行就可选择构建成本最低的组合为最优组合。因此，古典现金流匹配模型就可以表述为：在资产现金流不低于负债现金流的条件下，选择构建成本最低的组合，其模型表示如下：

$$\min_{X} \sum_{i=1}^{m} P_i X_i$$

s.t.　$A_t \geq L_t, \forall t \in T, X_i \geq 0$

现金流匹配组合一旦建立，住房储蓄银行只需持有资产直到资产到期就能满足未来的支付需要，这本质上是一个购买并持有策略，因此不会再产生交易成本。但古典现金流存在如下缺陷。

①现金流匹配模型要求对任何时候的负债现金流都必须有资产现金流与其相匹配。但是由于住房储蓄业务的封闭性，住房储蓄银行不能通过金融市场进行资产负债平衡，且其负债期限通常小于资产期限，很难匹配。

②现金流匹配模型假设金融机构的资产负债现金流在时间上都是确定的，不存在不确定性因素，这对住房储蓄银行是不成立的。住房储蓄银行的现金流匹配存在两个障碍：一是负债期限的不确定性，二是资产发生的不确定性。

③现金流匹配降低了金融机构投资的灵活性，即使在现金流匹配可行的情况下，它也会带来太多的限制。要使资产和负债的现金流匹配，金融机构所接受的收益率就可能会低于轻微不匹配情况下的收益率。片面强调现金流匹配会使金融机构放弃收益率较高的资产。

④对市场利率强烈的预测会使金融机构放弃现金流的匹配。

2）贡献模型

在古典现金流匹配模型中，各时间点的剩余现金流没有用于再投资或以后各期负债现金流的偿还，因此使得组合的构建成本较高。这种组合也成为安全消极组合。为此，可以拓展古典现金流匹配模型的再投资限制，允许各时间点的剩余现金流以一个保守的再投资利率累积到下一支付时间用于负债的偿还。

设 ρ 为再投资收益率，$S_{i,t-1}$ 为资产 i 在时刻 $t-1$ 的剩余现金流，D_{it} 为资产 i 在 $t-1$ 时刻剩余现金流在 t 时刻的累计值，则

$$D_{it} = S_{it-1}(1+\rho)$$

这个累计值与上一负债偿还后的剩余现金的累积值之和应足够偿还负债，即：

$$\sum_{i=1}^{m} C_{it} X_i + D_t = L_t + S_t$$

其中 $S_t \geq 0$。

贡献模型可表示如下：

$$\min_{X} \sum_{i=1}^{m} P_i X_i + S_0$$

s.t.

$$\sum_{i=1}^{m} C_{it} X_i + D_t = L_t + S_t$$

$$S_t \geqslant 0$$

$$X_i \geqslant 0$$

贡献模型虽然引入了再投资因素，但是仍然没有摆脱古典现金流匹配模型的局限性。

5.2.5　合同配贷管理

合同的配贷管理是住房储蓄流动性管理的核心技术之一，简单地说，配贷管理就是合理地安排贷款使用资金。

在住房储蓄银行的实际运营中，通常每月最后一天为评价日，在这一天住房储蓄银行对所有合同的评价值进行计算，得到所有达到最低评价值的合同。与之相对应的配贷月份是在此后的第三个月，住房储蓄银行集中向客户进行配贷支付和贷款发放。计算日是配贷日前一个月的最后几天。在计算日，住房储蓄银行应当根据可用配贷资金额度，计算能满足多少已符合配贷条件的合同的资金支付需求，并根据资金满足的情况设置目标评价值的大小。

在计算日，住房储蓄银行计算总的资金可用余额（包括已解除、已配贷但尚未支付的住房储蓄合同的存款量）。

所有已拆入到配贷资金库中、来自于住房储蓄者集体之外的其他资金应被计算在内。同时，住房储蓄银行还可计入下述资金：住房储蓄银行打算在配贷日前拆入到配贷资金库中、可由其自由支配的那部分来自于储蓄者集体之外的资金，以及预测的、在计算日至配贷日期间将收到的存款和还款的保守数额。

尚未支取的、已配贷合同的存款和尚未拨付的配贷贷款资金应从差额中减除。预计在计算日至配贷日期间将从配贷资金中转出的资金也应从差额中扣除。这些资金包括：在计算日那天已经知道或已经预计到因解除合同而将被提走的那部分存款，以及从配贷资金库中转出的、来自于住房储蓄者集体之外的资金。

另外，为了确保充足的配贷资金以供配贷所需，同时，为了维持配贷规程尽可能长期不变，住房储蓄银行将建立一种持续经营储备金，数额不超过在配贷日那天评价值已达到或已超过目标评价值、且等候获得配贷的那些合同的合同总额。

5.2.6　VaR 管理

在险价值（Value-at-risk，VaR），又称风险价值，或涉险值，是指在正常的市场条件下和一定的置信水平 α（通常是 95% 或 99%）下，某一金融资产或证券组合在未来特定的一段时间 Δt 内所面临的最大可能损失。这种基于统计理论的风险测度方法，对于整体风险是一种非常有效的测定和管理工具。在险价值 VaR 的数学表达式为：

$$P\big(L(t) > VaR\big) = 1 - \alpha$$

其中 $L(t) = V(t) - V(t-1)$ 表示在 t 到 $t + \Delta t$ 时间内资产的损失绝对值，$V(t)$ 为 t 时刻资产的价值。

从数学意义上来说，VaR 实际上是一个资产（组合）在未来一定持有期内，损失分布的分位数，表明该资产（组合）在持有期内将有 α 的概率能保障损失最大不会超过 VaR 值。

假设金融市场中资产的价格是由若干市场因素所确定的，这些市场因素被称为风险因子。假定市场中有 m 个风险因子，即 $g_t = \big(g_{1t}, \ g_{2t}, \cdots, \ g_{mt}\big)$，它是随时间推移而变化的随机向量。$t$ 时刻资产的市场价格 $V(t)$ 由风险因子向量 g_t 确定：

$V(t) = V(g_t)$，其中 $V(*)$ 是价格函数，为 $R_m^+ \to R$ 的函数，R_m^+ 为 m 维非负实数向量空间，R 为实数空间。考虑基于离散时间的随机向量 $\{g_t\}$，$t = 0, 1, 2, \cdots$ 的情形。

假设在 t 时刻，如果投资者持有资产并保持资产的结构和数量不变，则到了 $t+1$ 时刻由于风险因子向量的随机变化，资产的价格变化为 $V(t+1) = V(g_{t+1})$，持有资产所发生的损失为：$L(t) = V(g_t) - V(g_{t-1})$。$\{L(t)\}_{t=0}^{\infty}$ 称为资产的损失过程。

当然，如果 $L(t) < 0$，则持有该资产不是发生损失，而是获得收益（负损失）。

在 t 时刻，假定损失变量 $L(t)$ 所服从的概率密度函数为 $f_t(x)$，累积分布函数为 $F_t(x)$，那么在给定概率 p（例如 $p = 95\%$）的情况下，资产的在险价值 VaR 由下式定义：

$$\int_{-\infty}^{VaR} f_t(x)\, dx = p，\quad 即\ VaR = F_t^{-1}(p)$$

其中 $F_t^{-1}(x)$ 为 $F_t(x)$ 的反函数。上式意味着：

$$P\big(L(t) \leqslant VaR\big) = p\ 和\ P\big(L(t) > VaR\big) = 1 - p，其中 P(*) 表示概率。$$

此时，VaR 是概率置信水平为 p 且持有期为 1 个时间单位的最大损失。由定义可知，VaR 刻画的是 t 时刻资产在 1 个时间单位后以置信概率 p 估计的损失额度，它涉及两个重要参数：持有期和置信水平，不同的持有期和置信水平对应于不同的 VaR 值。选择不同的持有期将会产生不同的资产损失分布,不同的置信水平将会在此损失分布基础上选择不同的分位数,进而产生不同的 VaR 值。在估计实际的市场风险时,持有期通常可以设置为 1 周、10 天或 1 个月等,而置信水平则可以设置为 95％ 或 99％ 等。巴塞尔风险管理委员会对金融机构的要求通常是在 99％ 的置信水平下计算持有期为 10 天的 VaR 值。

在实际工作中,我们可以利用以下三种方法计算 VaR 值,即正态求解法、历史模拟法和蒙特卡罗模拟法。

1. 正态求解法

我们从 VaR 的定义就可以知道,在求解 VaR 的过程中,损失函数的概率分布是关键的输入变量,在此基础上风险管理人员可以选择合适的置信水平来得到 VaR 值。一种传统的假设认为资产收益服从正态分布,从而资产的损失函数也会具有正态性质。VaR 是一种预期损失的测度,相对 VaR 是资产价格相对于预期未来资产价格的损失,即 $\left|V_T - E\left(V_T\right)\right|$,绝对 VaR 是资产价格相对于 0 的损失,即 $\left|V_T\right|$。用 $W_{(t)}$ 表示 t 时刻资产价值,假设资产的收益率 R 服从正态分布,$R \sim N\left(\mu,\ \sigma^2\right)$,则 $\mu - R \sim N\left(\mu,\ \sigma^2\right)$。相对损失为

$$
\begin{aligned}
L\left(t+1\right) &= W_{(t)}\left(1+\mu\right) - W_{(t+1)} \\
&= W_{(t)}\left(1+\mu\right) - W_{(t)}\left(1+R\right) \\
&= W_{(t)}\left(\mu - R\right)
\end{aligned}
$$

则相对 VaR 满足如下等式:

$$
P\left(L\left(t+1\right) \leqslant VaR\right) = P\left(W_{(t)}\left(\mu - R\right) \leqslant VaR\right) = P
$$

即,

$$
P\left(\frac{\left(\mu - R\right)}{\sigma} \leqslant \frac{VaR}{W_{(t)}\sigma}\right) = P
$$

得知,

$$
VaR = W_{(t)}\left(\alpha\sigma - \mu\right), \alpha = \phi^{-1}\left(p\right)
$$

可见在收益率正态分布的假设下,我们只需要知道分布的参数特征,即均值和方差就可以求解 VaR。

通常 $\widehat{\mu_t}$ 具有如下简单的形式:$\widehat{\mu_t} = \dfrac{1}{n}\sum_{i=t-n}^{i=t-1}\mu_i$,$\mu_i$ 为利用资产的历史价格数据所求得的收益率。根据大数定律,$\widehat{\mu_t}$ 依概率收敛于 μ_t。通常在大多数情况下 $\widehat{\mu_t} \approx 0$,然而估计 $\widehat{\sigma_t}$ 的方法一般有如下两种。

1）移动平均法

移动平均法认为历史样本数据中较前的数据对估计没有意义，只有较近的数据才对 σ_t 的估计有意义，因此历史较早的数据点被抛弃，仅利用较近的数据样本，同时移动平均法把这些数据对估计的影响作用看作是等同的，用相同的权重加以表示如下：

$$\widehat{\sigma_t} = \sqrt{\frac{1}{n-1}\sum_{i=t-n}^{t-1}\left(\mu_i - \widehat{\mu_t}\right)^2}$$

2）指数加权法

指数加权法与上述移动平均法的区别在于如下两点。

对过去的所有损失样本数据全部加以利用，充分利用数据所包含的市场信息，但对不同时期的数据加以区别对待，以不同的权重因子加以表示，较近的数据被赋予较大的权重因子，以强调其对未来损失估计的影响。

$$\widehat{\sigma_t} = \sqrt{\left(1-\lambda\right)\sum_{i=t-n}^{t-1}\lambda^{t-i-1}\left(\mu_i - \widehat{\mu_t}\right)^2}$$

其中参数 $0<\lambda<1$ 称为"衰减因子"，λ 愈小，权重系数 λ^{t-i-1} 随 i 的减小衰减得越快。由于权重系数满足：

$$\lim_{x\to+\infty}\left(1-\lambda\right)\sum_{i=t-n}^{t-1}\lambda^{t-i-1} = \left(1-\lambda\right)\sum_{i=0}^{\infty}\lambda^i = 1$$

所以在实际计算中，只有当损失样本数据较多时，指数加权法才会有意义。

2. 历史模拟法

金融市场的数据并不完全服从正态分布的假设，事实上经常能观察到尖峰、厚尾、偏斜等非正态特征。尤其是在 VaR 测度资产价格分布的左尾，如果出现了后尾的情况，估计出的 VaR 将会出现较大的偏差。

历史模拟法不对资产收益率的分布做出任何假设，而是从历史数据中发现一些有用的信息，帮助我们预测未来。

历史模拟法计算 VaR 是一种简单的基于经验分布的方法，它假设资产组合未来收益变化与过去是一致的，因此用收益的历史分布来代替收益的预期分布，以此来求得资产的 VaR 值。历史模拟法利用求解次序统计量的方法对资产的 VaR 损失做出估计。

历史模拟法的计算步骤有：

①建立价格映射，即识别出基础的市场因子，收集市场因子适当时期的历史数据，并用市场因子表示出证券组合中各个金融工具的盯市价值。

②根据市场因子过去 N+1 个时期的价格时间序列，计算市场因子过去 N 个时期价格水平的实际变化。假定未来的价格变化与过去完全相似，即过去 N+1 个时期价格的 N 个变化在未来都可能出现，这样结合市场因子的当前价格水平可以直接估计市场因子未来一个时期的 N 种可能价格水平。

③利用证券定价公式，根据模拟出的市场因子的未来 N 种可能价格水平，求出证券组合的 N 种潜在损失，即损益分布。

④根据损益分布，通过分位数求出给定置信水平下的 VaR。

3）蒙特卡罗模拟法

蒙特卡罗模拟法的基本思想是重复模拟金融变量的变动、涵盖所有可能发生情形的随机过程。假设我们知道这些变量服从预定的概率分布，因此随机模拟的过程就是重现投资组合价值分布的过程。蒙特卡罗模拟通过模拟风险因子的变动进而模拟金融资产价格的变动，并建立资产价值变动损失的分布。

单一风险因子下，运用蒙特卡罗模拟法计算 VaR，主要分以下几步：

首先，选择一个随机模型，以反映价格的走势，并对其进行模拟。比如假设资产价格服从几何布朗运动：$dS_t = \mu S_t dt + \sigma S_t dz$，其中 dz 是均值为 0，标准差为 $\sqrt{t}$ 的正态随机变量。μ 和 σ 分别代表资产收益率的瞬时均值与瞬时标准差。然后，分割整个持有期时间，在每个小时间区间上模拟资产价格的变动。例如可以把持有期 $[0, T]$ 分割成一系列小的区间 $[t_{i-1}, t_i]$，$t_0 = 0$，区间长度为 $\tau = T/n$，然后对资产价格进行模拟。进行一次模拟，即假定在这样的 n 个时间段上相继发生价格变动，就近似地会产生一条资产价格变动的样本路径。通过足够多次的模拟，可以得到足够多的样本路径，最终形成一定数量的时刻 T 的资产价格的随机实现值，这样就模拟了 S_T 的概率分布。为了方便模拟，需要通过如下方式离散化几何布朗运动模型：

$$\Delta S_t = S_{t-1}\left(\mu\Delta t + \sigma\varepsilon\sqrt{\Delta t}\right)$$

其中，ε 是一个标准正态随机变量的随机实现值，均值为 0，方差为 1。为了模拟价格走势，我们可以从 S_0 出发，利用计算机模拟一系列的 ε 值，代入到 $\Delta S_t = S_{t-1}\left(\mu\Delta t + \sigma\varepsilon\sqrt{\Delta t}\right)$ 中，得到资产价格 S_1，继续同样的工作，得到 S_2，S_3，……，$S_n = S_T$。

这样就完成了一个价格序列随机过程样本路径的模拟，重复多次就可以近似得到 S_T 的分布。

而实际上，投资组合遭受的金融风险往往不止一种，通常需要综合考虑 N 个风险因子。我们可以通过合适的函数形式把资产价格写成一个 N 维的风险向量的函数，然后通过对每个风险因子设定合适的随机过程，通过计算机模拟，得到一些基本因子的变动，然后得到资产价格的变动路径。通过大量的模拟，同样可以得到资产价格在目标时期的分布，据此就可以计算资产组合的 VaR。

一般的蒙特卡罗模拟方法的基本步骤如下：

①针对实际问题建立一个简单且便于实现的概率统计模型，使所要求得的解恰好是所建模的期望值。

②对模型中的随机变量建立抽样分布，在计算机上进行模拟实验，抽取足够的随机数，对有关的事件进行统计。

③对模拟试验结果加以分析，给出所求解变量的估计及其方差的估计。

④必要时，还应该改进模型以提高估计精度和模拟计算的效率。

5.2.7   逆周期管理

住房储蓄银行的逆周期风险是指在经济上行、住房储蓄业务快速发展时期缔结大量的住房储蓄合同，到经济下行、住房储蓄业务低迷时期因合同集中配贷、新业务发展不足导致的流动性风险。住房储蓄银行逆周期管理主要是通过技术储备金的形式实现的。在经济上行、住房储蓄业务快速发展时期，通过计提更多的技术储备金的方式进行利润储备，一方面起到平滑利润释放的作用，另一方面保证资金池在经济下行、住房储蓄业务低迷时期具有充足盈利能力和抗风险能力。

住房储蓄技术储备金的计提基础是资金池富余资金投资收益高出住房储蓄贷款利息的部分。当住房储蓄技术保证金达到住房储蓄存款余额的一定比例时，住房储蓄银行可不再计提。

值得一提的是，在德国，技术储备金属于税前列支项目，其计提方式和计提额度还会影响住房储蓄银行的缴税成本规划。而在我国，技术储备金尚未纳入法定的储备金，储备金的计提不影响应纳税额。

5.3   住房储蓄信用风险管理

住房储蓄银行是专门从事个人住房抵押信贷服务的、具有独立法人地位的金融机构，采取自愿互助性储蓄为主、政府奖励为辅的融资机制。信用风险管理是住房储蓄银行风险管理的核心之一，包括住房储蓄信用风险识别、计量、监测、控制等。

5.3.1　住房储蓄信用风险识别

住房储蓄信用风险识别是信用风险管理的基础，包括客户风险识别、合作楼盘风险识别、合作担保机构风险识别和组合贷款风险识别等。

1. 住房储蓄客户信用风险识别

从客户风险识别的角度看住房储蓄银行面临两个不同层次的问题：一是该笔业务是否真实；二是客户能否符合预期的准入标准，具备银行认可的还款意愿及还款能力。

1）借款人交易真实性风险识别

交易真实性风险（假个贷风险）是银行零售信贷业务资产质量的首要威胁，因为一旦丧失交易真实性这一基本属性，出现零售贷款由企业归集使用或被欺诈使用的情况，风险计量手段将丧失评判的科学性，贷款也将游离于银行监控管理范围之外。

由于住房储蓄银行客户在贷款之前有较为长期的存款阶段，体现了客户购房的计划性和明确的贷款用途，此外，住房储蓄业务"专款专用"性质和政府奖励的取得决定了资金只能用于个人住房目的，借款人交易真实性风险较低。

2）借款人还款意愿及还款能力风险识别

虽然住房储蓄贷款多数情况下是对第一抵押贷款的补充，但由于住房储蓄产品互助性使得小额低利率的贷款成为可能，降低了贷款者的还款负担；住房储蓄产品在整个合同期中，执行固定的利率和固定的分期还款额，这一特性使得客户成为可预测的借贷者；客户在存款阶段的表现使得客户的信用历史变得清晰透明。住房储蓄尽管是二级抵押贷款仍然拥有较低的信贷风险，即信用住房储蓄银行的总体信用风险水平较低。

1）借款人还款能力风险识别

还款能力是指客户对于未来偿付贷款本息的客观能力。最为主要的方式是以当期收入（负债）情况测算未来现金流（收入负债比）。缺陷是以目前的情况不能完全代表未来收入真实性问题。风险识别方法如下：①看借款人收入历史，包括了解借款人工资收入、财产性收入、经营性收入、转移性收入；②了解借款人收入稳定性和职业稳定性；③掌握借款人负债情况。

住房储蓄业务的特色是具有信用考察机制，因此，对住房储蓄客户还款能力的风险识别主要是看借款人存款阶段情况，其关键要点是看住房储蓄存款的规律性程度，存款行为的规律程度反映了客户的主观纪律性和客观支付能力。存款额度和存款频次的规律性越强，客户的信用等级越高。鼓励规律性存款、限制合同转让范围，都是为了更好地对客户进行信用考察，保证住房储蓄经营的安全性。

客户经理可借助月均存款额/月还款额进行分析，也可以借助月还款额/月收入等工具进行分析。对于置（替）换贷款，还可以用置（替）换后月还款额总计/原贷款月还款额进行分析。

由于住房储蓄信用风险识别的时间较充分，客户的信用历史较透明，更有利于选择优质客户。

（2）借款人还款意愿风险识别

还款意愿是指客户对于未来偿付贷款本息的主观愿望。

对于任何零售信贷业务而言，借款人还款意愿的高低是最终是否按期偿还贷款本息的根本因素，有能力还款却恶意拖欠的例子不胜枚举，从这个角度讲，对还款意愿的考察极为重要。

住房储蓄银行的基本运作模式是先存后贷，客户在达到配贷条件后才可享受住房储蓄贷款，该利率一般明显低于商业银行住房贷款利率，并且住房储蓄银行实行存一贷一的运行模式，这一模式实际上是将首付款比例提高到50%，当房地产价格降低的时候，首付将充分发挥风险缓冲的作用，统计数据表明，首付款比例越高，或贷款余额占比越低，违约成本越高，从而还款意愿越强烈。

目前主要通过借款人存款阶段记录、历史信用记录来判断其信用水平和预判其还款习惯，一般来讲，能够按照合同约定定期存款、信用记录多且无不良记录的客户属于信用水平好的客户。尤其是对于信用记录数量少甚至无信用记录的客户，存款阶段记录是识别零售客户品行，进而判断还款意愿和还款习惯的行之有效的方法。

2. 住房储蓄合作楼盘风险识别

住房储蓄合作楼盘风险识别是指住房储蓄银行在向借款人购买的新建房（一手房）发放个人贷款时，为规避贷款风险，对相关楼盘项目及开发商进行的风险识别，是楼盘项目准入的基础。风险识别应重点关注房地产开发企业资信、楼盘项目的合法性、工程进度、工程质量、资金到位情况、销售模式及资金回笼情况、合作额度、合作期限、担保情况、风险程度等。一般以分析房地产开发企业现金流为基础，采用假设开发法、市场法等，进行定量与定性分析，全面、动态地评估楼盘项目风险。

1）房地产开发企业的风险识别

（1）满足的基本条件

房地产开发企业是否同时满足以下基本条件：

①有固定经营场所，经营管理规范，制度健全。

②财务状况良好，有一定资金实力。

③信誉良好，无拖欠银行贷款。

④企业法定代表人、控股股东无不良信用记录。

⑤具有合法有效的房地产开发资质。

⑥符合监管部门对房地产开发企业的市场监管要求，且未被禁止经营房地产业务。

⑦住房储蓄银行要求的其他条件。

（2）存在的情况

是否存在以下情况：

①已查知有金融欺诈、逃废或恶意拖欠债务等不良记录。

②有组织或协助他人制造虚假贷款行为，或尚未被认定虚假贷款，但由该企业推荐的个人住房贷款存在非正常批量违约、批量垫款、还款账户批量入账等现象。

③内部管理混乱或资金严重短缺。

④已经或即将丧失履行债务能力。

⑤涉及尚未完结的诉讼或纠纷。

⑥存在违法违规行为，被政府主管及监管部门等通报或曝光且被取消经营资格，或被公告纳入相关行业的"黑名单"。

⑦其他不得介入的情况。

2）合作楼盘项目的风险识别

（1）满足的基本条件

合作楼盘项目是否同时满足以下基本条件：

①楼盘的开发建设及销售符合国家有关规定。

②开发资金已落实并能按时到位。

③工程建设正常并按施工计划推进。

（2）存在的情况

合作楼盘项目是否存在以下情况：

①建筑工程质量不合格的楼盘。

②因建设项目计划出现重大调整或企业资金严重短缺等因素可能"烂尾"的楼盘。

③不能提供合法"四证"（即国有土地使用权证、建设用地规划许可证、建设工程规划许可证、建设工程施工许可证）的楼盘。

④存在债权、债务和产权纠纷或正处于法律诉讼阶段的楼盘。

⑤未经政府主管部门预售许可，不具备合法销售条件的楼盘。

3. 住房储蓄合作担保机构风险识别

住房储蓄合作担保机构（以下简称担保机构）是指经工商行政管理部门核准，为住房储蓄贷款业务承担连带责任保证的专职担保机构。

为防范与担保机构开展业务合作面临的风险，我们需对合作担保机构进行风险识别，识别要点如下。

（1）是否满足住房储蓄银行要求具备的基本条件

①必须是依法在本地注册、自主经营、独立核算，持有经营许可证，具有完善的法人资格、内部组织机构健全、建立了严格的担保评估制度、内控制度、完善的风险防范和化解机制的企业法人。

②有固定的经营场所。

③批准经营年限不低于其向住房储蓄银行提供连带责任保证的担保期限。

④担保机构有适应业务需要的专业管理人员，依法开展业务，未发生重大违法违规现象，具有连续、良好的经营业绩和担保能力。

⑤住房储蓄银行认定的应具备的其他条件。

（2）担保机构的担保能力是否满足要求

住房储蓄银行应严格审查担保机构的资质，明确规定担保机构注册资本金应在一亿元人民币以上，且必须是实缴资本。住房储蓄银行应严格考核担保机构的经营状况和管理层的综合能力，特别是担保机构的资产负债等财务状况，应比照借款人进行整体资信调查，防止因担保机构资本金不实、结构不合理或将资本金违规投入资本市场等对银行信贷资金造成风险。对个别经营不规范的担保机构可考虑要求其按月报送财务报表及对外担保情况。

（3）担保机构的管理是否规范

住房储蓄银行应考察担保机构是否建立科学的风险控制机制、内部控制制度和风险分散机制等相关制度，及时揭示风险和纠正偏差。对具体授信的担保放大倍数，应结合担保机构的资信实力和业务合作信用记录、区域金融环境和行业特点科学确定。在对担保机构的业务进行全面调查的基础上，建立违规担保机构的

"黑名单"制度。

（4）担保机构是否存在违规经营行为

如是否存在抽逃、挪用资本金等违规经营现象，造成资本金不实或者结构不合理的情况，严重削弱了实际担保能力；是否涉嫌通过关联交易骗取银行贷款等。[1]

4. 贷款组合的信用风险识别

信用风险管理不应当仅仅停留在单笔贷款的层面上，还应当从贷款组合的层面进行识别、计量、监测和控制。住房储蓄银行是主要经营住房储蓄业务的商业银行，具有行业集中度高、区域差异大、客户集中度低、受宏观经济环境影响大等特点。

1）宏观经济因素

财政政策、货币政策是国家宏观调控的手段。在房地产市场发展的不同阶段，国家所采取的财政、货币政策有所不同。为促进房地产市场增长，国家通常采取降低税收、增加补贴等政策；反之，则可能会提高税收、降低或取消补贴。如 2016 年 2 月，国家出台了降低购房首付、提高公积金存款利率、以及房产交易契税和营业税优惠政策，对房产交易环节进行成本减免，进一步化解各地楼市库存压力，以促进不同类型住房销售。

2）房地产行业风险

住房储蓄信贷业务具有内在的亲周期性，与房地产行业的景气情况息息相关。从美国次贷危机及全球金融危机中我们看到，由于房地产价格下跌导致的押品价值下降，以住房为抵押的贷款违约可能性增大。

3）区域风险

区域风险是指当某个特定区域的政治、经济、社会等方面出现不利变化时，贷款组合中处于该区域的借款人可能因履约能力整体下降而给住房储蓄银行造成系统性的信用风险损失。由于我国各地区经济发展水平差异较大，因此，重视区域风险识别还是非常必要的。区域风险识别应特别关注。

①银行客户是否过度集中于某个地区。

②银行业务及客户集中地区的经济状况及其变动趋势，例如，区域的开放度，区域主导产业的扩张、持平或衰退，区域经济整体的上升或下滑等。

③银行业务及客户集中地区的地方政府相关政策及其适用性，例如，地方政府提出的产业发展规划与当地自然资源、交通条件等是否相适应。

---

[1] 关于银行业金融机构与担保机构开展合作的风险提示，摘自银监会网站。

④银行客户集中地区的信用环境和法律环境出现改善或恶化。

⑤政府及金融监管部门对本行客户集中地区的发展政策、措施是否发生变化，如变化是否会造成地方优惠政策难以执行，及其变化对住房储蓄银行业务的影响，如当地政府不再提供政府奖励资金等。

5.3.2 住房储蓄信用风险计量

信用风险计量是现代信用风险管理的基础和关键环节，经历了从专家判断法、信用评分模型到违约概率模型三个主要发展阶段。本书重点介绍零售信用评分方法。

由于住房储蓄信贷业务具有笔数多、单笔金额小、数据丰富的特征，决定了需要对其使用智能化、批量化、概率化的管理模式，即对住房储蓄客户实行信用评分管理。零售信用评分卡技术就是运用现代的数理统计模型技术，通过对目标客户群体信用历史记录和业务活动记录的深度数据挖掘、分析和提炼，并通过评分的方式总结出来，作为管理决策的科学依据。其作用主要是：信用评分提高了审批效率；准确传导风险偏好，贯彻风险政策，保证审批标准的一致性；信用评分实现了风险和收益的合理平衡；为建立差别化的客户管理策略提供支持；促进零售信贷业务的流程化和风险管理理念的转变。

1. 信用评分原理和框架

信用评分不同于传统的专家经验打分板，它是运用先进的数据挖掘技术和数理统计分析方法，通过对客户的人口特征、信用历史记录、行为记录、交易记录等大量数据进行系统的分析，挖掘数据中蕴含的行为模式、信用特征，捕捉历史信息和未来信用表现之间的关系，开发出具有预测性的模型，以一个信用评分来综合评估客户未来的某种信用表现，例如未来一年内变成不良（拖欠超过90天）的概率、给银行带来收益潜力的大小、接受银行某种促销的概率等，为信贷管理决策提供依据。

信用评分要在住房储蓄银行管理发挥应有的作用，它就不能仅仅是一个分数或者是一个打分的表格，而应该是一个评分模型、评分政策和评分系统的"三位一体"。评分模型主要确定评分所用的指标、指标之间的权重和分数的计算规则；评分政策是针对不同评分客户的相关实施策略，可以自动审批通过，而不再需要人工干预；评分系统是对评分分数计算、评分政策进行自动化、智能化实施的系统平台。

2. 信用评分的种类

信用评分的种类有很多，可以按照客户生命周期、预测目的等进行划分。

按照客户生命周期，信用评分可以分为营销响应评分、申请评分、行为评分、催收评分和回收评分，其中申请评分、行为评分和催收评分应用最为广泛。申请评分，是根据客户申请时的信息进行评分，用于决定是否授予客户贷款以及初始的信用额度。当贷款发放后，客户将有更多的行为表现信息，而且随着时间的变化，客户的基本状况也会发生变化，申请评分将不再适用，行为评分就应运而生。行为评分，是根据客户的账户历史使用行为进行评分，用于对客户的信贷账户进行贷后管理。催收评分用于预测和评估对某一笔贷款所采取措施的有效性，例如预测和评估客户对警告信件反应的可能性，从而用于对拖欠贷款的催收管理。

按照预测目的，信用评分可以分为以下几种：风险评分，用于预测客户违约的概率，如客户未来一年内拖欠贷款超过 90 天的可能性；收益评分，预测客户给信贷机构带来收益潜力的大小；流失倾向评分，预测客户在未来一定时间内流失的概率，如客户未来一年内将销户的可能性；市场响应评分，预测客户接受产品营销的概率；欺诈评分，预测客户有欺诈行为的概率，如根据客户申请材料，判断客户可能是欺诈申请的可能性，根据信用卡交易行为判断客户的欺诈性交易。

3. 信用评分模型的构建方法

信用评分模型的构建方法分为五种：①判别分析模型；②线性回归模型；③Logistic 回归模型；④决策树模型；⑤神经网络模型。

4. 评分模型开发流程

信用评分模型是利用数据挖掘和统计分析手段服务于信贷管理的先进技术，它的开发有一个科学的、严密的流程，从模型样本的选择到预测变量的提炼、从表现变量的界定到模型的分组、从评分卡的制定到模型效果的检验、从模型的实施到模型表现的跟踪等。

5. 信用评分政策的确定

从银行管理实践上看，就信用评分要达到贯彻应用的程度，仅仅有一个评分模型或者一个评分分数是远远不够的，还必须要制定相应的政策规则与之相配套。评分卡政策是指基于评分模型得出的评分结果和其他相关的专家判断，用于识别和处理特定客户群体的业务规则。

根据评分卡政策的用途，可以分为排除政策、硬政策、筛选政策等。

1）排除政策

排除政策是指根据法律法规或行内政策制度规定，在评分政策预计使用的时间内，不允许办理该项业务的各类情形。如依法不能独立承担民事责任或无民事行为能力的申请人，独立申请贷款时将被直接排除。适用于排除政策的客户，既不需要评分，也无须进入流程的下一环节，一般直接退回受理人处理。

2）硬政策

硬政策是指根据规章制度和业务经验，对符合条件的客户申请，不论其评分如何，直接给予通过或拒绝审批结论的审批规则。如住房申请评分卡政策中，对于人民银行征信记录中连续拖欠超过一定期限的客户申请贷款时，不论其他条件如何，直接给予拒绝。在效力上，拒绝硬政策的效力优先于通过硬政策。

3）挑选政策

挑选政策是指根据业务经验或产品业务规定，需要将高分区中的坏客户（或低分区中的好客户）挑选出来进行人工判断的业务规则。如住房申请评分卡中，对于拖欠达到一定标准的高分客户，无论其他条件如何，均需挑选出来由人工进行审批。

6. 评分模型的主要变量

评分模型所考虑的主要因素是：①存款阶段客户的规律性程度；②影响客户的收入水平和收入的稳定程度的客户基本情况，包括性别、年龄、婚姻状况、学历等；③个人征信信息等。

7. 计量工具发挥作用的前提和基础

数据的真实性、完整性和准确性是零售计量工具有效发挥作用的前提和基础，数据项的广度和时间长度制约着计量工具的表现水平。离开了完整有效的数据，计量工具不仅"精准度"下降，甚至会导致完全错误的决策结果。

1）数据的真实性是计量工具发挥作用的前提

零售计量工具的核心是统计计量模型，它表现为一条或一组数理公式，如果公式输入项是错误的（虚假的），显而易见，公式计算结果也是错误的，我们也就无法期望基于公式计算结果做出正确的管理决策。

例如，在依据申请评分卡进行贷款准入时，如果录入的客户收入、征信信息等信息是错误的，或者这笔贷款本身就是一笔"假个贷"，评分卡做出的自动审批决策很可能就是完全错误的。

2）数据的完整性是计量工具准确性的保障

实际管理中，经常会发现部分客户的个别关键信息项缺失，这会导致零售计量工具对客户做出"有偏"的风险评价。

例如，申请评分模型显示，在其他条件相同的情况下女性客户质量"优于"

男性客户，具体评分上，假如女性客户在"性别"这一评分项上可以得 10 分，而男性客户只能得 2 分。但如果客户的"性别"一项内容缺失，评分卡则很"无奈"，只能给一个中间分数（例如 5 分），此时的评分（客户风险评价）与客户的实际风险状况（要么是 10 分，要么是 2 分）是有偏差的。

3）数据项的广度和时间长度制约着计量工具的表现水平

目前，零售风险计量的方法论已经较为成熟，并且已经通过国际先进银行的实践检验。相对于计量方法，计量工具的表现水平更多的受住房储蓄银行数据积累情况的制约。

住房储蓄银行信息（IT）系统建设起步较晚，数据基础较为薄弱，现有数据收集主要是客户人口统计学信息和客户在本行的信贷信息，且早期数据质量较差；贷款催收的各类直接成本和间接成本信息尚未有效收集；缺乏反映经济衰退对住储贷款质量影响的相关数据，等等。受此限制，住房储蓄银行现有计量工具在表现水平上与国际国内先进银行仍有差距，各计量模型还需要随着数据积累而不断优化升级。

5.3.3　住房储蓄信用风险监测

1. 贷款风险分类

贷款五级分类制度是根据内在风险程度将住房储蓄贷款划分为正常、关注、次级、可疑、损失五类。这种分类方法是银行主要依据借款人的还款能力，即最终偿还贷款本金和利息的实际能力，确定贷款遭受损失的风险程度，其中后三类称为不良贷款。五级分类是国际金融业对银行贷款质量的公认的标准，这种方法是建立在动态监测的基础上，通过对借款人现金流量、财务实力、抵押品价值等因素的连续监测和分析，判断贷款的实际损失程度。住房储蓄贷款同样适用于这一分类原则。

住房储蓄五类贷款的定义分别为：

正常：借款人能够履行合同，没有足够理由怀疑贷款本息不能按时足额偿还。

关注：尽管借款人目前有能力偿还贷款本息，但存在一些可能对偿还产生不利影响的因素。

次级：借款人的还款能力出现明显问题，完全依靠其正常营业收入无法足额偿还贷款本息，即使执行担保，也可能会造成一定损失。

可疑：借款人无法足额偿还贷款本息，即使执行担保，也肯定要造成较大损失。

损失：在采取所有可能的措施或一切必要的法律程序之后，本息仍然无法收回，或只能收回极少部分。

2. 风险监测主要指标

在信用风险管理领域，重要的风险监测指标有：

1）不良贷款率

$$不良贷款率=\frac{次级类贷款＋可疑类贷款＋损失类贷款}{各项贷款}\times100\%$$

2）预期损失率

$$预期损失率=\frac{预期损失}{资产风险暴露}\times100\%$$

预期损失是指信用风险损失分布的数学期望，代表大量贷款或交易组合在整个经济周期内的平均损失，是住房储蓄银行已经预计到将会发生的损失。

3）单一客户授信集中度

$$单一客户贷款集中度=\frac{最大一家客户贷款总额}{资本净额}\times100\%$$

最大一家客户贷款总额是指报告期末各项贷款余额最高的一家客户的各项贷款的总额。

4）贷款风险迁徙率

风险迁徙类指标衡量住房储蓄银行信用风险变化的程度，表示为资产质量从前期到本期变化的比率，属于动态监测指标。

（1）正常类贷款迁徙率

$$正常类贷款迁徙率=\frac{期初正常类贷款向下迁徙金额}{期初正常类贷款余额－期初正常类贷款期间减少金额}\times100\%$$

期初正常类贷款向下迁徙金额，是指期初正常类贷款中，在报告期末分类为关注类、次级类、可疑类、损失类的贷款余额之和。

2）关注类贷款迁徙率

$$关注类贷款迁徙率=\frac{期初关注类贷款向下迁徙金额}{期初关注类贷款余额－期初关注类贷款期间减少金额}\times100\%$$

期初关注类贷款向下迁徙金额，是指期初关注类贷款中，在报告期末分类为次级类、可疑类、损失类的贷款余额之和。

3）次级类贷款迁徙率

$$次级类贷款迁徙率=\frac{期初次级类贷款向下迁徙金额}{期初次级类贷款余额－期初次级类贷款期间减少金额}\times100\%$$

期初次级类贷款向下迁徙金额，是指期初次级类贷款中，在报告期末分类为可疑类、损失类的贷款余额之和。期初次级类贷款期间减少金额，是指期初次级类贷款中，在报告期内，由于贷款正常收回、不良贷款处置或贷款核销等原因而减少的贷款。

4）可疑类贷款迁徙率

$$可疑类贷款迁徙率 = \frac{期初可疑类贷款向下迁徙金额}{期初可疑类贷款余额 - 期初可疑类贷款期间减少金额} \times 100\%$$

期初可疑类贷款向下迁徙金额，是指期初可疑类贷款中，在报告期末分类为损失类的贷款余额。期初可疑类贷款期间减少金额，是指期初可疑类贷款中，在报告期内，由于贷款正常收回、不良贷款处置或贷款核销等原因而减少的贷款。

5）不良贷款拨备覆盖率

$$不良贷款拨备覆盖率 = \frac{一般准备 + 专项准备 + 特种准备}{次级类贷款 + 可疑类贷款 + 损失类贷款}$$

一般准备是根据全部贷款余额的一定比例计提的用于弥补尚未识别的可能性损失的准备；专项准备是指根据《贷款风险分类指导原则》对贷款进行风险分类后，按每笔贷款损失的程度计提的用于弥补专项损失的准备；特种准备指针对某一国家、地区、行业或某一类贷款风险计提的准备。

6）贷款损失准备充足率

$$贷款损失准备充足率 = \frac{贷款实际计提准备}{贷款应提准备} \times 100\%$$

贷款实际计提准备指住房储蓄银行根据贷款预计损失而实际计提的准备。

5.3.4　住房储蓄信用风险控制

1. 合同额控制

合同额的控制有利于对客户信用风险的考量。住房储蓄银行考察客户的信用水平，不是以客户申请住房储蓄贷款为起点，而是起始于住房储蓄合同的签订。在信用评价上，不仅要考虑客户的贷款还款能力，还要考虑其存款能力。作为客户真实资金需求反映的合同额，是判断客户履约能力的必要条件，如果银行认为客户不具备完全履约能力，有权要求降低其所签订的合同额。

2. 限额管理

住房储蓄客户贷款总额的安排，主要参考客户的还款能力确定，另外还要根据客户的存款阶段行为、信用评分、押品覆盖程度、保证人保证能力等进行适当调整。

1）还款能力是确定贷款额度的主要依据

客户在银行贷款必须要通过其未来现金流予以偿还，因此，贷款额度的确定主要应根据客户的还款能力来确定，也就是要测算客户在贷款期限内的未来现金流总量，再明确客户到底有多少比例的现金流能够用来还款，从而确定能够给予客户的最大贷款额度。通过零售客户还款能力来确定贷款额度的基本思路如下：分析客户目前的收入（现金流）情况，结合所在行业变化、某些重大事件等因素评判客户未来的收入变化，对未来收入趋少的客户要结合收入变化做审慎安排；分析客户可用于还款的现金流情况，确定一个合适的负债收入比，原则上对一般客户应控制在 50%以内，对家庭月收入高的优质客户，可适当放宽；综合客户现金流、负债收入比，确定客户的最大贷款额度。

2）押品价值及变动趋势、担保人保证能力是贷款额度适当调整的参考因素

押品价值及其变化趋势、第三方保证人的担保能力和信用情况，对于住房储蓄贷款的未来还款有重大的影响。根据各个产品风险的差异，住房储蓄类信贷产品政策分别明确了可接受的担保方式，确定了可接受的最高抵质押率、担保人标准等。因此，住房储蓄客户贷款额度的安排，在参照还款能力初步确定后，还需要根据不同贷款品种的相关政策，结合抵押资产价值、抵押率、保证人的担保能力来适当调整。比如：对贷款期限较长，押品价值未来波动性较大的，抵质押率应适当调低，并据此适当调减客户的贷款总额。

3. 风险缓释管理

风险缓释是指通过担保措施或其他相应安排来降低风险的损失频率或影响程度，其作用是降低了债项违约时的实际损失，从而可以弥补债务人资信不足的缺点，提高债项的吸引力。信用风险缓释工具包括抵质押品、保证等。风险缓释工具在一定程度上提高了客户的还款意愿，降低了客户违约概率，同时增加了客户违约成本，形成"警示"效应，另外客户出现违约后，处置押品或向保证人追索可以减少损失，降低了违约损失率。因此，合理安排缓释工具，既可以有效降低或转移银行承担的信用风险，同时在用内部评级法计量计算监管资本、经济资本时，又可以降低资本的占用。

1）风险缓释工具安排的原则

（1）合法性原则：信用风险缓释管理过程应符合法律法规规定，确保可实施。

（2）有效性原则：信用风险缓释工具应真实，手续完备，确有代偿能力并易于实现。对于那些虽然符合法律规定，但实际变现较为困难的风险缓释工具，无

法真正起到缓释风险的作用，因而不宜作为风险缓释工具进行安排。

（3）审慎性原则：应考虑使用信用风险缓释工具可能带来的风险因素，保守估计信用风险缓释作用。

（4）独立性原则：信用风险缓释工具与债务人风险之间不应具有实质的正相关性。

（5）差别化原则：应根据信用风险缓释工具的不同特点和客户的风险特征采取差别化的风险缓释安排。所选择的缓释措施应与客户的违约风险相匹配。对于信用等级低（违约风险高）的客户，或者风险较高的信贷产品，应选择缓释能力强的工具；对信用等级高（违约风险低）的客户，或者信用风险低的产品，则可以匹配缓释能力相对较弱的工具，甚至可以采用信用方式。

2）零售客户缓释工具安排

风险缓释措施是防范零售信贷业务风险的重要手段。各个零售信贷产品的政策，都对具体的风险缓释措施提出了明细的要求。在缓释工具安排过程中，除按住房储蓄银行政策选择外，还应依据押品价值及其变动趋势、保证人担保能力、客户信用状况等，确定担保能否足额覆盖风险，若不能则应增加抵押物或增加保证人。

4. 关键业务流程及环节控制

信贷业务流程应当结构清晰、职能明确，在业务处理过程中做到关键岗位相互分离、相互协调、相互制约，同时满足业务发展和风险管理的需要。

住房储蓄贷款流程涉及很多重要环节，在此仅就信贷审批以及不良信贷资产处置中与信用风险管理密切相关的关键流程/环节进行简要介绍。

1）贷款审批

贷款审批是住房储蓄银行信贷业务全流程的决策环节，是信贷业务执行实施的前提与依据。广义的贷款审批涵盖了贷款审查和贷款审批的过程，包括住房储蓄银行贷款业务的方案设计、选择和决策等阶段，其目标是把借款风险控制在银行可接受的范围之内，力求避免不符合贷款要求和可能导致不良贷款的信贷行为。

住房储蓄贷款审批原则包括：

（1）授权审批原则。住房储蓄贷款审批人在书面授权权限内，依据规定程序进行审批。

（2）审贷分离原则。住房储蓄贷款业务的审批环节与营销和发放等环节分属不同部门，不得交叉。

（3）独立审批原则。住房储蓄贷款审批人独立发表决策意见，不受其他任何人影响。

2）不良信贷资产处置

住房储蓄银行的不良资产是指处于非良性经营状态的、不能及时给银行带来正常利息收入甚至难以收回本金的银行资产。银行不良资产的存在会危及银行的安全运行，降低银行自身的抗风险能力，严重的会导致银行破产乃至引发金融危机，因而必须对不良资产进行有效的处置。

住储类不良贷款处置是指针对依据住房储蓄银行相关贷款风险分类管理制度认定的不良贷款进行司法诉讼、债务重组，乃至核销等一系列催讨、追收与处理的程序和方法。

住房储蓄银行对个人类不良贷款的认定遵循"本级负责、统一认定、集中处置、检查评价"的原则。在对个人类不良贷款集中处置过程中，要充分考虑其中的特点，综合采取司法诉讼、债务重组、以资抵债、呆账核销等一种或多种手段和方式进行处置。

5. 池外投资业务的信用风险管理

住房储蓄资金除满足正常住房储蓄存款支付和贷款安排外，还会有一部分沉淀资金，这部分资金按照监管规定可以投资于低风险证券和同业业务。住房储蓄银行所投资的证券品种必须具有足够的安全性，保证池外资产的变现能力，同时密切关注和预测宏观市场的变化，及时采取相应措施以规避风险，如更加严格地检查贷款申请人的信用状况或拒绝提供贷款。

5.3.5　住房储蓄信用风险资本计量

巴塞尔银行监督委员会鼓励银行提高风险管理的复杂程度并采用更加精确的计量方法。商业银行风险资本计量方法主要有三种：基本指标法、标准法、高级计量法，其中，前一种又称为权重法，后两者又称为内部评级法。

由于我国住房储蓄银行还处于起步阶段，对于信用风险的资本计量方法，无论是监管部门还是中德住房储蓄银行，还停留在初步研究阶段。因此，本章仅对商业银行信用风险资本计量方法做一简单介绍。

1. 权重法

权重法下信用风险加权资产为银行账户表内资产信用风险加权资产与表外项目信用风险加权资产之和。商业银行计量各类表内资产的风险加权资产，应首先从资产账面价值中扣除相应的减值准备，然后乘以风险权重。商业银行计量各类表外项目的风险加权资产，应将表外项目名义金额乘以信用转换系数得到等值的表内资产，再按表内资产的处理方式计量风险加权资产。

2. 内部评级法

首先，商业银行应对银行账户信用风险暴露进行分类，并至少分为以下六类。

（1）主权风险暴露。

（2）金融机构风险暴露，包括银行类金融机构风险暴露和非银行类金融机构风险暴露。

（3）公司风险暴露，包括中小企业风险暴露、专业贷款和一般公司风险暴露。

（4）零售风险暴露，包括个人住房抵押贷款、合格循环零售风险暴露和其他零售风险暴露。

（5）股权风险暴露。

（6）其他风险暴露，包括购入应收款及资产证券化风险暴露。

主权风险暴露、金融机构风险暴露和公司风险暴露统称为非零售风险暴露。

其次，商业银行应分别计量未违约和已违约风险暴露的风险加权资产。

（1）未违约非零售风险暴露的风险加权资产计量基于单笔信用风险暴露的违约概率、违约损失率、违约风险暴露、相关性和有效期限。

未违约零售类风险暴露的风险加权资产计量基于单个资产池风险暴露的违约概率、违约损失率、违约风险暴露和相关性。

（2）已违约风险暴露的风险加权资产计量基于违约损失率、预期损失率和违约风险暴露。[①]

5.4　住房储蓄操作风险

住房储蓄产品的特色是存贷结合，因此，住房储蓄银行的操作风险是全流程的操作风险，涵盖住房储蓄业务的存款阶段、配贷阶段和贷款阶段的全流程。住房储蓄操作风险可按照风险成因或事件类型等标准进行分类，以满足操作风险管理需要。按风险成因，操作风险可分为内部程序、人员因素、系统因素和外部事件等四类。按事件类型，操作风险可分为内部欺诈、外部欺诈、违约和产品缺陷、其他外部事件、系统失灵和设备故障、执行交割和流程管理、劳动保护等七类。

住房储蓄银行操作风险的管理流程包括操作风险识别、评估、控制/缓释、监

---

①《商业银行资本管理办法（试行）》。

测、报告等环节。

5.4.1　住房储蓄操作风险识别

操作风险识别是指对住房储蓄银行经营活动和业务流程中可能影响银行经营绩效,可能给银行带来财务或非财务损失的所有内部或外部操作风险因素的识别,以便对其进行控制和管理。

操作风险识别是有效管理操作风险的基础环节,住房储蓄银行应当逐步建立和完善操作风险识别制度。各级机构和部门应当按照操作风险管理的相关制度要求,采用适当的工具,定期或不定期地进行操作风险识别。

操作风险识别应当保证及时性和充分性,同时建立相应的识别制度和机制。

(1)操作风险识别过程应当认真判断和分析银行所面临的内部因素(如银行的结构、战略目标、人力资源、组织机构、产品和服务、新设备和新系统的应用、人员流动等)和外部环境因素(技术进步、法律法规变化、行业变化、市场结构调整、经济周期性波动等);

(2)各级机构和部门应当确保新产品、活动、流程和系统在实施推广前,对其相关的操作风险进行充分识别;

(3)对于操作风险事件损失影响程度较大或发生频率上升较快的产品,应当及时进行操作风险重检;

(4)对于外包的产品或活动,应当进行充分的操作风险识别;

(5)各业务、产品的重要操作流程在新制订或做重大修订时,应当进行操作风险识别。

因住房储蓄业务规则复杂,流程较长,且采取的代理销售模式,因此,住房储蓄银行的操作风险主要表现为因销售人员销售中业务规则讲解不清等引发的操作风险以及信贷业务关键环节的操作风险,如尽职调查不到位等。

5.4.2　住房储蓄操作风险评估

在对操作风险进行识别后,我们就需要对识别出的风险进行评估,衡量其发生的可能性和发生后的影响,以判断哪些风险是银行可以承受的,哪些风险是银行不能接受的,哪些风险是需要控制的,从而确定操作风险的处置策略。在整个操作风险管理流程中,操作风险评估工作起着承上启下的作用,操作风险评估的结果将作为操作风险监测和检查的依据。

操作风险评估包括定性评估和定量评估两种。定性评估主要用于界定是否存在操作风险及操作风险的程度大小等问题，并不追求精确地测量操作风险的大小。在对操作风险计量精度要求不高的情况下，使用简单、快捷，以便迅速做出决策。定量评估主要用于精确测度操作风险的大小，因而通常需要借助数据模型来实施。定量评估往往要求有较长时间的数据积累、经验丰富的风险管理人员、数据整理、交换等系统支持。基于以上原因，操作风险的定量评估往往应用于全面、系统地测度商业银行的整体操作风险。

操作风险评估方法主要有操作风险自评估、情景分析、记分卡、因果网络（贝叶斯决策模型）等。

1. 操作风险自评估

操作风险自评估是国际银行业广泛使用的一种操作风险管理工具，指业务流程的参与者、经营管理活动的实施者根据操作风险管理的基本原理，采用一定的方法，对业务流程、经营管理活动中存在的操作风险状况与控制措施效果进行的定性评价活动。它利用业务人员、管理人员和风险管理专家的专业经验对业务中可能存在的风险进行评估和度量，其最终目的在于识别、评估和降低操作风险。

就每个经营目标而言，需要对有关威胁、控制和风险的信息进行捕捉，随后进行记录、归纳以及向高层管理人员汇报。评估目标内容包括：

威胁——妨碍目标实现的可能性事件；

控制——为实现目标而提供额外保证的活动；

认可的剩余风险——由于现有控制措施可能使一些经营目标无法完成的情况。

2. 情景分析

情景分析（Scenario Analysis，SA）是一种专业的操作风险管理方法，是指在识别情景的基础上，分析和评估情景发生频率和影响程度，并将结果应用于操作风险计量和管理的工具。

情景分析对于商业银行操作风险管理具有重要作用。从监管角度考虑，情景分析作为一种描述、推导和计量操作风险事件的方法，巴塞尔委员会及银监会要求实施高级法的金融机构开展此项工作。因此，情景分析的应用将作为银行高级计量法中重要的一环。情景分析的结果将用于如下两个方面：情景的评估结果除了被整合并用于监管/经济资本的计量外，定性的结果还将帮助银行提高风险控制能力、改善内部流程。

3. 影响和频率记分卡

利用预先设计的系列衡量指标，对已被识别的相关操作风险事件的影响及其发生的频率进行记分简称记分卡。记分卡方法已被反复证明是操作风险评估重要且有效的方法。

表 5-3　频率记分卡示例

频率	其他选择及相关词	频率得分	摘要	问题
低	不大可能	2	50 年 1 次	此类风险事件： 不大可能发生吗？ 比如 50 年 1 次？
欺诈交易的发生： 鉴于现行的控制水平较高，从内部损失的历史数据看，此类事件的发生频率低，即约 50 年 1 次。				
频率记分范围： 5 很高【几乎确定——1 年几次】 4 高　【有可能——2~5 年 1 次】 3 中　【一般——10 年 1 次】 2 低　【不可能——50 年 1 次】 1 很低【罕见——100 年 1 次】				

将已认知的操作风险种类依据发生的概率评定级别，在模拟计算操作风险引起的损失或不良后果以及计算风险价值时，作为参数予以考虑。

5.4.3　住房储蓄操作风险控制

操作风险控制/缓释是指根据操作风险识别评估的结果，结合住房储蓄银行发展战略、业务规模与复杂性，通过采取流程控制、行为监控、电子化、保险等一系列控制/缓释方法，对操作风险进行转移、分散、降低、规避，将其调整到可接受的风险水平。

住房储蓄银行应当制定相关政策、程序和流程来控制/缓释操作风险。对于已识别的操作风险，住房储蓄银行应当决定是采用适当的措施来避免、缓释、转移风险，还是承担风险。对于难以控制的风险，住房储蓄银行应当决定是接受风险，减少相关业务活动，还是停做此类业务。

控制/缓释措施以操作风险的识别评估结果为基础。对于通过识别评估发现的操作风险，各级机构应当制定并实施职责权限范围内的控制/缓释措施；对于超出权限的问题，应当逐级上报解决。住房储蓄银行的操作风险管理应当贯穿于业务活动的过程之中，鼓励各级机构主动、有效地控制操作风险，降低成本，提高收益。住房储蓄银行限制开展收益无法覆盖操作风险损失的业务。

　　风险缓释工具是操作风险管理的一种补充手段。住房储蓄银行应当全面、客观地评价风险缓释工具降低风险的能力，根据成本效益和预期损失相匹配原则，以及风险缓释措施的可操作性，针对不同类型操作风险事件采取实施外包、购买保险、调整流程、计提准备金、加强人员培训等不同的操作风险缓释措施。同时不应夸大缓释工具的作用，任何机构或人员不得以缓释工具代替自身进行内部控制和操作风险管理的责任。

　　由于操作风险涵盖所有业务环节，银行须针对各业务流程制订一系列内部管理和内部控制的制度和办法，并要求所有部门在其职责范围内严格执行，尤其要加强重点业务、重点环节的管控工作，在全行范围内强调风险文化管理。具体措施包括：①不断完善内控组织和控制体系建设工作，重点加强对业务岗位及系统用户的权限设置，完善不相容岗位分离制度，能够确保前、中、后台有效制约。②进一步明确各个环节、各个岗位的责任，内控合规部门和条线管理部门应有效履行监督检查职能，并对审计、检查发现的问题及时督促整改，确保内控执行与监督有效。③内控意识方面，逐步树立全行员工内控意识和"全面、全员、全过程控制"的内控理念，提高全行风险管理意识和能力。④通过加强销售人员销售行为检查、完善客户投诉处理管理等多种措施，强化营销管理，对非正常解除合同情况进行有效控制。⑤加大培训力度，提升关键岗位履岗能力，打造一支综合素质高的人才队伍。

5.4.4　住房储蓄操作风险监测

　　操作风险监测是指通过对各类风险指标的日常监测，对操作风险状况及其控制/缓释措施的质量实施动态、持续的监测。

　　住房储蓄银行开发并使用损失数据库、关键风险指标等工具监测操作风险。住房储蓄银行的操作风险损失主要表现为因客户非正常解除合同而导致的服务费退还。

　　住房储蓄银行履行操作风险监测职能的各级部门应当加强与其他部门和国内外各级机构的沟通，建立和保持信息交流机制，确保操作风险监测的全面性和有效性。

　　操作风险监控体系应当充分利用 IT 技术,将操作风险管理信息系统纳入住房储蓄银行 IT 总体系统统筹规划建设。

5.4.5　操作风险资本计量

根据巴塞尔新资本协议，操作风险资本计量方法也包含基本指标法、标准法、高级计量法。

1. 基本指标法

基本指标法是最简单、最基本的测算操作风险资本的方法，除了市场准入条件外并没有其他限制条件。基本指标法不仅适用于大型国际商业银行，还适用于较小的商业银行。

基本指标法测量资本分配的公式为：

$$K_{BIA} = \left[\sum_{i=1}^{n} \left(GI_i \times \alpha \right) \right] \Big/ n$$

其中，

K_{BIA} 表示基本指标法需要的资本；

GI 表示前三年中各年为正的总收入；

N 表示前三年中总收入为正数的年数；

$\alpha = 15\%$，这个固定比例由巴塞尔委员会设定，将行业范围的监管资本要求与行业范围的指标联系起来。

采用基本指标法银行持有的操作风险资本应等于：前三年中各年正的总收入乘上一个固定比例（用 α 表示）加总求平均值。如果某年的总收入为负值或零，在计算平均值时，就不应当在分子和分母中包含这项数据。为了确定最低规范资本要求，巴塞尔委员会把总收入定义为：净利息收入加上非利息收入。

2. 标准法

比基本指标法更为复杂的方法是标准法。在基本指标法中，资本要求以总收入为基础。

在标准法下，银行被分为较小的单元，即将银行的业务分为 8 个业务产品线：公司金融（corporation finance）、交易和销售（trading and sales）、零售银行业务（retail banking）、商业银行业务（commercial banking）、支付和清算（payment and settlement）、代理服务（agency service）、资产管理（asset management）和零售经纪（retail brokerage）。

在各产品线中，总收入是广义指标，代表业务经营规模，因此也大致代表各产品线的操作风险暴露。计算各产品线资本要求的方法是，用银行的总收入乘以该产品线适用的系数（用 β 值表示）。β 值代表行业在特定产品线的操作风险损失经验值与该产品线总收入之间的关系。

总资本要求是各产品线监管资本按年简单加总取三年的平均值。在任何一年，任何产品线负的资本要求（由负的总收入所造成）可在不加限制的情况下，用以抵销其他产品线正的资本要求。但如果在给定年份，各产品线加总的资本要求为负值，则当年分子项为零。总资本要求如下所示：

$$K_{\mathrm{TSA}} = \left\{ \sum\nolimits_{year1-3} \max\left[\sum\left(GI_{1-8} \times \beta_{1-8} \right), 0 \right] \right\} \Big/ 3$$

其中，

K_{TSA} 表示标准法计算的资本要求；

GI_{1-8} 表示 8 个产品线中各产品线过去三年的年均总收入；

β_{1-8} 表示由巴塞尔委员会设定的固定百分数，β 值详见下表：

表 5-4 操作风险标准法资本计量系数表

产品线	β 系数
公司金融	18%
交易和销售	18%
零售银行业务	12%
商业银行业务	15%
支付和清算	18%
代理业务	15%
资产管理	12%
零售经纪	12%
操作风险资本	$\sum_{i=1}^{8} x_i \beta_i$

替代标准法与标准法的思想类似，不同之处在于零售银行业务和商业银行业务的总收入 x_i 用该条线的贷款与预付款之和 y_i 替代，此时转换系数 m 等于 0.035。因此，这两个业务条线的资产要求等于 $y_i \times m \times \beta_i$，而其他业务条线的资本仍然按照上述办法进行计算。操作风险资本等于 $\sum_{i=3}^{4} y_i \times m \times \beta_i + \sum_{i=1, j \neq 3,4}^{8} x_i \beta_i$。

3. 高级计量法

高级计量法是指银行经过监管当局批准，采用规定的定量和定性标准，通过银行内部操作风险计量系统计算资本的方法。巴塞尔委员会指出，在采用高级计量法计算操作风险资本之时，可以采用内部衡量法（Internal Measure Approach，简称 IMA）、损失分布法（Loss Distribution Approach，简称 LDA）以及记分卡（Score

Card Approach，简称 SCA）等方法来进行。

内部衡量法的基本思想是根据非预期损失与预期损失之间的系数 γ，通过计算预期损失而得到非预期损失。

损失分布法是基于损失事件频率和损失强度的有关假设的前提下，对每一业务线/损失事件类型的操作风险损失分布进行估计的方法。采用损失分布法计算操作风险资本要求时，先根据历史数据拟合出损失频率和损失强度的分布函数，然后通过蒙特卡罗的方法模拟出年度损失分布，最后从年度损失分布计算出所需操作风险资本要求。

记分卡法主要通过调查和专家分析设计出多项前瞻性的关于操作风险的指标，并用这些指标来量化操作风险，测算和分配其他方法计算出来的资本要求。记分卡法的关键在于估计出每一类损失事件的风险指标、损失事件可能性、损失比率三个参数。用记分卡法计算操作风险的方法可以表示为[7]：

$$K(i; j) = EI(i; j) \times \omega(i; j) \times RS(i; j)$$

其中 EI 代表风险暴露（exposure indicator），RS 代表风险评分（risk score），ω 是一个比例因子（scaling factor）。记分卡方法较少依赖于历史数据，更多偏重于全面的定性分析，用银行的风险控制能力来反映其资本水平。因此，记分卡方法必须建立在良好的定量基础之上，并通过历史数据来验证其风险评估和计算结果。

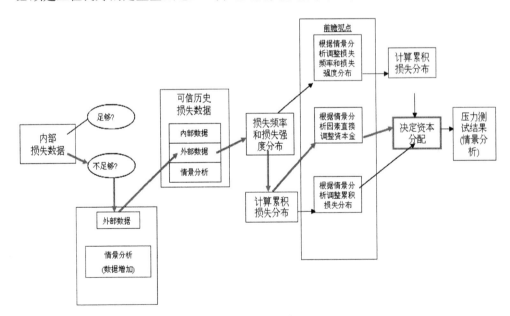

图 5-2　基于损失分布法的资本计算流程图

对于经营管理较好的银行，由于采用高级计量法计算出来的资本要求要低于采用基本指标法和标准法计算出来的资本要求（见图 5-3）。因此，高级计量法可以鼓励银行改善经营管理质量，提高风险管理水平。特别是采用记分卡方法计算操作风险资本具有一定的内在弹性，因为它能较好地与银行的风险和内控相适应，同时银行能尽早计算操作风险资本，而不必等到内部损失数据库建成或利用外部数据。记分卡的数据具有前瞻性，因此，与基于历史损失数据的方法相比，它能更好地对未来风险进行估计。

5.4.6 业务连续性管理

1. 业务连续性管理范围

业务连续性管理的理念目前在国内金融机构还未得到有效推广，大家对业务连续性管理的理解常常出现偏差，经常把业务连续性管理、危机管理和应急管理混为一谈，实际这是三个互有重叠，但又各具特色的管理体系。

住房储蓄银行业务连续性管理是操作风险管理的重要组成部分，是当自然灾害、人为破坏和技术故障等原因造成业务中断的业务连续性突发事件（以下简称"突发事件"）发生时，确保关键业务能在一定时间内持续运营或及时恢复的一整套管理体系，包括政策、制度和流程等。

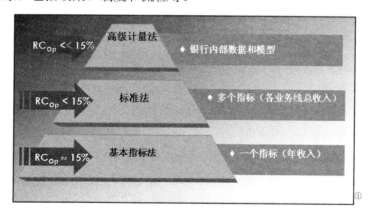

图 5-3　各种计量方法的资本分配系数

住房储蓄银行业务连续性管理重点关注的是会引起业务中断的突发事件，包括在面对突发事件时对业务恢复或持续运营的管理，以及为保证业务连续性计划或灾难恢复预案有效性的培训、演练和检查的全部过程。因此，并不是所有的突

---

① 关于印发《中国建设银行股份有限公司操作风险管理政策》的通知（建总发〔2007〕62 号）。

发事件都属于业务连续性管理范畴。

依据业务连续性管理的含义，住房储蓄银行业务连续性管理范围包括：

一是业务连续性管理仅包含操作风险突发事件，不包括流动性危机、声誉风险等其他突发事件。巴塞尔委员会发布的《业务连续性高级原则》明确表述，"业务连续性管理是操作风险管理的重要组成部分"，而《中德住房储蓄银行操作风险管理办法》也已明确操作风险管理不包括流动性风险和声誉风险。

二是业务连续性管理仅针对导致住房储蓄银行业务中断的突发事件。未导致业务中断的突发事件不应包含在业务连续性管理范围内，如金融案件或部分安保事件未导致业务中断，不属于业务连续性管理范畴。

三是业务连续性管理重点关注的是危及住房储蓄银行生存、可能导致全行业务瘫痪的关键业务，其他业务虽然也包含在业务连续性管理工作范围内，但不是工作重点。

2. 业务连续性管理工作原则

住房储蓄银行业务连续性管理应遵循以下原则：

（1）职责明确、分工协作。通过建立完善的组织体系，明确和落实各级机构、部门和员工的具体责任，加强部门间协调配合、分工合作。

（2）预防为主、防患未然。通过开展业务影响分析和风险评估，对各项业务进行全面分析，确定关键业务功能，识别和控制风险，减少风险隐患。

（3）控制损失、兼顾成本。权衡业务恢复所需关键资源配置成本，制定适当的业务连续性恢复策略，降低突发事件对业务的影响和损失。

（4）分级管理、快速响应。不同类别的突发事件，由相关部门按照突发事件的严重程度实行差别化处理，并通过建立高效的突发事件应急响应机制，做好应对突发事件的各项准备工作，明确越级汇报、紧急授权等相关规定，保证重大事件信息传递和决策的及时性。

（5）周期维护、持续改进。通过定期进行业务影响分析和风险评估、修订业务连续性策略和预案，并进行周而复始的演练、更新维护，以及对突发事件的事后总结和评估，持续改进完善业务连续性管理工作。

（6）合规经营、规范管理。业务连续性管理应严格遵守国家相关法律、法规以及监管机构相关要求，并保障总行统一制定的业务连续性管理政策制度的贯彻执行。①

---

① 风险经理能力提升岗位培训教材（三）：操作风险管理。

5.4.7　住房储蓄操作风险报告

操作风险报告是指各报告单位进行操作风险信息收集、加工与传输、汇总报告的过程。

住房储蓄银行应当建立全面、严格、及时的操作风险报告制度，对住房储蓄银行面临的各类操作风险进行研究、分析，并按照相应的报告制度及时、全面、真实地向分支行行长、业务条线负责人、高管层、总行风险管理部提供操作风险管理的整体情况，为合理配置资本和制定住房储蓄银行发展战略提供决策支持。

操作风险报告应当至少包括以下信息：

（1）面临或潜在的关键操作风险；

（2）操作风险的整体状况，包括但不限于操作风险的主要分布状况、损失情况、重要风险事件描述；

（3）识别出的重大操作风险、采取的优化控制措施及其执行效果；

（4）加强操作风险管理的建议。

操作风险报告分为定期报告和专题报告。各级机构和部门应当按时提交定期报告，并对报告中涉及内容的准确性、完整性和时效性负责。

重大操作风险事项和事件应及时报告高管层，并按规定报有关监管部门和中国建设银行总行。各级机构和部门应当制定与住房储蓄银行各类应急预案相对应的重大操作风险事件专题报告路线，以保障在发生重大操作风险事件时，上级管理机构能够及时获得事件的准确信息，迅速应对，将影响降至最低。[①]

5.5　住房储蓄其他风险

5.5.1　住房储蓄声誉风险

1. 定义和分级

声誉风险是指由银行经营、管理及其他行为或外部突发事件导致的，引发媒体关注或负面评价，可能对银行的社会声誉、品牌形象造成消极影响或损失的风险。

---

① 关于印发《中德住房储蓄银行操作风险管理办法（试行）》的通知（中德发〔2013〕86 号）.

声誉风险事件是指被媒体获悉或公开报道后，可能对住房储蓄银行的社会声誉、品牌形象造成影响和损害的相关行为、事件或情形。

声誉风险事件根据其动态变化过程，实行分级管理。

按照声誉风险事件所涉及的媒体覆盖面、报道力度、影响范围、持续时间等，分为五个级别：

（1）潜在声誉风险事件：已经被媒体获悉但尚未被媒体报道、尚未对住房储蓄银行声誉造成负面影响的行为、事件或情形。根据与媒体的沟通情况确定是否做升级处理。

（2）轻微声誉风险事件：个别媒体已报道或个人在网络上散布不利于住房储蓄银行的言论，但传播范围和影响范围较小，没有被主流媒体集中关注或炒作的负面报道。根据冷处理后的事态发展情况做升级或降级处理。

（3）一般声誉风险事件：引发区域性新闻媒体批评性报道，在一定区域范围内对住房储蓄银行声誉造成负面影响的事件。根据是否有媒体后续炒作或跟踪报道的情况做升级或降级处理。

（4）较大声誉风险事件：引发全国性新闻媒体批评性报道，在全国范围内对住房储蓄银行声誉造成较大负面影响的事件。视是否有媒体后续炒作或跟踪报道的情况做升级或降级处理。

（5）重大声誉风险事件：引发全球性新闻媒体批评性报道，在全球范围内对住房储蓄银行声誉造成重大负面影响的事件。

2. 现阶段所面临的声誉风险的形成原因

声誉风险形成的原因非常复杂，如果不能恰当的处理各种风险因素，就可能使银行形象、声誉遭受严重损失。

（1）市场传闻可能对住房储蓄银行产生不良影响。例如，在利率市场化的大环境下，新一轮非对称的降息周期，可能对住房储蓄产品的吸引力产生一定的负面影响。据目前情况来看，这种影响对住房储蓄银行造成的压力有限，对比其他商业银行来看，住储业务"恒定低息、风险可控"的特性能为住房储蓄银行在利率市场化这场持久战中提供可靠的助力。

（2）由其他种类的风险所引发的民事诉讼案件、客户投诉，如果处理不恰当、不及时，都可能引发声誉风险。声誉风险通常是操作风险、合规风险、信用风险、市场风险等其他风险的延伸，可能涉及操作失误、客户信息泄露、理财产品亏损、产品解释不清等诸多方面。

（3）住房储蓄银行如发生金融犯罪案件，可能使社会公众对住房储蓄银行的内部管理能力产生怀疑，从而引发声誉风险。

3. 声誉风险相关防范措施

（1）使产品更加"专注"。建立健康有效的客户退出机制，如建立住房储蓄忠诚奖励机制，使客户获得合理补偿的同时也提高了住房储蓄产品本身的吸引力。

（2）使服务更加"专业"。不断加强人员培训管理，通过在线学习平台、周末课堂、知识竞赛等专项教育使员工树立服务至上的工作意识，全方位提高服务品质，使软实力跟得上发展的节奏，为住房储蓄带来优质的客户口碑。

（3）夯实全面风险管理体系，从源头消除声誉危机隐患。逐步完善"三道防线"建设，并建立检查、问责、整改、培训的流程体系，建立起全行风险控制流程，从根源预防声誉风险。

（4）规范新闻报道流程，严格执行媒体采访、报道审批制度，为业务扩展营造良好的舆论环境。

5.5.2　住房储蓄法律风险

法律风险是指违反国家法律、法规或者其他规章制度导致承担法律责任或者受到法律制裁的风险和遭受侵害或遭受经济损失的风险。住房储蓄银行在业务活动中，应高度重视依法合规经营，防范法律风险。

按照《巴塞尔新资本协议》的规定，法律风险是一种特殊类型的操作风险，它包括但不限于因监管措施和解决民商事争议而支付的罚款、罚金或者惩罚性赔偿所导致的风险敞口。

住房储蓄的主要特征之一是契约性，所谓契约性，指客户加盟住房储蓄体系是以签署住房储蓄合同为标志的。住房储蓄银行设计合同文本和业务要素，客户提出缔结合同申请，银行考察客户的履约能力并许可后，双方签订合同并履行之。履约是指客户必须先履行存款义务，否则无法享受住房储蓄贷款权利。反之，当客户履行完存款义务后，住房储蓄银行有义务向能够满足贷款条件的客户发放贷款，履行贷款义务。因此，住房储蓄银行法律风险管理的核心是住房储蓄合同管理，包括合同文本的制订、合同签订、合同履行等。

法律风险的表现形式有：

（1）金融合约不能受到法律应予的保护而无法履行或金融合约条款不周密；

（2）法律法规跟不上金融创新的步伐，使创新金融交易的合法性难以保证，交易一方或双方可能因找不到相应的法律保护而遭受损失；

（3）形形色色的各种犯罪及不道德行为给金融资产安全构成威胁；

（4）经济主体在金融活动中如果违反法律法规，将会受到法律的制裁。

银行法律风险的防控首要的是在决策层、管理层及操作层都强调依法合规经营问题，即在银行内部树立"合法性效益"的观念，不鼓励"唯效益论"和"唯业绩论"，重视法律风险可能给银行带来损失的巨大程度和广泛影响。银行法律风险的防控还需要在决策中、经营中及观念上制定切实有效的防控体系，在内部机制上及经营过程中贯彻具体、可操作的防控措施，建立良好的银行法律文化。

法律风险的具体防控措施有：在决策法律风险防控中引入首席法律顾问负责制、法律顾问委员会制、法律风险管理体系及危机管理合法性措施；在经营中采取机制性和过程性的法律风险防控措施，包括在制度上建立授权制度、合规制度，对业务中的法律风险采取事前、事中、事后的全程管理，包括法律风险评估、法律尽职调查、法律合规咨询、合同全程管理、外部法律资源整合、诉讼仲裁管理、审核信息披露等等；在日常管理中突出合同管理、知识产权管理和授权管理。如对于达到一定标准的重大诉讼，统一由总行牵头管理，以总体把控可能发生的风险。原国务院国有资产监督管理委员会党委副书记黄淑和说，加强合同管理是防范企业法律风险的基础性工作，要建立以事前防范、事中控制为主，事后补救为辅的合同管理制度；注重银行法律文化建设，包括编制《依法合规责任手册》、开展法律风险防控培训、引入依法合规性绩效考核指标、提高法律合规人员素质及建立法律信息收集公布渠道等等。①

复习思考题

1. 住房储蓄银行风险的主要类别及每种风险的内涵是什么？

2. 住房储蓄银行风险管理的流程是什么？

3. 住房储蓄银行风险管理的五种主要策略是什么？

4. 谈一谈实施巴塞尔协议Ⅲ和新资本管理办法对住房储蓄银行的影响。

5. 风险评估的主要方法有哪几种，各有什么特点？

参考文献及扩展阅读建议

[1]巴塞尔银行监管委员会. 巴塞尔协议Ⅲ（综合版）［M］. 北京：中国金融出版社，2014.

[2]中国建设银行. 风险经理能力提升岗位培训教材（一）：信用风险管理.

---

① 袁开宇. 银行法律风险及防控. ［EB/OL］. 北大法律信息网，www.chinalawinfo.com，2003.

[3]中国建设银行. 风险经理能力提升岗位培训教材（三）：操作风险管理.

[4]中国银行业从业人员资格认证办公室编. 风险管理[M]. 北京：中国金融出版社，2007.

住房储蓄定价管理

本章学习目标

- 了解住房储蓄定价作用
- 了解住房储蓄定价基本原则
- 掌握住房储蓄产品价格项目
- 了解住房储蓄定价主要方法
- 掌握住房储蓄价格管理策略

6.1 住房储蓄定价基本原理

住房储蓄价格是指住房储蓄产品所包含的各项资金利率和服务费率标准。与一般商业银行产品定价相比，住房储蓄产品定价具备其独特性。一般商业银行金融产品的价格主要体现为存款利率、贷款利率和中间业务手续费等三种形式，但住房储蓄是一种存贷一体化金融业务，住房储蓄产品的价格不仅仅是单一业务价格，而是包含多要素的整体价格，具体体现为合同缔结环节缴纳的合同服务费、存款阶段的存款利率和忠诚奖励、贷款阶段的贷款利率等多项内容。

住房储蓄产品资金池封闭运作、利率恒定的产品特性，在为客户锁定了利率风险的同时，无形中加大了住房储蓄银行在利率市场化背景下的定价难度。同时，住房储蓄产品的定价在影响银行效益性和流动性的同时，也会影响到住房储蓄产品的金融功能完善。因此，深入了解住房储蓄产品定价的意义和原则，合理运用定价管理方法，制定有针对性的定价策略，建立住房储蓄产品的定价管理体系并不断优化调整，是住房储蓄银行的必然选择。

6.1.1 住房储蓄定价管理的作用

研究住房储蓄产品的定价不仅仅是满足住房储蓄银行经营效益的管理需要，更重要的是通过深入分析住房储蓄产品的价格项目和成本收益构成，在保证住房储蓄银行持续稳健经营的基础上，发挥良好的社会效益，实现住房储蓄参与者和银行的双赢。

1. 住房储蓄定价管理是住房储蓄银行流动性管理的重要保障

住房储蓄银行采取对资产和负债进行平衡性管理，对现金流进行缺口管理，对住房储蓄集体 SKLV 值和单项产品 SKLV 值的严格控制等手段，持续提高流动性管理水平，使资金池封闭运作的住房储蓄业务能够在外部市场环境不断变化调整下持续稳健经营。而住房储蓄产品定价则是 SKLV 值的计算基础。

住房储蓄银行在开发一款新产品时，首先要考虑的是必须满足流动性要求。只有符合住房储蓄集体流动性要求的产品才具有获得监管准入的可能性。如果一款对流动性产生重要冲击的产品得到发行，不仅会引起监管部门的关注，而且必将对住房储蓄银行的稳健经营带来负面影响。

根据前文对住房储蓄流动性的论述可知，首先，合理的 SKLV 值是住房储蓄产品满足流动性要求的前提和基础。SKLV 值设计的核心要素是住房储蓄产品的存款利率、贷款利率、存贷款时间等内容，而这些要素恰恰是住房储蓄定价管理的核心内容；其次，流动性管理中所关注的客户存款方式和放弃贷款比率等内容，在住房储蓄产品定价模型中也是重要的调节项目；再次，住房储蓄产品定价中的放弃贷款客户的收益补偿机制（忠诚奖励机制），对银行效益及流动性均具有较直接的影响；最后，住房储蓄产品的具体价格标准和执行的价格管理策略将直接影响住房储蓄参与者的积极性，进而影响住房储蓄资金池的流动性。因此，住房储蓄定价管理与流动性管理息息相关，有了科学的定价管理体系，则流动性管理将获得重要保障。

2. 住房储蓄定价管理是住房储蓄银行盈利性管理的重要基础

作为一类专业化的商业银行，住房储蓄银行追求盈利是其天然的目标。一般商业银行的经营收益主要来自于净利差收入和非利差性服务费净收入，银行提供的各类金融产品的价格是经营收益的决定性因素。住房储蓄银行的产品和服务定价也是决定住房储蓄银行经营收益高低的重要基础。只有确定了合理的存款利率、贷款利率和其他服务收费标准，才能使住房储蓄银行获得合理的利润空间。

住房储蓄产品的固定利率特征对住房储蓄定价管理提出了更高要求。利率市场化是金融市场发展的必然要求，市场资金的利率波动不可避免。但对住房储蓄产品来说，存贷款利率在数年内都将保持不变，如何能在各经济周期和不断变化的市场利率环境中使住房储蓄银行的经营收益保持相对稳定，非常考验其定价管理能力。

住房储蓄产品相对其他金融产品具有低价格特征，更不能追求短期暴利。如何通过相对较低价格来保持住房储蓄的吸引力和银行自身盈利能力，是一家住房储蓄银行经营管理能力的重要体现。

3. 住房储蓄定价管理是完善住房储蓄产品功能的重要手段

住房储蓄银行通过增加住房储蓄业务的收入、降低成本支出等手段保证其效益，同时在实现住房储蓄银行效益的基础上，全面梳理住房储蓄业务的成本和收益构成要素，综合运用成本加成法等相关定价方法，构建合理的成本收益模型，指导住房储蓄产品价格项目的确定，最终发挥其政策性住房金融属性是住房储蓄银行在中国的一项特殊使命。

第一，住房储蓄兼具互助合作和政策性住房金融的属性，需要发挥良好的社会效益，才能增强持续发展能力；第二，在保证住房储蓄集体利益的同时，住房储蓄银行需要具有并保持一定的收入能力，一方面维持住房储蓄集体日常运转和经营管理的正常开支，另一方面保证住房储蓄银行所有者获得应有的风险利润。

在具体经营中，住房储蓄银行需要针对不同金融属性设计不同产品和服务，而差别化的定价是实现住房储蓄产品功能差别化的重要手段。由于住房储蓄定价是一种整体定价模式，通过对住房储蓄产品各要素的分解和有机组合，能够满足不同群体的需要。一方面，住房储蓄银行可以根据政府住房保障政策和政府补贴的重点目标人群，设计相应的资金利率和服务收费标准，来满足中低收入人群的住房融资需求；另一方面，它也需要根据市场资金利率变化来设计具有一定盈利能力的产品来保证银行的经营目标。构建有针对性的住房储蓄定价管理体系，可以有效实现住房储蓄银行经营效益和社会效益的良好结合。

4. 住房储蓄定价策略是增强住房储蓄市场营销能力的重要方法

住房储蓄作为一类重要的住房金融业务，也需要通过高效的市场营销来获得客户认可。特别是在一个新市场、新区域，积极的市场营销必不可少。同时，由于住房储蓄具有存贷一体化、政府补贴、合作互助、合同管理等多种特征，客户在接受住房储蓄的过程中需要获得一个整体上理解和认知。对住房储蓄的市场营销来说，除了住房储蓄银行所提供的一系列便利性服务和文化理念传导，住房储蓄产品的价格仍然是客户需要考虑的最重要因素之一。

在住房储蓄市场营销中，一方面，要将产品的固定利率特征充分展示给客户，使客户能够接受这种住房融资理念；另一方面，也要将产品的相对利率优势充分展示给客户，使客户产生足够兴趣；同时，也可以通过灵活的其他服务收费价格调节来满足不同的客户需求。

针对不同的市场状况，住房储蓄银行在市场营销中可以充分发挥定价策略的作用，开展一系列促销活动，助推市场拓展。对于一个全新的市场区域，可以采取有吸引力的低价格促销策略，来吸引客户关注。对于一个上升期的市场，需要通过差异化的产品定价，满足不同客户群体的不同关切点。对于一个成熟的市场，则需要根据各种各样的主体营销活动，配以灵活的价格促销策略来保持稳定的市场热度。

需要注意的是，住房储蓄银行的价格营销策略应当避免采取片面的低价倾销策略。虽然住房储蓄产品在表面上看具有相对低价格的特征，但这种低价格不能与一般市场化的金融产品进行简单比较。住房储蓄的运作特征、金融属性和价格水平是一个整体，客户加入住房储蓄所获得的是一种整体的住房金融服务，除了表象的产品价格以外，更要让客户感受到住房储蓄所带来的其他收益和良好服务。

6.1.2 住房储蓄产品价格项目

住房储蓄产品的价格项目可为存款利率和贷款利率、合同服务费和忠诚奖励三大类。

1. 存款利率和贷款利率

住房储蓄产品作为资金池封闭运作、存贷一体化的金融产品，其存款利率和贷款利率应该作为一个整体进行定价衡量，其价格水平的确定，不仅仅影响到住房储蓄银行的经营成本及利润，更重要的是在利率市场化已经到来的今天，会直接影响到住房储蓄产品对客户的吸引力，从而影响到住房储蓄银行的生存与发展，因此存款利率和贷款利率是住房储蓄银行定价的核心内容。

1）存款利率

不可否认，加入住房储蓄集体的客户更为关注的是未来获得的住房储蓄贷款利率是否足够具备吸引力。一方面伴随着中国利率市场化的推进，客户在住房融资领域的选择越来越多，同时也更加关注付出的机会成本；另一方面，住房储蓄集体也需要可能有远期贷款需求的客户加入并进行存款贡献，存款收益多少也是这类客户关心的一项重要内容。上述因素使得客户对于存款收益的关注度逐渐提高。

存款利率按照金融产品的价格分类看，归属于利率，是住房储蓄客户存款价格最为直观的表征。住房储蓄产品"利率恒定"的特性决定了已推出产品的存款利率无法根据市场形势的变化和利润的需要适时调整，故在产品研发及推出前需进行充分深入的市场调研及未来市场走向预测，采取多种定价策略综合考虑，确定利率水平，以规避"利率恒定"为住房储蓄银行带来的风险。

住房储蓄存款一般按年计息，利息额依据不同产品及其相应的利率而定。利息将于每一公历年度的年底或在支取存款时的当日计入客户的账户中。存款利息不能单独支付。根据住房储蓄产品的不同，其存款利率标准也不一样。

2）贷款利率

对于有购房融资需求的客户来说，是否加入住房储蓄集体取决于未来获得住房储蓄贷款的利率是否足够具备吸引力。所以，一方面应充分参考外部市场中同类型的金融产品或服务的价格进行定价；另一方面还需要从住房储蓄银行自身出发，深入梳理分析各项成本及收益构成，使用"成本加成法"进行定价，以保证银行预期利润的获取。

贷款利率按照金融产品的价格分类看，归属于利率，是住房储蓄客户贷款价格最为直观的表征。贷款利率确定的高低直接影响了该产品能否具备市场认可度和竞争力，同时也和银行的预期利润直接相关，需要综合考虑，确定其价格水平。

　　住房储蓄贷款的利率一般依据所选择的产品及达到配贷条件的期限而定，中德银行根据客户借款余额变化情况按日计算、月结利息。客户应每月偿还一次贷款本息。还款方式通常采取住储等额法。根据住房储蓄产品的不同，其贷款利率标准也不一样。在中国，目前已经推出过的贷款利率档次有年利率 2.9%、3.3%、3.7%、3.9%、4.3% 和 5.3%，分别对应不同的最长贷款期限，在 6 年至 16 年不等。

　　除客户存款达到配贷条件获得的住房储蓄贷款外，住房储蓄银行为了满足客户达到配贷条件前的即期贷款融资需求，还推出了预先贷款。预先贷款作为住房储蓄客户未达到配贷条件时所获得的贷款，由住房储蓄银行根据其流动性状况和预期利润等自行确定发放条件及定价。

　　需要注意的是，利差收入是住房储蓄银行的一项重要收入来源。住房储蓄产品的存款利率和贷款利率的定价应该是一体化定价，而不是存款利率和贷款利率分别定价。当然作为影响客户存款阶段收益多少的另一项重要项目——忠诚奖励，也应在存贷款利率确定时纳入考量。

2. 合同服务费

　　合同服务费收入是住房储蓄银行的一项重要收入来源。按照金融产品的价格分类看，合同服务费归属于手续费，应遵照《商业银行服务价格管理办法》进行管理。合同服务费不仅是住房储蓄银行的主要利润来源，还肩负着客户甄选、风险防控的作用，住房储蓄银行在针对合同服务费自主定价时应充分考虑这一作用。

　　在中国，住房储蓄产品中合同服务费的收取方式目前主要分为两类：一类是签署时，按合同额的 1% 收取，提高合同额时，按提高额的 1% 收取；第二类是签署时，按合同额的 0.6% 收取，提高合同额时，按提高额的 0.6% 收取，客户贷款时按照贷款额的 0.5% 收取贷款服务费。合同服务费在住房储蓄银行发展过程中还出现过按照合同额的不同区间定额收取等其他收取方式。

3. 忠诚奖励

　　住房储蓄忠诚奖励按照金融产品的价格分类看，归属于利率范畴，是住房储蓄银行以存款利息的形式针对特定住房储蓄客户（为住房储蓄资金池进行了存款贡献但不使用住房储蓄类贷款资金）的存款收益补偿，属于或有性质。该项奖励可完全由住房储蓄银行自主定价，可针对不同的产品制定不同的奖励比率，同时根据市场形势的变化和业务经营管理的需要适时调整。

　　客户签订指定类型的住房储蓄合同、结清合同服务费、进行住房储蓄存款且存款余额满足一定条件，依据客户实际存款情况，在客户不使用住房储蓄类贷款，提出退出住房储蓄集体时可以获得忠诚奖励。客户可获得忠诚奖励的比例在合同签订时确定,在合同存续期间不做调整,具体取用的档次由客户存款存续时间决定。

6.1.3 住房储蓄产品定价原则

住房储蓄产品具有生命周期长且生命期内存贷款利率恒定不变的产品特性,这一特性决定了住房储蓄银行在产品定价方面需要充分考量可能的市场利率风险,在新产品研发阶段以及在售产品管理阶段都需充分进行市场分析和预测,把握定价重点内容及方向,做到合理定价,以寻求产品销售吸引力和银行收益的平衡。

1. 坚持统筹性原则

1)住房储蓄产品定价应考虑存贷各要素关系

住房储蓄产品定价必须以整个产品合同生命周期为基础,充分考虑存、贷款阶段各要素的关系。

一方面,针对存款利率和忠诚奖励:

存款利息+忠诚奖励+政府补贴≥同期限及风险特征的市场投资品收益

该项要求主要是将客户加入住房储蓄集体的机会成本纳入考量,保证放弃贷款的客户可以在存款阶段获益,保障其加入集体的积极性。

另一方面,针对贷款利率:

贷款利率≤相近期限及条件的住房融资产品贷款利率

该项要求主要是保证有住房融资需求的目标客户可以通过加入住房储蓄集体获得贷款省息目的,保证其购买产品的积极性。

2)住房储蓄产品定价必须遵循集体原则

在研发新的产品或确定产品价格时,住房储蓄银行需要将 SKLV 值、存贷利差和存贷期限结构等同时考虑。即做到住房储蓄集体资金流动性和银行利润获取的统一。

3)住房储蓄产品定价必须盯住市场

一是在确定产品存款利息收入时要与其他银行的相似风险特征和期限结构的投资产品进行对比;二是在确定产品贷款利率时要考虑产品的市场竞争力,比如和按揭贷款利率进行比较,应具有充分的吸引力;三是要考虑产品的期限结构等特征是否能够满足目标客户群体的需求,比如年轻消费群体的利益需求;四是应进行充分市场调研,深入评估客户对新产品的接受程度,进而评估出对新业务表现的影响;五是要让住房储蓄银行的销售人员充分了解新产品将如何潜在地影响营销和销售活动。

4）住房储蓄产品定价需要关注外部宏观环境

存贷款利率固定的住房储蓄产品是否具有良好的市场也依赖于住房储蓄银行所处的外部经济环境。比如，当外部市场环境不景气导致住房储蓄银行的存款投资收益无法按照预期获取，或者住房储蓄贷款不再具备低利率优势时，住房储蓄银行需要进行综合考量，审慎调整产品的定价。

2. 坚持稳定性原则

一方面，住房储蓄银行应当保持长远性视角，定价水平一经确定，应在一定时期内保持相对稳定，不宜随行就市。

由于产品满足的是中远期的需求，所以设计存贷款利率和期限结构时需要平衡当下的利率水平和未来的利率走势。利率设计得高，未来利率下降，大家愿意存款但不贷款，银行成本负担重，收益下降；利率设计得低，未来利率升高时，客户没有存款动力则合同质量出现问题，对经营有负面影响。因此，需要判断好一个利率区间（走廊），使客户不会在住储合同和市场产品中做转换。若未来利率变动幅度落在此区间内，一般不会频繁推出新的利率产品。

另一方面，住房储蓄银行应用于各个产品或渠道的定价优势需"各有侧重"，以保证住房储蓄产品体系和产品结构的合理性。这一点也是住房储蓄产品研发中需要注意的一项重要内容。

举例来说，针对合同服务费、忠诚奖励项目，住房储蓄银行应制定产品级的价格底线。同时，针对不同的产品、客户和渠道可以在合理范围内进行差异化定价，但同一产品、客户和渠道下享受定价优势的资源不能叠加，以避免产品体系中的产品销售吸引力差别明显，避免出现产品结构不合理现象。

3. 坚持定价充分原则

住房储蓄银行最终确定的产品价格，必须足以覆盖各种经营和管理成本，并在此基础上实现银行的预期利润。这一点会在下面的章节通过介绍住房储蓄产品的成本与收益构成来具体说明。

4. 坚持和流动性管理相结合原则

住房储蓄产品的定价应坚持和流动性管理相结合的原则，这是与一般商业银行产品定价的一项最显著差异。住房储蓄风险管理的核心是流动性管理，有计划、有规律的持续开展住房储蓄展业活动，同时保证资产和负债的动态平衡是住房储蓄流动性管理的重要工作内容。一款住房储蓄产品在定价时应充分考虑自身的流动性水平，同时还应将该产品纳入整体产品体系和资金池管理中，充分评估其未来销售规模和资金流对住房储蓄资金池的影响水平。

　　一般来讲，住房储蓄银行会审慎研发和推出新产品。如推出新产品在定价时也会充分结合未来市场的利率走势及银行自身的流动性管理情况，统筹考虑，充分定价，在保障一定的预期利润前提下，尽量保障业务资金池的稳定性和产品结构的合理性。

6.2　住房储蓄定价方法

　　加强住房储蓄产品定价管理，一方面要体现银行的经营成本和风险管理能力，另一方面也要体现对住房储蓄者的吸引力和回报率。因此，确定产品价格时必须综合考虑多种要素，实现各利益攸关方的平衡。

6.2.1　住房储蓄产品成本构成

　　住房储蓄银行在经营过程中同一般商业银行相仿，也会涉及各项复杂的成本构成，这里我们参照商业银行利润表列示的成本项角度，对住房储蓄银行在经营住房储蓄业务过程中需要支付各项费用和成本进行一一说明。

小贴士：商业银行利润表格式

编制单位：　　　　　　　　　　　　　　　年　　　月　　　　　　　　　　单位：元

项目	本期金额	上期金额
一、营业收入		
利息净收入		
利息收入		
利息支出		
手续费及佣金净收入		
手续费及佣金收入		
手续费及佣金支出		
投资收益（损失以"—"号填列）		
其中：对联营企业和合营企业的投资收益		
公允价值变动收益（损失以"—"号填列）		
汇兑收益（损失以"—"号填列）		
其他业务收入		

续表

二、营业支出		
营业税金及附加		
业务及管理费		
资产减值损失		
其他业务成本		
三、营业利润（亏损以"—"号填列）		
加：营业外收入		
减：营业外支出		
四、利润总额（亏损总额以"—"号填列）		
减：所得税费用		
五、净利润（净亏损以"—"号填列）		
六、每股收益：		
（一）基本每股收益		
（二）稀释每股收益		

反映银行经营业绩的利润指标有三个，营业利润、利润总额和净利润，各自的计算公式如下：

营业利润＝利息收入＋手续费及佣金收入＋投资收益＋公允价值变动收益＋汇兑损益＋其他业务收入－利息支出－手续费及佣金支出－营业税金及附加－业务及管理费－资产减值损失－其他业务成本

利润总额＝营业利润＋营业外收入－营业外支出

净利润＝利润总额－所得税

1. 销售佣金

住房储蓄银行可以通过多种方式和渠道进行产品销售。其展业模式上既可以通过银行自行销售也可以通过机构代理销售。在银行自行销售时既可以通过代理人团队、银行营业机构进行线下产品销售，也可以借助电子银行渠道线上自助销售；通过机构代理销售时既可以和专业代理销售公司合作销售，也可以委托其他商业银行代销以及办理后续贷款相关业务。上述业务模式下均会涉及销售佣金支出。

销售佣金支出是住房储蓄产品成本的一项重要构成内容，也是产品收益模型中的一项不可或缺的重要因素。基于银行核算及管理考虑，该项支出一般纳入银行的"手续费及佣金支出"项目中统一进行管理。

住房储蓄银行在不同渠道和方式下支出的佣金比例和额度也存在差异，一般来说，住房储蓄银行按照销售佣金支出不大于合同服务费收入的基本原则核定该部分价格。伴随着互联网金融的风生水起，住房储蓄银行借助线上渠道逐步实现住房储蓄产品的批发化销售，其佣金成本支出降低效果会越来越显著。

在住房储蓄产品收益模型测算中，销售佣金一般通过下面的公式进行计算：

销售佣金＝合同服务费×销售佣金支出比例

销售佣金支出比例一般由住房储蓄银行根据自身的业务经营实际情况综合考量并确定。

2. 存款利息、忠诚奖励支出和资金成本

"利息支出"是商业银行获取资金的成本，一般是银行支出的主要部分，主要包括存款利息支出和借款利息支出。近年来，商业银行更加注重利用借入资金来获得资金来源，使得借款利息支出比重逐渐上升。其中，短期借款主要包括向中央银行借款、同业拆借、证券回购、发行短期商业票据等。长期借款主要是指发行金融债券，尤其是附属资本债券。

住房储蓄业务资金池封闭运作的特性，要求住房储蓄银行建立住房储蓄业务与其他业务之间的风险隔离制度，与其他业务分账核算、分别管理。在此情况下，住房储蓄存款利息、忠诚奖励支出是住房储蓄业务对应利润表中的"利息支出"项目的最主要部分。

在模型测算中，存款利息支出一般按照按年结息的方式进行计算：

存款利息＝存款本金×〔(1＋年利率)^期数－1〕

忠诚奖励支出因针对不同的存款档次对应不同利率，且和达到配贷条件的客户放弃贷款比例息息相关。

与此同时，住房储蓄银行在经营过程中也可能发生同业拆借资金的行为，以临时性补充住房储蓄资金池，拆借资金成本占据住房储蓄业务对应的"利息支出"项目的一小部分。如该部分占据比重加大，则一定程度上反映出住房储蓄银行存在资金期限错配下的流动性风险。

在模型测算中，拆借资金成本的计算公式如下：

拆借资金成本＝拆借资金额×拆借利率×期限。

3. 存款保险费

我国自 2015 年 5 月 1 日起正式施行《存款保险条例》，存款保险，是指投保机构向存款保险基金管理机构交纳保费，形成存款保险基金，存款保险基金管理机构依照本条例的规定向存款人偿付被保险存款，并采取必要措施维护存款以及存款保险基金安全的制度。

住房储蓄存款作为居民储蓄存款的一员，也需按照相关制度要求缴纳保费。该项支出作为住房储蓄业务对应利润表中的"其他业务成本"项目中体现。

存款保险费计算公式为：

存款保险费＝投保基数×投保期间×存款保险费率

4. 营运成本

住房储蓄银行运作过程中同样会为组织和管理银行业务经营发生各项费用，如员工工资及福利、奖金、津贴和补贴、养老保险、住房公积金、工会经费和职工教育经费、退休金、因解除劳动关系给予的补偿、会议费、差旅费、折旧费、租金和物业管理费、水电费、审计费、聘请中介机构费、诉讼费、咨询费、业务招待费、房产税、土地使用税、车船税、印花税、矿产资源补偿费、技术转让费和行政管理部门等发生的固定资产修理费用等。

该类费用作为住房储蓄银行的营运成本，可以细分为固定成本和可变成本，在特定场景和业务规模下可以通过边际成本定价法进行量化估算，预测银行利润。营运成本在住房储蓄业务对应利润表中的"业务及管理费"项目中体现。

在模型测算中，可以根据实际业务净收入确定平均收入成本比，计算公式为：

营运成本＝业务净收入×平均收入成本比

5. 贷款风险成本

住房储蓄银行也需针对住房储蓄类贷款计提减值准备并计入损益。该贷款损失准备以及其他固定资产减值准备和无形资产减值准备等和一般商业银行管理上并无差异，体现在对应利润表中的"资产减值损失"项目中。

在模型测算中，可以根据实际业务数据确定贷款风险成本率，计算公式为：

贷款风险成本＝贷款额度×期限×贷款风险成本率

6. 营业税金及附加

住房储蓄银行同样需将经营过程中发生的各种税费，如营业税、消费税、资源税、城市维护建设费和教育费附加等计入对应利润表中的"营业税金及附加"项目中。

在模型测算中，可以根据实际业务数据确定平均营业税金成本率，计算公式为：

营业税金＝贷款额度×期限×营业税金成本率

7. 存款准备金成本

住房储蓄银行同样需要按照中国人民银行的相关规定缴存存款准备金，并获得存款准备金收益。对于封闭运作的住房储蓄资金池来讲，按照目前规定的缴存比重在央行存放存款准备金，一方面对住房储蓄资金池可用余额影响较大，在一定程度上对住房储蓄银行的流动性管理提出了更高要求；另一方面，对住房储蓄存款成本影响较大，相当于变相拉高了经营成本。而银行获得的存款准备金收益实是一种对银行沉没成本的变相补偿。

6.2.2　住房储蓄产品收益构成

针对住房储蓄产品的收益，我们同样参照商业银行利润表列示的收入项角度进行说明。对于住房储蓄产品的收益主要涉及住房储蓄合同服务费收入、存款的投资收益以及住房储蓄类贷款的利息收入几个部分。

1. 贷款利息收入

住房储蓄类贷款的利息收入是住房储蓄银行最主要的利润来源，其收入在对应利润表中的"利息收入"项目中体现。

住房储蓄贷款一般通过住储等额法确定每月还款额，其核算方式为等额本息法。在模型测算中，计算公式为：

贷款利息＝还款月数×每月月供额－贷款本金

说明：月利率＝年利率÷12

2. 合同服务费收入

住房储蓄合同服务费是住房储蓄银行在住房储蓄业务中最重要的一项手续费收入来源，一般计入对应利润表中的"手续费及佣金收入"项目中。

在模型测算中，一般根据具体服务费收取方式来计算。按照合同额一定比例收取的产品，对应计算公式为：

合同服务费＝合同额×合同服务费占合同额比例

如贷款阶段需缴纳服务费，一般对应的计算公式为：

贷款阶段服务费＝贷款额×贷款阶段服务费占贷款额比例

3. 住房储蓄存款投资收益

住房储蓄业务资金池封闭运作，其基本业务规则要求住房储蓄存款资金需优先用于住房储蓄类贷款的发放。所有住房储蓄银行可以进行投资获益的存款是缴纳完存款准备金且满足住房储蓄类贷款资金需求后剩余的住房储蓄资金池可用余额部分。

监管法规一般对住房储蓄银行结余资金的投向有明确限制，主要是应投向低风险、高变现率的金融市场业务。住房储蓄存款投资收益计入对应利润表中的"投资收益"项目中。

在模型测算中，一般计算公式为：

住房储蓄存款投资收益＝可投资存款额×期限×平均投资收益率

6.2.3　住房储蓄产品收益模型

产品收益模型构建是否成功，直接关系到产品定价是否合理，关系到银行是否能够最终获取到预期的利润并保持持续稳健的经营发展，具有十分重要的地位和作用。只有深入了解产品运作本质，全面掌握产品运营中的各项成本和收益构成，并辅之以一定的数学方法和理论，在使用过程中不断调整完善，才能最终构建出相对合理准确的产品收益模型，在指导业务实践中发挥相应的作用。

下面我们以产品利润贡献度模型、现金流量折现法模型和产品业务规模分析模型为例，简述银行收益模型的构建方法，从而指导住房储蓄产品的定价。

1. 产品利润贡献度模型

该模型基于理想情况下资金封闭的住房储蓄产品生命期构建，主要用于横向比较在售的各个住房储蓄产品对于住房储蓄银行的利润贡献大小，得出定性结论，从而指导住房储蓄银行管理住房储蓄产品的结构占比和业务发展侧重。

（1）模型假设前提

①假定各基础住房储蓄产品均按照产品推荐存款行为完成存款并全部申请住房储蓄贷款，直至贷款正常结清；

②假定银行业务量稳定，业务增长率为 0。

计算公式：

首先，我们来看看产品利润的计算公式：

产品利润＝产品净收入－营运成本－贷款风险成本－营业税及附加

＝贷款利息收入＋服务费收入－销售佣金支出－存款利息支出－存款保险费－营运成本－贷款风险成本－营业税及附加

这样，可以很简单地得到某个具体产品的利润贡献度公式：

产品利润贡献度＝产品利润/单位产品额度/产品总期限

（2）模型分析

①对不同的住房储蓄产品来说，除了服务费收入、销售佣金支出可以忽略其差异性外，剩余的要素项均和该产品下存款在银行的存续期间或者客户贷款资金占用期间直接关联。换言之，这和客户对住房储蓄资金池的存款贡献与使用低息贷款权利的占比存在关联关系，而该占比关系恰好体现的是住房储蓄产品流动性管理中的一项重要指标——SKLV 值。

②该模型假定了住房储蓄客户百分之百使用住房储蓄贷款资金，且每个产品的存贷款资金平衡，使得无需支出忠诚奖励，同时模型并未考虑基础住房储蓄产品在研发推出时预设的放弃贷款比率，其分析结果仅适合作为理想状态下银行对各产品的定性指标参考。

（3）模型用途

通过该模型，可以得到理想状态下各住房储蓄产品对银行的利润贡献大小，为银行定性评估产品，以及决策产品的结构占比和业务发展侧重时提供一定依据。

2. 现金流量折现法模型

该模型是基于现金流量管理角度，通过住房储蓄产品全周期的现金流量测算，综合考虑产品的 SKLV 值、解除率、放弃贷款比例等因素影响，找到盈亏平衡点，进而为产品研发时确定住房储蓄产品的存贷款利率水平、忠诚奖励比例等提供借鉴依据。

（1）模型假设前提

①假定各基础住房储蓄产品均按照与产品 SKLV 值相匹配的放弃贷款比例进行配贷；

②假定银行业务量稳定，业务增长率为 0；

③假定资金池结余资金为 0，各产品的贷款资金来源于各产品下的合同存款。

计算公式：

首先，我们来看看各期现金流量的计算公式：

存款阶段当期现金净支出＝当期存款利息支出＋当期营运成本＋当期存款保险费＋当期忠诚奖励支出

贷款阶段当期现金净收入＝当期贷款利息收入－当期营运成本－当期贷款风险成本－当期营业税及附加

然后，我们针对上述计算公式中的要素项进行折现，计算得出折现后的产品利润：

产品利润

$$= \sum_{t=1}^{n} 折现后贷款阶段当期现金净收入 - \sum_{t=1}^{m} 折现后存款阶段当期现金净支出$$

其中 n 为贷款期限，m 为存款期限。

这样，我们就可以针对各不同产品，通过调整存贷款利率和忠诚奖励比例使产品利润为 0，获得存贷款利率定价的底线参考。

（2）模型分析

①对于该模型，采取的折现率对模型测算结果影响较大，住房储蓄银行应从自身实际出发，综合考虑经营过程中拆入资金的各项成本并合理预测未来融资市场环境走向，进而选取相对合理的折现率。

②该模型假定产品按照资金池封闭运作且客户以银行期望的放弃贷款比例进行配贷，如实际产品运行中该放弃配贷比例变动较大，对模型测算的结果影响也较为突出。

（3）模型用途

通过该模型，其结论可以为住房储蓄产品的存贷款利率水平和忠诚奖励比例的确定提供依据。

延伸阅读：现值及现金流量折现法

货币资金具有时间价值。所谓现值就是未来一定数额的资金在现在的价值，也就是按照一定的折现率和折现方式，将未来某特定时刻的一定数额的现金或现金流折合成现在的资金的价值。计算现值的过程称为贴现计算。在进行金融产品定价中，为使定价更为合理准确，经常采取折现方式。

其计算公式为：

$P=S/(1+r)n$

其中：P 为现值；

S 为未来某时点的货币数额；

R 为折现率；

N 为未来时点距离现在的期限。

举例：（1）如果一年后需要 1 040 元购买某商品，银行一年期存款利率为 4%，现在应该将多少钱存入银行？显然只需要 1 000 元就够了，因为在存款利率为 4% 时，现在的 1 000 元相当于一年后的 1 040 元，换言之，在折现率为 4% 情况下，一年后的 1 040 元的现值为 1 000 元。

（2）有一张面值 1 000 元的债券，期限五年，该债券在每年某都会按 6% 的利率向持有人支付利息，到期归还 1 000 元本金，如果某投资者采用的折现率为 5%，这样债券对他来说现值多少，或者说投资者愿意花多少钱购买这张债券？

购买债券后，投资者未来收益为：一年后利息 60 元，二年后利息 60 元，五年后利息加本金 1 060 元。根据公式债券的现值为：

$$P = \sum_{t=1}^{4} \frac{60}{(1+0.05)^t} + \frac{1060}{(1+0.05)^s} = 1043.29 元。$$

现金流量折现法是对企业未来的现金流量及其风险进行预期，然后选择合理的贴现率，将未来的现金流量折合成现值。

现金流量折现模型的计算公式为：

$$价值 = \sum_{t=1}^{n} \frac{CF_t}{(1+r)^t}$$

其中：n 为资产的年限；

CF_t 为 t 年的现金流量；

r 为包含了预计现金流量风险的折现率。

使用此方法关键有两方面内容：第一，预期企业未来存续期各年度的现金流量；第二，要找到一个合理的公允的折现率。针对公允的折现率确定，应当遵照如下几个普遍原则：一是折现率必须高于无风险率，无风险率一般指政府发行的国库券或银行存款利率；二是折现率应体现投资回报率，在正常的资本市场和产权市场条件下，任何一项投资的回报都不应低于该投资的机会成本，资产评估中的折现率反映的是资产的期望收益率；三是折现率应能体现资产的收益风险，在市场经济条件下如想获得高收益一般要付出高风险；四是折现率应当和收益口径相匹配，以保证评估结果的合理性。

现金流量折现法是资本投资和资本预算的基本模型，被看作是企业估值定价在理论上最有成效的模型，因为企业的经济活动就表现为现金的流入和流出。由于有坚实的基础，当与其他方案一起使用时，现金流量折现法所得出结果往往是检验其他模型结果合理与否的基本标准。

3. 产品业务规模分析模型

该模型是参照本量利分析的基础原理，综合现金流量折现等方法，构建的基于不同住房储蓄产品销售规模和配贷比例下的银行盈利性模型。通过该模型可以得到不同产品在盈亏平衡点下的最小业务增速，为住房储蓄银行业务量规划的拟定和产品结构优化提供借鉴。

1）模型主要参数

（1）业务增长率

根据历史业务数据得出住房储蓄银行的经验业务增长率，并以此设定上下浮动的比例；

（2）放弃配贷比例

根据历史业务数据得出不同产品的经验放弃配贷比例，并以此设定上下浮动的比例；

（3）解除率

根据历史业务数据得出不同产品的经验解除率，并以此设定上下浮动的比例；

（4）折现率

根据当前债券市场的价格，参考近年来的金融债券及存款利率变动情况确定用于模型测算的折现率参数；

（5）在售产品占比

根据历史业务数据得出不同产品的经验占比，并在此基础上进行调整测算；

（6）其他参数

根据银行经营的各项实际支出，综合确定销售佣金支出比例、存款保险费率、贷款风险成本率等，根据银行政策及产品本身约定，确定服务费收取比例、忠诚奖励比例等。

2）模型用途

（1）通过该模型，可以得到各项参数对银行利润的敏感度，进而指导住房储蓄银行业务管理中的管理侧重。

（2）通过该模型，可以得到各住房储蓄产品在盈亏平衡点下的业务增长率要求，进而指导住房储蓄银行制定未来的产品和业务发展规划及规模。

（3）通过该模型相关结果，还可以为住房储蓄产品推出市场后的评估工作提供相关依据和借鉴，从而指导银行产品的结构优化。

延伸阅读：本量利分析及盈亏平衡点确定

本量利分析是成本、业务量和利润三者依存关系分析的简称，也称为 CVP 分析（Cost—Volume—Profit Analysis）。它是指在成本习性分析的基础上，运用数学模型和图式，对成本、利润、业务量与单价等因素之间的依存关系进行具体的分析，研究其变动的规律性，以便为企业进行经营决策和目标控制提供有效信息的一种方法。

本量利分析是以成本性态分析和变动成本法为基础的，其基本公式是变动成本法下计算利润的公式，该公式反映了价格、成本、业务量和利润各因素之间的相互关系。即：

税前利润＝销售收入—总成本＝销售价格×销售量—（变动成本＋固定成本）

＝销售单价×销售量—单位变动成本×销售量—固定成本

即：$P = px - bx - a = (p-b)x - a$

其中：p 为税前利润；

　　　p 为销售单价；

　　　b 为单位变动成本；

　　　a 为固定成本；

　　　x 为销售量。

该公式是本量利分析的基本出发点，以后的所有本量利分析可以说都是在该公式基础上进行的。确定盈亏临界点，是进行本量利分析的关键。

盈亏临界点（breakeven point）又称为保本点、盈亏平衡点、损益两平点等，是指刚好使企业经营达到不盈不亏状态的销售量（额）。此时，企业的销售收入恰好弥补全部成本，企业的利润等于零。盈亏临界点分析就是根据销售收入、成本和利润等因素之间的函数关系，分析企业如何达到不盈不亏状态。也就是说，销售价格、销售量以及成本因素都会影响企业的不盈不亏状态。通过盈亏临界点分析，企业可以预测售价、成本、销售量以及利润情况并分析这些因素之间的相互影响，从而加强经营管理。企业可以根据所销售产品的实际情况，计算盈亏临界点。

下面我们来看看企业只销售单一产品时的盈亏临界点计算。

根据本量利分析的基本公式：

税前利润＝销售收入—总成本＝销售价格×销售量—（变动成本＋固定成本）＝销售单价×销售量—单位变动成本×销售量—固定成本

$P = px - bx - a = (p-b)x - a$

企业不盈不亏时，利润为零，利润为零时的销售量就是企业的盈亏临界点销售量。即：0＝销售单价×盈亏临界点销售量—单位变动成本×盈亏临界点销售量—固定成本

盈亏临界点销售量＝固定成本/（销售单价—单位变动成本）

相应的，盈亏临界点销售额＝盈亏临界点销售量×销售单价。

例如：假设某企业只生产和销售一种产品，该产品的市场售价预计为100

元，该产品单位变动成本为 20 元，固定成本为 32 000 元，则盈亏临界点的销售量为：

盈亏临界点销售量＝固定成本/（销售单价—单位变动成本）

＝32 000/（100-20）＝400（件）

相应的，可以算出盈亏临界点的销售额＝100×400＝40 000（元）

6.3 住房储蓄价格管理策略

产品定价是一门科学，同时也是一种艺术。住房储蓄银行作为一家专业化商业银行，应在遵照监管规定的前提下，结合住房储蓄业务自身的特点和本行的实际情况，遵循市场规律灵活运用定价策略，使本行产品的定价具有更强的科学性和艺术性。一方面可以参考一般商业银行产品的定价方法，结合银行预期利润和业务发展实际需求，运用高低价策略和差别定价策略等针对合同服务费、忠诚奖励等价格项目进行不断地调整，以更好地适应市场和客户需要。更重要的是，通过深入分析住房储蓄产品本质特征，基于其产品特性灵活选取并组合运用多种定价策略，形成其特色的定价策略和定价重点。

6.3.1 住房储蓄存款和忠诚奖励定价策略

1. 基于行业价格模式

住房储蓄产品定价的一项重点内容就是重点发挥放弃贷款客户的收益补偿作用。该项作用就是通过忠诚奖励作为杠杆来实现的。同时，忠诚奖励的定价需充分对标行业的风险偏好和特征相近的产品，以保证客户加入住房储蓄集体的积极性。

基于行业价格的最直观参照物为相近期限的居民储蓄存款，住房储蓄银行需充分分析和预测未来一般商业银行居民储蓄存款的价格走势，调整忠诚奖励的价格标准，保证客户在放弃贷款情况下的综合收益水平具备一定的吸引力。

2. 基于逆向倒推模式

基于逆向倒推模式对合同存款和忠诚奖励进行定价管理主要体现在两个维度。

一是通过客户对住房储蓄产品觉察认知的价值作为基础倒推制定价格。

住房储蓄产品具有低息贷款资格或存款保本保息稳定收益的或有特征，客户对此感知价值越高，愿意付出的价格也就越高。住房储蓄银行需采取有效的营销策略突出产品优势特征，加深客户对产品的认知和理解，从而提高客户愿意支付价格的限度。通过合理估计和测量客户对于住房储蓄产品可付出价格，也就是客户可接受的存款阶段的最低综合收益，由此逆向倒推出合同存款和忠诚奖励可执行的最低利率标准 R1。

二是通过银行的盈亏平衡点作为基础倒推制定价格。

住房储蓄产品定价思路中，银行一般通过对未来市场的分析和预测先行确定产品的贷款价格，通过梳理住房储蓄产品的各项收入和支出构成，构建相关测算模型，可通过盈亏平衡法倒推出住房储蓄产品合同存款和忠诚奖励可执行的最高利率标准 R2。

以上两个维度得出的最低利率标准和最高利率标准中间的区间，则是住房储蓄银行的最大利润空间。如住房储蓄银行在盈亏平衡法中加入了预期利润的考量，则可倒推出住房储蓄产品合同存款和忠诚奖励可执行的适宜利率标准 R3。

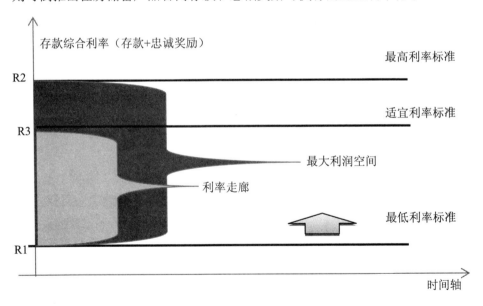

图 6-1   银行利润空间及利率走廊图示

3. 基于综合评定模式

住房储蓄产品存款及忠诚奖励的定价需要考虑和衡量的内外部因素多种多样。

一是内部因素。放弃贷款比例直接决定了选择获取忠诚奖励的业务比重，同时也影响到进行模型测算时的贷款规模及相关成本收益，是一项最重要的影响因素。合同解除率及解除时间梯次影响到忠诚奖励发放时间及规模，同时也影响到资金池的存款余额，也是一项重要影响因素。此外，影响因素还有在售产品占比、业务增速规模、银行战略目标定位等定量和定性的相关因素。

二是外部因素。住房储蓄产品存款及忠诚奖励评定时涉及外部因素较多，主要有同风险特征金融产品价格、折现率、存款保险费率、投资回报率、拆借资金成本，等等。综合评定中需要针对各个外部影响因素细致分析，准确纳入到成本和收益的各项计算公式中，以保证综合评定及模型搭建的准确性。

6.3.2　住房储蓄贷款定价策略

住房储蓄的贷款价格管理机制在统筹性原则下，确定方法和管理模式较为简洁。

1. 产品初始研发阶段

住房储蓄产品的生命周期一般比较长，同时在生命期利率恒定不变，这一产品特性决定了产品初始研发阶段是定价管理的最重要阶段。针对住房储蓄贷款价格，住房储蓄银行一般通过对市场上的相近产品特征和风险偏好的金融产品进行调研，进行充分的市场分析，预测未来价格走势及底线，在统筹性原则下进而确定住房储蓄产品的贷款利率价格。

在此阶段，充分的市场调研、准确的价格走势预测将是住房储蓄银行贷款定价的最重要的依据。在进行具体定价分析时，可以通过以下几个方面进行衡量。

一是基于市场环境和竞争态势。对市场竞争态势及趋势的准确把握，可以使住房储蓄银行形成对未来市场走势基本面的判断。

二是基于资金供求状况和银行流动性管理要求。可以通过对历史资金供求状况分析形成定量分析结论，进而修正或辅助论证未来走势的预测。

三是基于银行经营规划和策略。银行的经营策略和重点将对产品的贷款定价产生直接的影响，如银行规划加快异地展业，并将中低收入群体作为未来重点目标客户，则在产品研发和定价时不可避免地进行有针对性的调整。

四是基于市场资金参照系。确定住房储蓄产品贷款价格时最常用的方法就是对标分析法，采取市场中相似风险级别和偏好的产品，作为直观的价格对标参照，通过综合评定，进而为住房储蓄产品自身价格确定提供参照。

2. 产品推广阶段

住房储蓄产品生命期利率恒定不变产品特性，决定了住房储蓄银行无法在产品推广阶段针对贷款价格进行调整。在未来市场出现较大的波动后，可能住房储蓄贷款价格不再具备足够吸引力，银行可以通过适度调整合同服务费、存款阶段的忠诚奖励比例等配合产品销售及业务推广。但当外部市场环境确实变化剧烈，已推出的产品已经不再适合市场的情况下，住房储蓄银行则需建立和运用产品退出机制，针对不再具备吸引力的产品进行下架清理，以整合资源推广其他产品，或者以审慎的态度，深入进行可行性分析，考虑研发推出新的更适宜的住房储蓄产品。

6.3.3　住房储蓄合同服务费定价策略

针对合同服务费，住房储蓄银行在业务经营过程中应重点发挥合同服务费的约束机制，建立适度的差异化定价策略，用于满足不同情况下业务发展需要。基于此前提，住房储蓄银行在产品服务费定价管理中可执行多样的管理策略，下面选取几个进行介绍。

1. 价格底线策略

住房储蓄银行可针对不同的客户群体、不同销售渠道研发并推广不同的产品，做到产品优势或卖点各有侧重，以保证产品体系及业务占比的合理稳健。但针对合同服务费，住房储蓄银行应在产品层面制定合同服务费价格底线机制，用于明确住房储蓄产品销售中的合同服务费收取最低门槛，防止客户无限制的缔结合同，造成银行可能出现的利率风险。

建立合同服务费价格底线策略，对于住房储蓄银行主要有如下意义。

一是合同服务费体现了合同本身具有的价值。合同服务费的高低与合同所蕴含的贷款权利是紧密相关的，通过形成一定的门槛效应，有利于合同质量管理。

二是住房储蓄合同在服务费缴纳后才正式生效，确定了合同的生效起点，同时，一般情况下不予退还，对无忠诚奖励政策匹配的合同也只能达到配贷条件客户放弃贷款才予以退还。该策略可以筛选出真正有意愿加入住房储蓄体系的客户，从源头防控信用风险。

三是该机制是管控财务效益、防范市场风险的重要手段。假如住房储蓄银行并未制定服务费价格底线策略，则客户可以无限制的缔结住房储蓄合同，如未来市场利率大幅下降，而客户缔结的大额合同存款收益很高（存款利率＋忠诚奖励），银行将无法让其退出市场，从而蒙受损失。

2. 差异化定价策略

在坚持合同服务费价格底线策略的前提下，住房储蓄银行还应实施合同服务费差异化定价策略，以保证业务经营的可持续。差异化定价策略可应用于各个维度和方面，下面选取几个具体案例说明。

一是基于不同客户群体执行不同服务费标准。如住房储蓄银行作为专业化住房信贷银行，其经营方向上以契合国家战略，健全多层次住房金融体系为目标，其市场定位、目标客户群体以及产品结构和定价等均要体现惠民利民的主旨。在此前提下，银行可考虑针对保障性群体执行更为优惠的服务费收取标准；如住房储蓄银行转型大力发展对公住房储蓄业务，则可考虑针对法人类客户或者团体类客户执行较为优惠的收费标准等。

二是基于不同的地区或渠道执行不同服务费标准。不同地区的市场环境和经济条件存在差异，作为全国性的银行，住房储蓄银行需因地制宜，在充分考察和评估当地的市场条件及相近产品的定价后，基于不同地区执行不同的服务费定价标准，以更好迎合当地市场实际。另外，针对线上、线下以及代理机构代理等不同的营销渠道，因其销售模式及成本方面的差异化，为住房储蓄银行基于渠道执行不同的服务费定价标准提供了可能。

三是基于产品销售的不同阶段差异化定价。住房储蓄产品和一般金融产品一样，在一款具体产品销售中同样会经历产品研发推出、热卖、萎缩、退出等不同阶段。住房储蓄银行可基于产品销售的不同阶段差异化定价。如产品吸引力强，可在推出初期施行高价策略，在热卖阶段调整成标准的收取标准，在萎缩阶段打折促销，等等。

3. 组合定价策略

住房储蓄银行专营住房储蓄业务，在实际业务开展中致力于为客户提供一揽子住房金融服务方案，一般会为客户量身定制，提供以住房储蓄产品为核心的置换和替换贷款、组合贷款等服务。针对推出的组合化的产品和服务，可以结合组合的各项产品施行组合定价策略，通过衡量银行提供服务的整体性价值，进而决定其中各项产品，包括合同相应服务费的收取标准。

延伸阅读：

德国的住房储蓄遵从自主独立的利息条款约定。住房储蓄存款和贷款的利率是固定不变的，与金融市场的利率脱钩。为了使住房储蓄贷款利率足够吸引人，住房储蓄存款的利率也需相应较低。不能忽略的是，存贷款利率必须都是固定不变的。住房储蓄的存款利率可以帮助客户抵抗市场利率波动带来的影响。而货币市场和资本市场如长时间处于低利率状态，会促使住房储蓄银行设定更低的住房储蓄存贷款利率，以重新确立和市场之间的利率差。早期德国可达 6% 的高贷款利率对借贷者已失去吸引力。这样看来，市场上的存款和贷款利率水平对客户加入住房储蓄集体也会产生影响，对于住房储蓄银行来讲，存在着一定利率范围的"利率走廊"。

当然，单纯关注住房储蓄存款利率的恒定封闭的看法是很片面的，从总体上考量住房储蓄产品不能忽略贷款的这一因素。根据较低的贷款利率要有相匹配的较低的存款利率相对应这一原则，我们可以得出一个结论，住房储蓄银行在实际运行中确定的存款利率和贷款利率的利息差取决于，住房储蓄银行是否将服务费提高或者提高到什么程度？若住房储蓄银行在经营中取消或削减服务费，那么住房储蓄银行为了保障其预期利润，只能扩大存贷利息差，而基于要维持住房储蓄产品的吸引力这个理由，提高贷款利率这一点是不会予以考虑的。那么最后可以考虑的措施就只有降低存款利率。

（资料来源：摘自《住房储蓄融资》一书，第三部分"储蓄时间"）。

复习思考题

1. 住房储蓄产品价格项有哪些？
2. 住房储蓄定价管理的作用是什么？
3. 住房储蓄定价时需坚持哪些基本原则？
4. 常用的住房储蓄产品收益模型有哪些？
5. 住房储蓄产品服务费定价策略有哪些？
6. 住房储蓄产品的存款和忠诚奖励定价管理策略有哪些？

参考文献及扩展阅读建议

[1] 陆岷峰. 商业银行产品定价 [M]. 北京：中国人民大学出版社，2005.

[2] 刘占国. 利息理论 [M]. 天津：南开大学出版社，2000.

[3] 中国工商银行深圳分行课题组. 商业银行产品定价研究金融论坛 [J]. 2005（5）.